もくじ

国語4年

教育出版版
ひろがる言葉 小学国語

教科書ぴったりトレーニング

▶ 3分でまとめ動画

ぴったり1 じゅんび

言葉に親しもう

春のうた
あり

めあて
★くり返し音読し、言葉のリズムを味わおう。

学習日
月　日
教科書
上10〜12ページ
答え
2ページ

1 詩を読んで、答えましょう。

かえるは冬のあいだは土の中にいて春になると地上に出てきます。そのはじめての日のうた。

春のうた

草野（くさの）　心平（しんぺい）

ほっ　まぶしいな。
ほっ　うれしいな。

みずは　つるつる。
かぜは　そよそよ。
ケルルン　クック。
ああいいにおいだ。
ケルルン　クック。

ほっ　いぬのふぐりがさいている。
ほっ　おおきなくもがうごいてくる。

(1) 「春のうた」の詩の「ほっ　まぶしいな。／ほっ　うれしいな。」について、答えましょう。

① だれが言っていますか。三字で書きぬきましょう。

② なぜ「うれしい」のですか。一つに○をつけましょう。

ア（　）朝になって、地上に出て遊べるから。
イ（　）雨がやんで、やっと外に出られたから。
ウ（　）春になって、土の中から出てこられたから。

(2) 「春のうた」の詩で、①「みずは　つるつる。」、②「かぜは　そよそよ。」は、どんな様子を表していますか。次の中からそれぞれ一つずつえらび、記号を書きましょう。

ア　こおって、ぴかぴか光っている様子。
イ　すべるように、なめらかに流れる様子。
ウ　ピューピューと音を立てている様子。
エ　しずかに気持ちよくふいている様子。

①（　）②（　）

(3) 「春のうた」の詩で、「ケルルン　クック。」は、何を表していますか。一つに○をつけましょう。

表

すきななまえをつけてね！

なまえ

ぴた犬
（おとも犬）
シールを
はろう

シールの中からすきなぴた犬をえらぼう。

おうちのかたへ

がんばり表のデジタル版「デジタルがんばり表」では、デジタル端末でも学習の進捗記録をつけることができます。１冊やり終えると、抽選でプレゼントが当たります。「ぴたサポシステム」にご登録いただき、「デジタルがんばり表」をお使いください。LINE または PC・ブラウザを利用する方法があります。

LINE 用　　PC・ブラウザ用

★ ぴたサポシステムご利用ガイドはこちら ★
https://www.shinko-keirin.co.jp/shinko/news/pittari-support-system

スタート

一　物語の「ふしぎ」について考えよう
春のうた～漢字の広場①　漢字の部首

2～3ページ　ぴったり1　できたらシールをはろう
4～5ページ　ぴったり1　できたらシールをはろう
6～7ページ　ぴったり2　できたらシールをはろう
8～9ページ　ぴったり1　できたらシールをはろう
10～11ページ　ぴったり3　できたらシールをはろう
12～13ページ　ぴったり3　できたらシールをはろう

をとらえよう

14～15ページ　ぴったり1　できたらシールをはろう
16～17ページ　ぴったり2　できたらシールをはろう
9ページ　り1　たら ルを う

一　登場人物の気持ちの変化を考えて、日記を書こう
ごんぎつね～言葉の広場③　言葉が表す感じ、言葉から受ける感じ

62～63ページ　ぴったり1　できたらシールをはろう
64～65ページ　ぴったり2　できたらシールをはろう

八　自由に想像を広げて書こう
作ろう！「ショートショート」～
言葉の文化②　「月」のつく言葉

58～59ページ　ぴったり1　できたらシールをはろう
60～61ページ　ぴったり3　できたらシールをはろう

をくらべて読み、感想をまとめよう
②　修飾語

56～57ページ　ぴったり3　できたらシールをはろう
54～55ページ　ぴったり3　できたらシールをはろう
52～53ページ　ぴったり2　できたらシールをはろう
-51ページ　たり2　きたら ールを はろう

66～67ページ　ぴったり2　できたらシールをはろう
68～69ページ　ぴったり1　できたらシールをはろう
70～71ページ　ぴったり3　できたらシールをはろう
72～73ページ　ぴったり3　できたらシールをはろう

二　役わりに気をつけて話し合おう
みんなが楽しめる新スポーツ～漢字の広場④
いろいろな意味を表す漢字

74～75ページ　ぴったり1　できたらシールをはろう
76～77ページ　ぴったり3　できたらシールをはろう

葉

78～79ページ　ぴったり1　できたらシールをはろう

て書こう
広場⑥

ページ　3

八　登場人物のせいかくや気持ちのうつり変わりを読もう
人形げき　木竜うるし～これまで　これから

114～115ページ　ぴったり1　できたらシールをはろう
116～117ページ　ぴったり2　できたらシールをはろう
118～119ページ　ぴったり3　できたらシールをはろう
120ページ　ぴったり3　できたらシールをはろう

ゴール

さいごまで
がんばったキミは
「ごほうびシール」
をはろう！

教科書ぴったりトレーニング

国語 4年 がんばり表

いつも見えるところに、この「がんばり表」をはっておこう。
この「ぴたトレ」を学習したら、シールをはろう！
どこまでがんばったかわかるよ。

四 落語を声に出して楽しもう
落語 ぞろぞろ～読書の広場②
ひろがる読書の世界

34～35ページ	32～33ページ
ぴったり2	ぴったり1
できたら シールを はろう	できたら シールを はろう

三 伝わりやすい組み立てを考えて書こう
リーフレットでほうこく～漢字の広場② 都道府県名に用いる漢字

30～31ページ	28～29ページ	26～27ページ	24～25ページ
ぴったり3	ぴったり1	ぴったり1	ぴったり1
できたら シールを はろう	できたら シールを はろう	できたら シールを はろう	できたら シールを はろう

二 けっかと考察とのつながり
ぞうの重さを量る～メモの取り方のくふう

22～23ページ	20～21ページ	18～1
ぴったり3	ぴったり3	ぴった
できたら シールを はろう	できたら シールを はろう	でき シー はろ

四

36～37ページ	38～39ページ
ぴったり3	ぴったり3
できたら シールを はろう	できたら シールを はろう

五 話の組み立てを考えて発表しよう
写真から読み取る

40～41ページ	42～43ページ
ぴったり1	ぴったり3
できたら シールを はろう	できたら シールを はろう

六 集めたざいりょうでわかりやすく伝えよう
作ろう学級新聞～漢字の広場③ 送りがなのつけ方

44～45ページ	46～47ページ
ぴったり1	ぴったり3
できたら シールを はろう	できたら シールを はろう

七 場面の様子
一つの花～言葉の広場

48～49ページ	50
ぴったり1	ぴ
できたら シールを はろう	

四 調べたことをわかりやすく書こう
クラスの「不思議ずかん」を作ろう～漢字の広場⑤ 熟語のでき方

96～97ページ	94～95ページ	92～93ページ	90～91ページ	88～89ページ
ぴったり3	ぴったり1	ぴったり1	ぴったり3	ぴったり1
できたら シールを はろう	できたら シールを はろう	できたら シールを はろう	できたら シールを はろう	できたら シールを はろう

三 大事な言葉や文に気をつけて要約しよう
ウミガメの命をつなぐ～言葉の広場④ 二つのことがらをつなぐ言

86～87ページ	84～85ページ	82～83ページ	80～81ペー
ぴったり3	ぴったり3	ぴったり2	ぴったり2
できたら シールを はろう	できたら シールを はろう	できたら シールを はろう	できたら シールを はろう

五 自分の経験と結びつけて考えたことを伝え合おう
くらしを便利にするために～手話であいさつをしよう

98～99ページ	100～101ページ	102～103ページ	104～105ページ
ぴったり1	ぴったり2	ぴったり3	ぴったり3
できたら シールを はろう	できたら シールを はろう	できたら シールを はろう	できたら シールを はろう

六 調べてわかったことを発表しよう
「便利」をさがそう～言葉の広場⑤
点(、)を打つところ

106～107ページ	108～109ページ
ぴったり1	ぴったり3
できたら シールを はろう	できたら シールを はろう

七 伝えたいことをはっきりさせ
自分の成長をふり返って～漢字の
同じ読み方の漢字の使い分け

110～111ページ	112～113
ぴったり1	ぴったり
できたら シールを はろう	できたら シールを はろう

教科書ぴったりトレーニング

国語 バッチリポスター

4年生で習う漢字①

★ 4年生で学習する漢字を、五十音じゅんにならべています。（①と②の、二回に分けています。）
★ 漢字ごとに、画数、読み方、書きじゅん（筆じゅん）をしめしています。
★ 音と訓は、それぞれ音読みと訓読みをしめしています。
★（ ）は、小学校では習わない読み方です。

まちがえやすい漢字は、☑にチェックをしておこう！

あ～お

- 愛 13画 音 アイ
- 案 10画 音 アン　案内（あんない）
- 以 5画 音 イ
- 衣 6画 音 イ　訓（ころも）　衣類（いるい）
- 位 7画 音 イ　訓 くらい　一位（いちい）
- 茨 9画 訓 いばら　茨城（いばらき）
- 印 6画 音 イン　訓 しるし
- 英 8画 音 エイ　英語（えいご）
- 栄 9画 音 エイ　訓 さかえる（はえ）（はえる）　栄養（えいよう）
- 媛 12画 音（エン）　愛媛（えひめ）
- 塩 13画 音 エン　訓 しお
- 岡 8画 訓 おか
- 億 15画 音 オク

か～こ

- 加 5画 音 カ　訓 くわえる　くわわる
- 果 8画 音 カ　訓 はたす・はてる　はて　果実（かじつ）
- 貨 11画 音 カ　貨物列車（かもつれっしゃ）
- 課 15画 音 カ
- 芽 8画 音 ガ　訓 め　発芽（はつが）
- 賀 12画 音 ガ　年賀状（ねんがじょう）
- 改 7画 音 カイ　訓 あらためる　あらたまる　改札（かいさつ）
- 械 11画 音 カイ　機械（きかい）
- 害 10画 音 ガイ　害虫（がいちゅう）
- 街 12画 音 ガイ・（カイ）　訓 まち　街灯（がいとう）
- 各 6画 音 カク　訓（おのおの）　各学年（かくがくねん）
- 覚 12画 音 カク　訓 おぼえる　さます・さめる
- 潟 15画 訓 かた
- 完 7画 音 カン　完成（かんせい）
- 官 8画 音 カン　器官（きかん）
- 管 14画 音 カン　訓 くだ
- 関 14画 音 カン　訓 せき　かかわる
- 観 18画 音 カン
- 願 19画 音 ガン　訓 ねがう
- 岐 7画 音（キ）　岐阜（ぎふ）
- 希 7画 音 キ　希望（きぼう）
- 季 8画 音 キ　四季（しき）
- 旗 14画 音 キ　訓 はた
- 器 15画 音 キ　訓（うつわ）
- 機 16画 音 キ　訓（はた）
- 議 20画 音 ギ
- 求 7画 音 キュウ　訓 もとめる　数（かず）を求（もと）める
- 泣 8画 音（キュウ）　訓 なく　大泣（おおな）き
- 給 12画 音 キュウ　給食（きゅうしょく）
- 挙 10画 音 キョ　訓 あげる　あがる　挙手（きょしゅ）
- 漁 14画 音 ギョ・リョウ
- 共 6画 音 キョウ　訓 とも　共有（きょうゆう）する
- 協 8画 音 キョウ　協力（きょうりょく）
- 鏡 19画 音 キョウ　訓 かがみ
- 競 20画 音 キョウ・ケイ　訓（きそう）（せる）

極 12画
音 キョク・(ゴク)
訓 (きわめる)・(きわまる)・(きわみ)
北極（ほっきょく）

芸 7画
音 ゲイ
学芸会（がくげいかい）

好 6画
音 コウ
訓 このむ・すく
好物（こうぶつ）

埼 11画
訓 さい

産 11画
音 サン
訓 うむ・うまれる・(うぶ)

出産（しゅっさん）

治 8画
音 ジ・チ
訓 おさめる・おさまる・なおる・なおす

けがが治る（なおる）

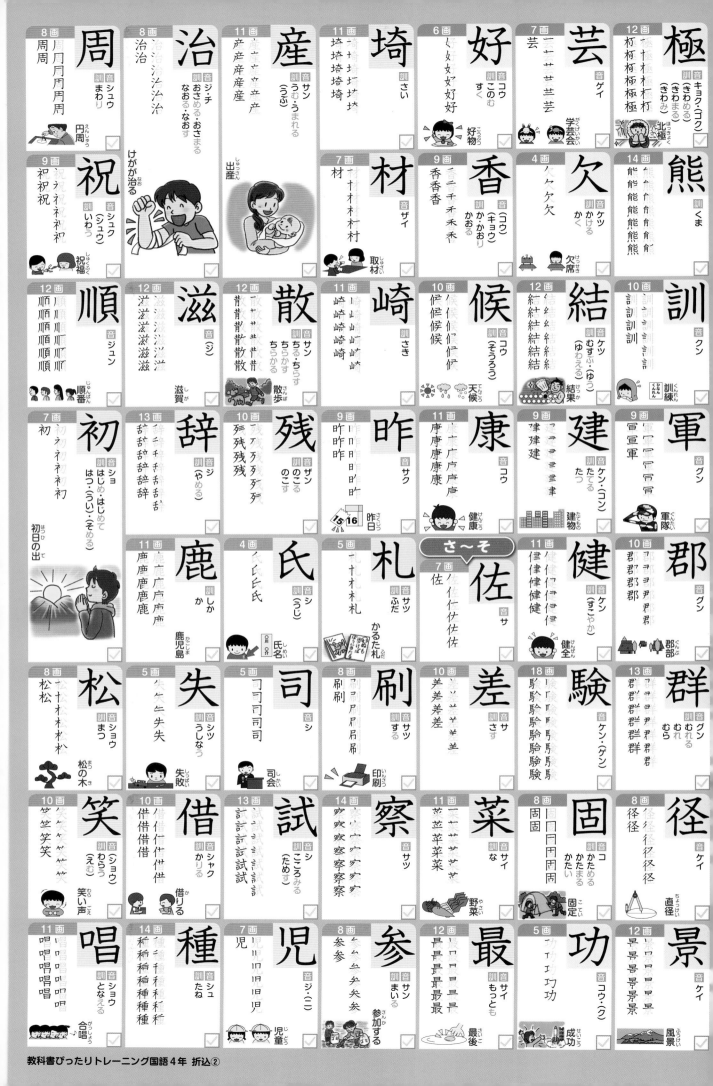

周 8画
音 シュウ
訓 まわり
円周（えんしゅう）

熊 14画
訓 くま

欠 4画
音 ケツ
訓 かける・かく
欠席（けっせき）

香 9画
音 (コウ)・(キョウ)
訓 か・かおり・かおる

材 7画
音 ザイ
取材（しゅざい）

祝 9画
音 シュク・(シュウ)
訓 いわう
祝福（しゅくふく）

訓 10画
音 クン
訓練（くんれん）

結 12画
音 ケツ
訓 むすぶ・(ゆう)・(ゆわえる)
結果（けっか）

候 10画
音 コウ
訓 (そうろう)
天候（てんこう）

崎 11画
訓 さき

散 12画
音 サン
訓 ちる・ちらす・ちらかす・ちらかる
散歩（さんぽ）

滋 12画
音 (ジ)
滋賀（しが）

順 12画
音 ジュン
順番（じゅんばん）

軍 9画
音 グン
軍隊（ぐんたい）

建 9画
音 ケン・(コン)
訓 たてる・たつ
建物（たてもの）

康 11画
音 コウ
健康（けんこう）

昨 9画
音 サク
昨日（さくじつ）

残 10画
音 ザン
訓 のこる・のこす

辞 13画
音 ジ
訓 (やめる)

初 7画
音 ショ
訓 はじめ・はじめて・はつ・(うい)・(そめる)

初日の出（はつひので）

郡 10画
音 グン
郡部（ぐんぶ）

健 11画
音 ケン
訓 (すこやか)
健全（けんぜん）

さ～そ

佐 7画
音 サ

札 5画
音 サツ
訓 ふだ
かるた札（ふだ）

氏 4画
音 シ
訓 (うじ)
氏名（しめい）

鹿 11画
訓 しか・か
鹿児島（かごしま）

群 13画
音 グン
訓 むれる・むれ・むら

験 18画
音 ケン・(ゲン)

差 10画
音 サ
訓 さす

刷 8画
音 サツ
訓 する
印刷（いんさつ）

司 5画
音 シ
司会（しかい）

失 5画
音 シツ
訓 うしなう
失敗（しっぱい）

松 8画
音 ショウ
訓 まつ
松の木（まつのき）

径 8画
音 ケイ
直径（ちょっけい）

固 8画
音 コ
訓 かためる・かたまる・かたい
固定（こてい）

菜 11画
音 サイ
訓 な
野菜（やさい）

察 14画
音 サツ

試 13画
音 シ
訓 こころみる・(ためす)

借 10画
音 シャク
訓 かりる
借りる（かりる）

笑 10画
音 (ショウ)
訓 わらう・(えむ)
笑い声（わらいごえ）

景 12画
音 ケイ
風景（ふうけい）

功 5画
音 コウ・(ク)
成功（せいこう）

最 12画
音 サイ
訓 もっとも
最後（さいご）

参 8画
音 サン
訓 まいる
参加する（さんかする）

児 7画
音 ジ・(ニ)
児童（じどう）

種 14画
音 シュ
訓 たね

唱 11画
音 ショウ
訓 となえる
合唱（がっしょう）

教科書ぴったりトレーニング

国語

バッチリポスター

4年生で習う漢字②

★4年生で学習する漢字を、五十音じゅんにならべています。（①と②の、二回に分けています。）
★漢字ごとに、画数、読み方、書きじゅん（筆じゅん）をしめしています。
★音と訓は、それぞれ音読みと訓読みをしめしています。
★（ ）は、小学校では習わない読み方です。

- **焼** 12画 音（ショウ） 訓 やく・やける 夕焼け（ゆうやけ）
- **照** 13画 音 ショウ 訓 てる・てらす・てれる
- **城** 9画 音 ジョウ 訓 しろ お城（しろ）
- **縄** 15画 音（ジョウ） 訓 なわ
- **臣** 7画 音 シン・ジン 大臣（だいじん）
- **信** 9画 音 シン 信号（しんごう）
- **井** 4画 音（セイ）（ショウ） 訓 い
- **成** 6画 音 セイ（ジョウ） 訓 なる・なす 成人式（せいじんしき）
- **省** 9画 音 セイ・ショウ 訓（かえりみる）・はぶく 反省（はんせい）
- **清** 11画 音 セイ・（ショウ） 訓 きよい・きよまる・きよめる
- **静** 14画 音 セイ・（ジョウ） 訓 しず・しずか・しずまる・しずめる 安静（あんせい）
- **席** 10画 音 セキ 席順（せきじゅん）
- **積** 16画 音 セキ 訓 つむ・つもる
- **折** 7画 音 セツ 訓 おる・おり・おれる 折り紙（おりがみ）
- **節** 13画 音 セツ・（セチ） 訓 ふし
- **説** 14画 音 セツ・（ゼイ） 訓 とく
- **浅** 9画 音（セン） 訓 あさい 浅い川（あさいかわ）
- **戦** 13画 音 セン 訓（いくさ）・たたかう
- **選** 15画 音 セン 訓 えらぶ
- **然** 12画 音 ゼン・ネン 自然（しぜん）
- **争** 6画 音 ソウ 訓 あらそう 言い争い（いいあらそい）
- **倉** 10画 音 ソウ 訓 くら 倉庫（そうこ）
- **巣** 11画 音（ソウ） 訓 す 巣箱（すばこ）
- **束** 7画 音 ソク 訓 たば 花束（はなたば）
- **側** 11画 音 ソク 訓 がわ 向こう側（むこうがわ）
- **続** 13画 音 ゾク 訓 つづく・つづける
- **卒** 8画 音 ソツ 卒業（そつぎょう）
- **孫** 10画 音 ソン 訓 まご 子孫（しそん）

た〜と

- **帯** 10画 音 タイ 訓 おびる・おび
- **隊** 12画 音 タイ 隊員（たいいん）
- **達** 12画 音 タツ 速達（そくたつ）
- **単** 9画 音 タン 単位（たんい）
- **置** 13画 音 チ 訓 おく
- **仲** 6画 音（チュウ） 訓 なか 仲間（なかま）
- **沖** 7画 音（チュウ） 訓 おき
- **兆** 6画 音 チョウ 訓（きざす）（きざし） 一兆円（いっちょうえん）
- **低** 7画 音 テイ 訓 ひくい・ひくめる・ひくまる 低学年（ていがくねん）
- **底** 8画 音 テイ 訓 そこ 海底（かいてい）
- **的** 8画 音 テキ 訓 まと 的中（てきちゅう）
- **典** 8画 音 テン 式典（しきてん）
- **伝** 6画 音 デン 訓 つたわる・つたえる・つたう 伝言（でんごん）
- **徒** 10画 音 ト 徒歩（とほ）
- **努** 7画 音 ド 訓 つとめる 努力（どりょく）
- **灯** 6画 音 トウ 訓（ひ）
- **働** 13画 音 ドウ 訓 はたらく
- **特** 10画 音 トク 特等席（とくとうせき）

まちがえやすい漢字は、☑にチェックをしておこう！

- 徳 14画 音トク
- 博 12画 音ハク・(バク) 博物館
- 夫 4画 音フ・(フウ) 訓おっと 農夫
- 辺 5画 音ヘン 訓あたり・べ 周辺
- 満 12画 音マン 訓みちる みたす 満月
- 浴 10画 音ヨク 訓あびる あびせる 浴室
- 令 5画 音レイ 命令
- 栃 9画 訓とち
- 阪 7画 音(ハン) 大阪
- 付 5画 音フ 訓つける つく 付録
- 変 9画 音ヘン 訓かわる かえる 変化
- 未 5画 音ミ 未来

ら～ろ

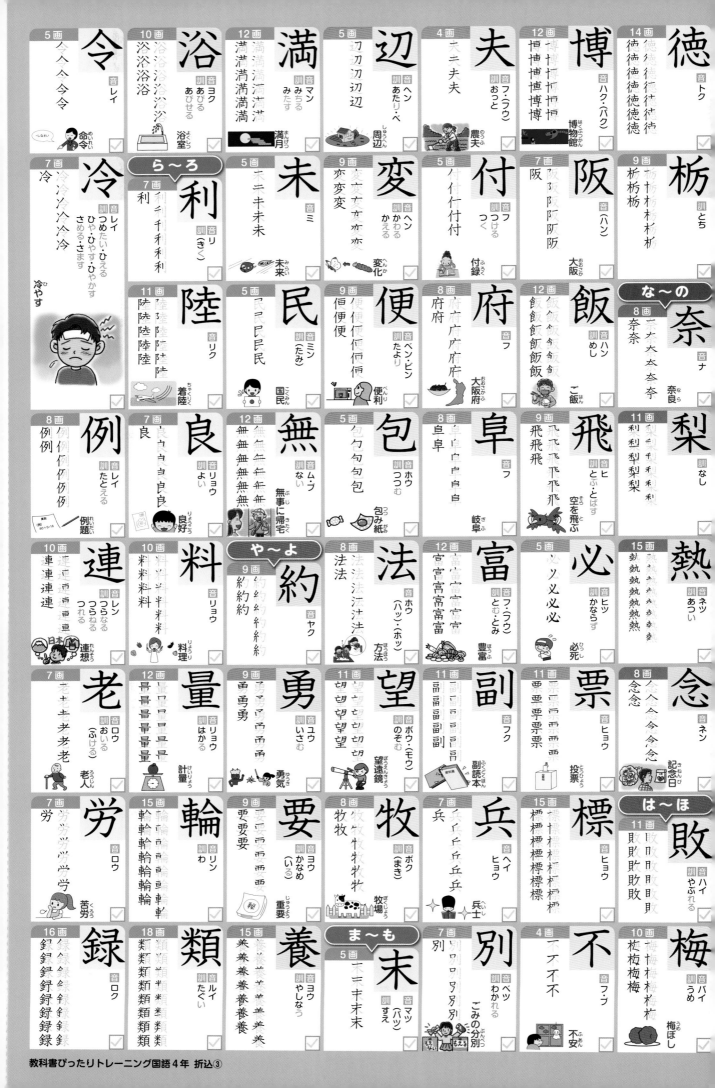

- 利 7画 音リ 訓(きく)
- 冷 7画 音レイ 訓つめたい・ひえる ひや・ひやす・ひやかす さめる・さます 冷やす

な～の

- 奈 8画 音ナ 奈良
- 飯 12画 音ハン 訓めし ご飯
- 府 8画 音フ 大阪府
- 便 9画 音ベン・ビン 訓たより 便利
- 民 5画 音ミン 訓(たみ) 国民
- 陸 11画 音リク 着陸
- 梨 11画 訓なし
- 飛 9画 音ヒ 訓とぶ・とばす 空を飛ぶ
- 阜 8画 音フ 岐阜
- 包 5画 音ホウ 訓つつむ 包み紙
- 無 12画 音ム・ブ 訓ない 無事に帰宅
- 良 7画 音リョウ 訓よい 良好
- 例 8画 音レイ 訓たとえる 例題
- 熱 15画 音ネツ 訓あつい
- 必 5画 音ヒツ 訓かならず 必死
- 富 12画 音フ・(フウ) 訓とむ・とみ 豊富
- 法 8画 音ホウ・(ハッ)・(ホッ) 方法

や～よ

- 約 9画 音ヤク
- 料 10画 音リョウ 料理
- 連 10画 音レン 訓つらなる つらねる つれる 連想
- 念 8画 音ネン 記念日
- 票 11画 音ヒョウ 投票
- 副 11画 音フク 副読本
- 望 11画 音ボウ・(モウ) 訓のぞむ 望遠鏡
- 勇 9画 音ユウ 訓いさむ 勇気
- 量 12画 音リョウ 訓はかる 計量
- 老 7画 音ロウ 訓おいる (ふける) 老人

は～ほ

- 敗 11画 音ハイ 訓やぶれる
- 標 15画 音ヒョウ
- 兵 7画 音ヘイ ヒョウ 兵士
- 牧 8画 音ボク 訓(まき) 牧場
- 要 9画 音ヨウ 訓かなめ (いる) 重要
- 輪 15画 音リン 訓わ
- 労 7画 音ロウ 苦労
- 梅 10画 音バイ 訓うめ 梅ぼし
- 不 4画 音フ・ブ 不安
- 別 7画 音ベツ 訓わかれる ごみの分別

ま～も

- 末 5画 音マツ (バツ) 訓すえ
- 養 15画 音ヨウ 訓やしなう
- 類 18画 音ルイ 訓たぐい
- 録 16画 音ロク

ケルルン　クック。
ケルルン　クック。

＊いぬのふぐり……いぬふぐり

あり

ロベール＝デスノス
小海永二　やく

頭に帽子かぶった
十八メートルもあるありさん
そんなありありっこないさ　そんなありありっこないさ
ペンギンとあひるで満員の
車を引っ張るありさん
そんなありありっこないさ
フランス語を話すありさん
ラテン語とジャヴァ語を話すありさん
そんなありありっこないさ　そんなありありっこないさ
ほんと！　でもそんなありさん　なぜいないんだろ？

＊ジャヴァ語…ジャワ語

ア（　）地上に出てなかまをさがす、かえるの鳴き声。
イ（　）いぬのふぐりに話しかける、かえるの鳴き声。
ウ（　）春になったよろこびを表す、かえるの鳴き声。

(4) 「あり」の詩の「そんなありありっこないさ」の、「そんなあり」とはどんな「あり」ですか。

① 頭に帽子をかぶった（　　　　）もある「あり」

② ペンギンとあひるで満員の（　　　　）「あり」

③ フランス語やラテン語や（　　　　）「あり」

(5) 「あり」の詩の「でもそんなありさん　なぜいないんだろ？」は、どのように読むとよいですか。一つに○をつけましょう。

ア（　）大きな声で、元気よく読む。
イ（　）楽しそうに、わらっているように読む。
ウ（　）ふしぎそうに、つぶやくように読む。

ぴったり1 じゅんび

一 物語の「ふしぎ」について考えよう

白いぼうし

あまん きみこ

めあて

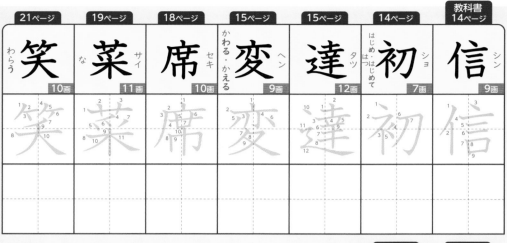

★松井さんの様子や気持ちを想像しよう。

★できごとが起こるきっかけを見つけよう。

学習日
月　日
教科書
上13～27ページ
答え
2ページ

かきトリ 新しい漢字

教科書 14ページ	14ページ	15ページ	15ページ	18ページ	19ページ	21ページ
信 シン 9画	初 ショ はじめ・はじめて はつ 7画	達 タツ 12画	変 ヘン かわる・かえる 9画	席 セキ 10画	菜 サイ な 11画	笑 わらう 10画

26ページ	26ページ
香 か・かおり かおる 9画	梅 バイ うめ 10画

「初め」と「始め」の使い方に気をつけよう。

1 （　）に読みがなを書きましょう。

① 気温が変化する。

② 相手を信用する。

③ 速達で送る。

④ さい初に言っておく。

⑤ 梅の花がさく。

⑥ 新せんな野菜。

⑦ 初雪がふる。

⑧ 運転席にすわる。

⑨ 菜の花畑。

2 □に漢字を、（　）に漢字と送りがなを書きましょう。

① □（うめ）ぼしを食べる。

② 手紙を□□（はいたつ）する。

③ バラのよい□（かお）り。

④ □□（あおな）をあらう。

⑤ 妹が□（わら）う。

⑥ 会ぎに□□（しゅっせき）する。

⑦ （　　）（はじめ）のページ。

⑧ 色が（　　）（かわる）。

3 正しい意味に○をつけましょう。

① かたをすぼめて、立っていた。

ア（　）しっぱいをして、小さくなる。

イ（　）いばって、えらそうにする。

② せかせかと歩き回る。

ア（　）ゆっくりと、注意する様子。

イ（　）あせって、落ち着きがない様子。

③ なみだがこみあげてきた。

ア（　）中から外にあふれてくる。

イ（　）むりやり外に出そうとする。

3分でワンポイント

四つの場面を読み取ろう。

★①〜③の（　）に合う言葉を□の中からえらんで記号を書きましょう。

場面	内容（ないよう）
1	松井さんが、お客のしんしと話す。
2	車道のそばに落ちているぼうしを見つけた松井さんは、ぼうしの中にいた①（　）をにがしてしまう。かわりに、②（　）をぼうしの中に入れる。
3	車の後ろのシートに③（　）がすわっている。ぼうしの持ち主の男の子がやってくると、③は早く出発するように言った。
4	③がいなくなってしまう。まどの外には①がたくさんとんでいて、小さな声が聞こえた。

ア　ちょう　イ　女の子　ウ　夏みかん

白いぼうし

学習日
月　日
教科書
上13～27ページ
答え
3ページ

文章を読んで、答えましょう。

アクセルをふもうとした時、松井（まつい）さんは、はっとしました。

（おや、車道のあんなすぐそばに、小さなぼうしが落ちているぞ。風がもうひとふきすれば、車がひいてしまうわい。）

緑がゆれているやなぎの下に、かわいい白いぼうしが、ちょこんとおいてあります。松井さんは車から出ました。

そして、ぼうしをつまみ上げたとたん、ふわっと何かがとび出しました。

「あれっ。」

もんしろちょうです。

あわててぼうしをふり回しました。そんな松井さんの目の前を、ちょうはひらひら高くまい上がると、なみ木の緑の向こうに見えなくなってしまいました。

（ははあ、わざわざここにおいたんだな。）

ぼうしのうらに、赤いししゅう糸で、小さくぬい取り

1 「松井さんは、はっとしました。」とありますが、なぜですか。文章から書きぬきましょう。

（　　　　）のすぐそばに、（　　　　　　）が（　　　　）ていたから。

2 「松井さんは車から出ました。」とありますが、何をしようと思ったのですか。一つに○をつけましょう。

ア（　）だれのぼうしか、たしかめようと思った。
イ（　）ぼうしを安全な場所にうつそうと思った。
ウ（　）ぼうしの中に何があるのか見ようと思った。
エ（　）ぼうしの中のちょうをにがそうと思った。

ヒント　松井さんが車から出る前の部分に注目しよう。

3 「ため息をついている」とありますが、ここから松井さんのどのような気持ちがわかりますか。一つに○をつけましょう。

ア（　）ぼうしの中にちょうがいたので、おどろいている。
イ（　）ちょうをにがしてしまい、しまったと思っている。

がしてあります。

たけ山ようちえん　たけのたけお

小さなぼうしをつかんで、ため息をついている松井さんの横を、太ったおまわりさんが、じろじろ見ながら通りすぎました。

（せっかくのえものがいなくなっていたら、この子は、どんなにがっかりするだろう。）

ちょっとの間、かたをすぼめてつっ立っていた松井さんは、何を思いついたのか、急いで車にもどりました。

運転席から取り出したのは、あの夏みかんです。まるであたたかい日の光をそのままそめつけたような、みごとな色でした。すっぱい、いいにおいが、風であたりに広がりました。

松井さんは、その夏みかんに白いぼうしをかぶせると、とばないように石でつばをおさえました。

あまん きみこ「白いぼうし」より

ウ（　）ちょうをつかまえた子にあきれている。
エ（　）おまわりさんに見つかって、あわてている。

4 「えもの」とは何をさしていますか。文章から七字で書きぬきましょう。

□□□□□□□

5 「何を思いついたのか」とありますが、松井さんはどんなことを「思いついた」のですか。文章から書きぬきましょう。

にがしてしまった□□□の代わりに、□□□の中に□□□□を入れておくこと。

ヒント　さい後の一文に注目しよう。マスの数もヒントにしよう。

6 松井さんはどんな人ですか。一つに○をつけましょう。

ア（　）おくびょうな人。
イ（　）気持ちのやさしい人。
ウ（　）いたずらのすきな人。
エ（　）おこりっぽい人。

ぴったり1 じゅんび

一 物語の「ふしぎ」について考えよう

見つけよう、ぴったりの言葉

漢字の広場① 漢字の部首(ぶしゅ)

めあて
★気持ちを言葉で表す方法を学ぼう。
★部首の意味や役わりについて考えよう。

学習日
月　日
教科書
上28〜31ページ
答え
3ページ

かきトリ 新しい漢字

教科書29ページ	周	シュウ	まわり	8画
29ページ	順	ジュン		12画
30ページ	関	カン	せき・かかわる	14画
30ページ	印	イン	しるし	6画
30ページ	浴	ヨク	あびる・あびせる	10画
30ページ	加	カ	くわえる・くわわる	5画
30ページ	努	ド	つとめる	7画
31ページ	芽	ガ	め	8画
31ページ	完	カン		7画
31ページ	富	フ	とむ・とみ	12画
31ページ	英	エイ		8画

1 (　)に読みがなを書きましょう。

① 英語(　)を話す。

② 海水浴(　)に行く。

③ 天気と関係(　)がある。

④ たくさん努力(　)する。

2 □に漢字を、(　)に漢字と送りがなを書きましょう。

① □(めじるし)のビル。

② □(じゅんばん)に話す。

③ マラソンを□(かんそう)する。

④ 大根の□(め)。

⑤ 人が(くわわる)。

⑥ 勉強に(かかわる)。

3

次の文章を書いた人の気持ちを想像して、[　]にあてはまる言葉を[　]からえらんで書きましょう。

四月二十一日（火）

リコーダーの練習

来週の火曜日に、リコーダーの発表会がある。リコーダーは苦手だ。きのうの練習でもほかの人は上手だったのに、うまくふけなかった。思い出して（　　）していると、姉が、「練習すればいいじゃない。」と言った。

しばらく練習していると、また姉がやってきて、「ずいぶん上手になったね。」と言ってくれた。その言葉を聞いて、少し（　　）した。

ほっと　はらはら　くよくよ

4

次の部首を持つ漢字を、[　]からえらんで書きましょう。

① 刀（　　）・（　　）

② 女（　　）・（　　）

③ 雨（　　）・（　　）

④ 頁（　　）・（　　）

雲　切　頭　委　分　顔　妹　島　雪

5

次の部首は、どんな意味をもっていますか。[　]からえらんで、記号を書きましょう。〔　〕はその部首の漢字です。

① 亻 にんべん〔体・住・仕〕（　）

② 氵 さんずい〔波・海・港〕（　）

③ 言 ごんべん〔語・記・読〕（　）

ア 水　イ 言葉　ウ 人

一 物語の「ふしぎ」について考えよう

白いぼうし ～ 漢字の広場①

漢字の部首（ぶしゅ）

文章を読んで、答えましょう。　思考・判断・表現

エンジンをかけた時、遠くから、元気そうな男の子の声が近づいてきました。

「あのぼうしの下さあ。お母ちゃん、本当だよ。本当のちょうちょが、いたんだもん。」

水色の新しい虫とりあみをかかえた男の子が、エプロンを着けたままのお母さんの手を、ぐいぐい引っぱってきます。

「ぼくが、あのぼうしを開けるよ。だから、お母ちゃんは、このあみでおさえてね。あれっ、石がのせてあらあ。」

客席の女の子が、後ろから乗り出して、せかせかと言いました。

「早く、おじちゃん。早く行ってちょうだい。」

松井（まつい）さんは、あわててアクセルをふみました。やなぎのなみ木が、みるみる後ろに流れていきます。

（お母さんが虫とりあみをかまえて、あの子がぼうしをそうっと開けた時——。）

1 「元気そうな男の子の声」とありますが、だれに話しかけている声ですか。　10点

（　　　　）

2 「水色の……引っぱってきます。」とありますが、男の子は何のためにお母さんをつれてきたのですか。「ため。」につづくように書きましょう。　10点

（　　　　）ため。

3 「早く、……行ってちょうだい。」とありますが、①「おじちゃん」とはだれのことですか。②女の子が急いでいることがわかる言葉を、会話文以外（いがい）の部分から五字で書きぬきましょう。　一つ10点(20点)

①（　　　　）

②［　　　　　］

4 「目を丸くした」と同じ意味の言葉を、五字で書きぬきましょう。　10点

［　　　　　］

時間 20分

／100

ごうかく 80点

学習日　月　日

教科書 上13～31ページ

答え 4ページ

と、ハンドルを回しながら、松井さんは思います。

（あの子は、どんなに目を丸くしただろう。）

すると、ぽかっと口をO（オー）の字に開けている男の子の顔が、見えてきます。

（おどろいただろうな。まほうのみかんと思うかな。なにしろ、ちょうが化けたんだから――。）

「ふふふっ。」

ひとりでに笑いがこみあげてきました。でも、次に、

「おや。」

松井さんはあわてました。

バックミラーには、だれもうつっていません。ふり返っても、だれもいません。

「おかしいな。」

松井さんは車をとめて、考え考え、まどの外を見ました。

そこは、小さな団地（だんち）の前の小さな野原でした。

白いちょうが、二十も三十も、いえ、もっとたくさんとんでいました。

あまん きみこ「白いぼうし」より

よく出る

5 「笑いがこみあげてきました。」とありますが、なぜですか。文章から書きぬきましょう。 一つ10点（20点）

[　　　]が[　　　]に化けたと、男の子が思うかもしれないと想ぞうしたから。

6 「松井さんはあわてました。」とありますが、なぜですか。「〜が〜から。」の形で書きましょう。 10点

（　　　）

7 松井さんの車がスピードを出して走っている様子がわかる一文を文章からさがし、初めの五字を書きぬきましょう。 10点

[　　　　　]

考えを書こう

8 松井さんの車に乗っていた女の子はだれだったと、あなたは思いますか。理由もあわせて、考えを書きましょう。 10点

（　　　）

ふりかえり 6が分からないときは、5ページの 3分でワンポイント にもどってかくにんしてみよう。

ぴったり3 たしかめのテスト②

一 物語の「ふしぎ」について考えよう

白いぼうし ～ 漢字の広場① 漢字の部首(ぶしゅ)

時間 20分

/100

ごうかく 80点

学習日 月 日

教科書 上13～31ページ

答え 5ページ

1 読みがなを書きましょう。

一つ2点(20点)

① 海水浴（　　）に行く。

② 新計画に関（　　）わる。

③ クラブに加入（　　）する。

④ 自信（　　）をもつ。

⑤ 歌が上達（　　）する。

⑥ 完全（　　）に終わった。

⑦ 豆が発芽（　　）した。

⑧ サービスに努（　　）める。

⑨ 丸い印（　　）をつける。

⑩ 海の香（　　）りがする。

2 □に漢字を、〔　〕に漢字と送りがなを書きましょう。

一つ3点(30点)

① □□（えいご）を学ぶ。

② 毎日□□（どりょく）する。

③ 草木の□（め）が出る。

④ □□（かんしん）をもつ。

⑤ □（ふ）士（じ）山に登る。

⑥ 黄色い□（な）の花。

⑦ □□（じゅんばん）にならぶ。

⑧ 水を〔　　（あびる）〕。

⑨ さとうを〔　　（くわえる）〕。

⑩ 〔　　（わらい）〕声。

3 次の文章の（　）にあてはまる言葉を[　]からえらんで、記号を書きましょう。

一つ5点(10点)

四月二十六日（日）
ピアノの発表会

もうすぐわたしの番だ。心ぞうが（　）してきた。ぶ台に上がると足がふるえた。

心をこめてピアノをひいた。えんそうを終えるとたくさんのはく手をもらえた。きんちょうがとけて、わたしの心は（　）なった。

ア うきうき　イ どきどき　ウ 重く　エ 軽く

4 次の文章の――線の言葉をほかの言葉で表現するとき、あてはまるもの一つに○をつけましょう。

10点

友達(ともだち)とけんかをしました。わたしのほうが悪いのに、あやまれないまま二日がすぎました。

でも、やっと今日あやまれました。よかったです。

ア（　）いらいらしました。
イ（　）わくわくしました。
ウ（　）ほっとしました。

5 漢字の部首について答えましょう。

(1) 次の漢字の部首と部首名を[　]からえらんで、記号を書きましょう。

一つ2点(20点)

① 話（　）・（　）　② 持（　）・（　）
③ 家（　）・（　）　④ 国（　）・（　）
⑤ 柱（　）・（　）

ア 宀　イ 木　ウ 口　エ 扌　オ 言
カ てへん　キ ごんべん　ク きへん
ケ くにがまえ　コ うかんむり

(2) 次の□に共通してあてはまる漢字の部分を、□に書きましょう。

一つ2点(10点)

① □交　□喬
② □及　□且
③ 自□　相□
④ 彦□　豆□
⑤ 孝□　方□

ぴったり1 じゅんび

3分でまとめ

二 けっかと考察(さつ)とのつながりをとらえよう

ぞうの重さを量る

花を見つける手がかり

読書の広場① 分類をもとに本を見つけよう

吉原(よしはら) 順平(じゅんぺい)

めあて
★実験と考察をくり返しながらけつろんにたどりつくすじみちに注目して読もう。
★図書館における本の分類法を学ぼう。

学習日 月 日
教科書 上33～49ページ
答え 5ページ

がきトリ 新しい漢字

			教科書
量	リョウ・はかる	12画	34ページ
法	ホウ	8画	34ページ
最	サイ・もっとも	12画	35ページ
約	ヤク	9画	35ページ
験	ケン	18画	37ページ
観	カン	18画	37ページ
察	サツ	14画	37ページ
種	シュ・たね	14画	37ページ
類	ルイ・たぐい	18画	37ページ
別	ベツ・わかれる	7画	38ページ
念	ネン	8画	40ページ
単	タン	9画	44ページ
位	イ・くらい	7画	44ページ
照	ショウ・てる・てらす・てれる	13画	44ページ
然	ゼン・ネン	12画	47ページ
産	サン・うむ・うまれる	11画	47ページ
芸	ゲイ	7画	47ページ

1 （ ）に読みがなを書きましょう。

① 長さの 単位。（ ）

② 別 の道を通る。（ ）

③ くわしく 観察 する。（ ）

④ 最後 までやる。（ ）

⑤ 町の 産業 を学ぶ。（ ）

⑥ 体重を 量 る。（ ）

⑦ 芸術 の秋。（ ）

⑧ 念 のため調べる。（ ）

2 □に漢字を、〔　〕に漢字と送りがなを書きましょう。

① 理科の□（じっけん）。

② 十の□（くらい）。

③ たまごを〔　　〕（うむ）。

④ 先生と〔　　〕（わかれる）。

3 正しい意味に○をつけましょう。

① ありふれた話だ。
ア（　）めずらしくない。
イ（　）本当にあった。

② 念のため、明日、電話をします。
ア（　）まちがいないと思うが、より注意するため。
イ（　）相手にしつ礼のないようにするため。

③ すじみちを立てて話す。
ア（　）自分の意見の理由。
イ（　）きちんとした順じょ。

3分でワンポイント

実験と、そのけっかからえられた考察をとらえよう。

★ 実験とけっかを見て、①・②の（　）に合う言葉を書きましょう。

	実験	けっか
1	花を見たことのないもんしろちょうを、四種類の花がさいている花だんに放す。	ちょうはむらさきの花によく集まったが、赤い花にはあまり来なかった。
2	においのしないプラスチックの造（ぞう）花にもんしろちょうを放す。	ちょうは造花にとんでいくが、やはり赤い造花には来なかった。
3	四角い色紙にもんしろちょうを放す。	ちょうは色紙に集まるが、赤い色紙にはほとんど来なかった。

考察
・もんしろちょうは、（①　　　）を手がかりにして花を見つけている。
・むらさきや黄色は見つけやすく、（②　　　）は見えないようだ。

二 けっかと考察とのつながりをとらえよう

花を見つける手がかり

学習日 月 日
教科書 上36～45ページ
答え 6ページ

文章を読んで、答えましょう。

実験は、まず、花だんの花を使って始めました。花だんには、赤・黄・むらさき・青と、四種類の色の花がさいています。少しはなれた所で、生まれてから花を見たことのないもんしろちょうを、いっせいに放しました。もんしろちょうは、いっせいに、花だんに向かってとんでいきます。もんしろちょうは、生まれながらに、花を見つける力を身につけているようです。

花だんは、たちまち、ちょうでいっぱいになってしまいました。注意して見ると、ちょうのよく集まる花と、そうでない花とがあります。むらさきの花には集まっていますが、赤い花には、あまり来ていないようです。もんしろちょうは、色で花を見つけているのでしょうか。

でも、そう決めてしまうのは、ちょっと早すぎます。たまたま、花だんに植えた赤い花が、おいしそうなにおいを出していないのかもしれないからです。色か、にお

1 この文章では、何回、実験をしていますか。

（　　）回

2 「もんしろちょうは……身につけているようです。」とありますが、「生まれながらに」と言えるのはなぜですか。一つに○をつけましょう。

ア（　）もんしろちょうが、いっせいに、花だんに向かってとんでいったから。

イ（　）生まれてから花を見たことのないもんしろちょうを使ったから。

ウ（　）花だんに向かってとんでいかなかったもんしろちょうはいないから。

3 「そう決めてしまう」とありますが、どのようなことをさしていますか。「こと。」につづくように、文章から十九字で書きぬきましょう。

こと。

いか、――そのところをたしかめるには、別の実験をしなければなりません。

　そこで、今度は、においのしないプラスチックの造花を使うことにしました。色は、花だんのときと同じ赤・黄・むらさき・青の四種類です。

　もんしろちょうを放すと、やはり、まっすぐに造花に向かってとんでいきました。止まって、みつをすおうとするものもいます。プラスチックの造花には、みつもないし、においもありません。ですから、もんしろちょうは、においではなく、花の色か形にひかれていると考えられるでしょう。そして、造花の場合も、赤い花には、あまりやってきませんでした。

　次の実験では、花の代わりに、四角い色紙を使ってみました。色紙にも集まってくれれば、花の形が問題なのではなく、色だけが、もんしろちょうをひきつけているということになるでしょう。用意した色は、前と同じ四種類です。もんしろちょうは、色紙を花だと思ってくれるでしょうか。


吉原（よしはら）順平（じゅんぺい）「花を見つける手がかり」より

4 「ちょっと早すぎます。」とありますが、こう考えるのはなぜですか。文章から書きぬきましょう。

[　　　　　　]は、おいしそうなにおいを出していて、[　　　]は出していないかもしれないから。

ヒント　すぐあとの一文に注目しよう。

5 「もんしろちょうを……とんでいきました。」とありますが、この実験のけっかから、もんしろちょうについてわかったことは何ですか。一つに○をつけましょう。

ア（　）花の色にひかれていること。

イ（　）花の色か形にひかれていること。

ウ（　）花のみつをすおうとすること。

エ（　）花のにおいにひかれていること。

6 「四角い色紙」を使ったのはなぜですか。漢字一字を書きましょう。

もんしろちょうが、花の[　]ではなく、[　]にひきつけられていることをたしかめるため。

ヒント　「造花」と「四角い色紙」のちがいを読みとろう。

3分でまとめ

二 けっかと考察(さつ)とのつながりをとらえよう

言葉の広場① 漢字辞典の使い方
メモの取り方のくふう

かきトリ 新しい漢字

教科書ページ	漢字	読み	画数
50ページ	辞	ジ	13画
50ページ	典	テン	8画
50ページ	治	ジ・チ／おさめる・おさまる・なおる・なおす	8画
50ページ	成	セイ／なる・なす	6画
51ページ	訓	クン	10画
53ページ	径	ケイ	8画
53ページ	兆	チョウ	6画
53ページ	臣	シン・ジン	7画
53ページ	城	ジョウ／しろ	9画
53ページ	奈	ナ	8画
53ページ	塩	エン／しお	13画
53ページ	省	セイ・ショウ／はぶく	9画
53ページ	刷	サツ／する	8画
53ページ	良	リョウ／よい	7画
53ページ	孫	ソン／まご	10画
53ページ	愛	アイ	13画
54ページ	必	ヒツ／かならず	5画
54ページ	要	ヨウ／かなめ	9画

めあて

★漢字辞典の使い方を知り、言葉に対する関心を深めよう。
★メモの取り方のくふうを学ぼう。

学習日
月　日
教科書
上50〜57ページ
答え
6ページ

1 （　）に読みがなを書きましょう。

① 奈落（　）に落ちる。

② 子孫（　）に残す。

③ 家臣（　）をつれていく。

④ ●読本（　）を知る。

⑤ 漢字の成（　）り立ち。

⑥ 新聞を印刷（　）する。

●読み方が新しい字

2 □に漢字を、（　）に漢字と送りがなを書きましょう。

① 円の□□（ちょっけい）。

② 漢字□□（じてん）を引く。

③ 台風の□□（ぜんちょう）。

④ ノートが□□（ひつよう）だ。

⑤ □□（じょうか）町を歩く。

⑥ 絵を□□（いんさつ）する。

⑦ 海べの□□（えんでん）。

⑧ □□（きせい）ラッシュ

⑨ 病気が（　　）（なおる）。

⑩ （　　）（よい）作品を見る。

⑪ 漢字の（　　）（くんよみ）を調べる。

漢字辞典の使い方

3 （　）に部首や漢数字、漢字の読みを書きましょう。

① 「返」を部首さくいんで引くとき
部首は（　　）なので、（　　）画のところをさがし、次に、その部首の中の（　　）画の漢字の中から「返」の字をさがす。

② 「鳥」を音訓さくいんで引くとき
音読みの（　　）、または、訓読みの（　　）の見出しから「鳥」の字をさがす。

③ 「駅」を総（そう）画さくいんで引くとき
漢字の画数を数え、（　　）画の中から「駅」の字をさがす。

メモの取り方のくふう

4 メモを取るときに正しいものはどれですか。二つに○をつけましょう。

ア（　）たて書きと横書きをまぜて書く。

イ（　）聞いたことだけを書いて、自分の考えは書かない。

ウ（　）「？」「！」や、矢印などの記号を使ってよい。

エ（　）かじょう書きにしないで、文章で書く。

オ（　）内容（よう）のまとまりを考えながら書く。

ぴったり3 たしかめのテスト①

二 けっかと考察とのつながりをとらえよう

ぞうの重さを量る ～ メモの取り方のくふう

時間 20 分

／100

ごうかく 80 点

学習日

月　日

教科書 上33～57ページ

答え 7ページ

文章を読んで、答えましょう。　思考・判断・表現

でも、そう決めてしまうのは、ちょっと早すぎます。たまたま、花だんに植えた赤い花が、おいしそうなにおいを出していないのかもしれないからです。色か、においか、――そこのところをたしかめるには、別の実験をしなければなりません。

そこで、今度は、においのしないプラスチックの造花を使うことにしました。色は、花だんのときと同じ赤・黄・むらさき・青の四種類です。

もんしろちょうを放すと、やはり、まっすぐに造花に向かってとんでいきました。止まって、みつをすおうとするものもいます。プラスチックの造花には、みつもないし、においもありません。ですから、もんしろちょうは、においではなく、花の色か形にひかれていると考えられるでしょう。そして、造花の場合も、赤い花には、あまりやってきませんでした。

次の実験では、花の代わりに、四角い色紙を使ってみました。色紙にも集まってくれれば、花の形が問題なので

1 「においのしないプラスチックの造花」を使ったのは、どんなことをたしかめるためですか。「もんしろちょうは、」につづけて書きましょう。　15点

もんしろちょうは、

2 「ですから、……考えられるでしょう。」の文は、「事実」ですか、「意見」ですか。一つに○をつけましょう。　10点

（　）事実　（　）意見

よく出る

3 「次の実験」のけっかと考察をア～カからそれぞれえらび、記号を書きましょう。　一つ10点(20点)

けっか（　）　考察（　）

ア もんしろちょうは赤い色紙には全く集まらなかった。

イ もんしろちょうは色紙のみつをすおうとした。

ウ もんしろちょうは色紙に集まってきた。

エ もんしろちょうは花の形を手がかりに花を見つける。

オ もんしろちょうは花の色を手がかりに花を見つける。

カ もんしろちょうはむらさき色しか見えない。

はなく、色だけが、もんしろちょうをひきつけているということになるでしょう。用意した色は、前と同じ四種類です。もんしろちょうは、色紙を花だと思ってくれるでしょうか。

　いよいよ、二百ぴきほどのもんしろちょうを放してみました。ただの紙なのに、やはり、ちょうは集まってきます。むらさきの色紙に止まったものもいます。黄色の色紙に止まったものもいます。止まったちょうは、長い口をのばして、みつをすおうとしています。もんしろちょうは、色紙を花だと思っているようです。

　集まり方を色別に調べてみました。最も多く集まったのがむらさき、次に多かったのが黄色、青に来たものは少なく、赤には、ほとんど来ませんでした。念のため、赤い色紙にみつをつけたものを用意してみましたが、これにもちょうは来ませんでした。

　このような実験から、もんしろちょうは、色を手がかりにして花を見つけることがわかりました。そして、色も見分けることができるようで、むらさきや黄色は見つけやすく、赤は見えないらしいのです。

吉原（よしはら）順平（じゅんぺい）「花を見つける手がかり」より

4 「もんしろちょうは、……いるようです。」とありますが、どのような事実からこう考えたのですか。一文をさがし、初めの五字を書きぬきましょう。 15点

5 「集まり方を色別に調べてみました。」とありますが、どのようなけっかになりましたか。多く集まった順に色の名前を書きましょう。 全部できて10点

6 「赤には、ほとんど来ませんでした。」とありますが、このけっかからみちびかれた考察を、九字で書きぬきましょう。 10点

考えを書こう

7 もしも、もんしろちょうが、造花にも四角い色紙にも集まらなかったとしたら、どんな考察になったと考えられますか。考えて書きましょう。 20点

ふりかえり ⑦が分からないときは、15ページの 3分でワンポイント にもどってかくにんしてみよう。

ぴったり3

たしかめのテスト②

二 けっかと考察とのつながりをとらえよう

ぞうの重さを量る ～ メモの取り方のくふう

時間 20分

／100

ごうかく 80点

学習日　月　日

教科書 上33～57ページ

答え 8ページ

1 読みがなを書きましょう。

一つ2点(20点)

① 漢字の成り立ち。（ ）〔成〕
② 山の天然水。（ ）〔天然水〕
③ 訓読みを書く。（ ）〔訓〕
④ 愛読書のしょうかい。（ ）〔愛読書〕
⑤ 表紙を刷る。（ ）〔刷〕
⑥ 国語辞典を買う。（ ）〔辞典〕
⑦ 子馬が産まれる。（ ）〔産〕
⑧ 自然科学の本。（ ）〔自然〕
⑨ 良心的な店だ。（ ）〔良心〕
⑩ との様と家臣。（ ）〔家臣〕

2 漢字を書きましょう。

一つ3点(18点)

① □□（しゅるい）が多い。
② 新しい□□（ほうほう）。
③ □（やく）五センチメートル
④ □□（はんせい）文を書く。
⑤ せい□（じ）家になる。
⑥ 家族を□（あい）する。

3 漢字と送りがなを書きましょう。

一つ3点(12点)

① むだを〔　　〕（はぶく）。
② 〔　　〕（もっとも）速い。
③ 日が〔　　〕（てる）。
④ 国を〔　　〕（おさめる）。

4 次の文の内容が正しければ○を、まちがっていれば×を書きましょう。

一つ6点(12点)

ア	487
イ	フ
ウ	3

① (　　)図書館の本のラベルの記号で、アの部分を「分類記号」、イの部分を「図書記号」、ウの部分を「巻冊記号」という。

② (　　)①のラベルの記号で、イの「フ」は、本の題名の初めの一文字を表している。

5 聞き取りメモの中の(　)にあてはまる言葉を書きましょう。

一つ4点(8点)

[校長先生のお話]

おはようございます。

みなさん、来週からあいさつ運動が始まります。気持ちのよいあいさつができるよう、ポスターもはりたいと思います。すてきなポスターが作れたら、校長室へ持ってきてください。

[聞き取りメモ]

・来週から(　　　　)が始まる。

・(　　　　)を作ったら校長室へ。

6 漢字辞典の引き方について答えましょう。

一つ2点(30点)

(1) 次の漢字は何の部首の何画を引けばよいですか。部首をぬき出し、残りの画数を漢数字で書きましょう。

① 港　部首(　　)・(　　)画

② 宿　部首(　　)・(　　)画

③ 暗　部首(　　)・(　　)画

(2) 次の漢字の音読みをかたかなで、訓読みをひらがなで書きましょう。

① 油　音(　　)　訓(　　)

② 刀　音(　　)　訓(　　)

③ 場　音(　　)　訓(　　)

(3) 次の漢字の総画数を漢数字で書きましょう。

① 箱(　　)画

② 紙(　　)画

③ 都(　　)画

ぴったり1 じゅんび

三 伝わりやすい組み立てを考えて書こう

リーフレットでほうこく
いろいろな手紙

3分でまとめ

めあて
★伝わりやすいリーフレットの組み立てを考えよう。
★相手やもくてきに合わせた手紙の書き方を学ぼう。

学習日 月 日
教科書 上58〜65ページ
答え 8ページ

かきトリ 新しい漢字

教科書58ページ	58ページ	59ページ	59ページ
伝 デン つたわる・つたえる・つたう 6画	課 カ 15画	害 ガイ 10画	機 キ 16画

59ページ	60ページ	60ページ	62ページ
械 カイ 11画	折 セツ おる・おり・おれる 7画	説 セツ とく 14画	参 サン まいる 8画

1 ▢に読みがなを書きましょう。

① 市民（　　）の代表。
② 伝言（　　）を残す。
③ 課題（　　）を見つける。
④ 水とうを持参（　　）する。

2 ▢に漢字を、（　）に漢字と送りがなを書きましょう。

① 妹に［せつめい］する。
② ［きかい］を使う。
③ ［ゆうがい］なガス。
④ ［あいて］の話。
⑤ ［ほうかご］
⑥ 文の［さいしょ］。
⑦ 紙を（おる）。
⑧ 紙（あたたかみ）がある。
⑨ 話を（つたえる）。
⑩ お（まいり）する。

3 正しい意味に○をつけましょう。

①ごみをしょりする。
ア（　）へらす。
イ（　）しまつする。かたづける。

②ペットボトルをリサイクルする。
ア（　）使い終わったものをゴミに出す。
イ（　）使い終わったものをもう一度せい品にする。

③家具のはいちを考える。
ア（　）ほどよい場所。
イ（　）いいかげんな場所。

④ごみの内わけをグラフで表す。
ア（　）種類ごとに分けたもの。
イ（　）原いんや理由となることがら。

⑤ひ用のさくげんに取り組む。
ア（　）しだいにふやすこと。
イ（　）けずってへらすこと。

⑥かんきょうへのえいきょうを調べる。
ア（　）力などが他のものにおよぶこと。
イ（　）全く関わりがないこと。

4 リーフレットで効果的に伝えるためには、どのようなことに気をつけるとよいですか。（　）にあてはまるものを［　］からえらんで、記号を書きましょう。

・リーフレットのとくちょうを生かした組み立てにする。
・内容(よう)の（　）ごとに書く。
・いちばん伝えたい内容を中心に書く。
・伝えたいことに合った（　）をつかう。

［ア しりょう　イ くふう　ウ まとまり］

5 相手におねがいをする電子メールを書きます。次のア～オを電子メールの正しい順番にならびかえましょう。

ア 初めのあいさつ
イ 本文
ウ 相手の名前
エ 自分の名前とれんらく先
オ 件(けん)名

（　→　→　→　→　）

ぴったり1 じゅんび

三 伝わりやすい組み立てを考えて書こう
言葉の文化① 短歌の世界
漢字の広場② 漢字の音を表す部分

3分でまとめ

めあて
★短歌にえがかれた様子や気持ちを想像しよう。
★漢字のなり立ちについて考えよう。

学習日
月　日
教科書
上66〜73ページ
答え
9ページ

かきトリ 新しい漢字

教科書66ページ	67ページ	68ページ	71ページ	72ページ	72ページ	73ページ
衣 イ 6画	景 ケイ 12画	辺 ヘン あたり・べ 5画	以 イ 5画	飯 ハン めし 12画	案 アン 10画	児 ジ 7画

73ページ	73ページ	73ページ	73ページ	73ページ	73ページ	73ページ
貨 カ 11画	未 ミ 5画	満 マン みちる・みたす 12画	令 レイ 5画	冷 レイ つめたい・ひえる ひや・さめる 7画	静 セイ しず・しずか しずまる・しずめる 14画	官 カン 8画

73ページ	73ページ
束 ソク たば 7画	各 カク 6画

1 （　）に読みがなを書きましょう。

① 貨物（　）列車が通る。
② 日本 各（　）地の天気。
③ 児童（　）が集まる。
④ きれいな ◆景色（　）。
⑤ 冷静（　）に話し合う。
⑥ 新入生を 案内（　）する。
⑦ 五人 以上（　）が集まる。
⑧ 夕飯（　）のしたくをする。

◆特別な読み方の言葉

2 □に漢字を、（ ）に漢字と送りがなを書きましょう。

① 十［みまん］の数。
② きびしく［めいれい］する。
③ ［うみべ］を歩く。
④ （しずか）な夜。
⑤ （つめたい）水。
⑥ 月が（みちる）。

短歌の世界

3 正しい意味に○をつけましょう。

① 緑の中で白い色がひきたつ。
ア（ ）とくに目立つ。
イ（ ）わずかに見える。

② そまつな家に住んでいる。
ア（ ）作りがよくない。
イ（ ）とても小さい。

③ 勝ったことが、かえってつらい思い出になった。
ア（ ）そのあとで。
イ（ ）ぎゃくに。反対に。

4 （ ）にあてはまる言葉を□からえらんで書きましょう。

短歌とは和歌の一つで、五・七・（ ）・七・（ ）の（ ）音に（ ）の風景や心に感じたことをのせてうたったもの。

三　五　七　三十一　自然　都会

漢字の音を表す部分

5 次の漢字の、部首を表す部分と、音を表す部分を書きましょう。

① 洋　部首（ ）　音（ ）
② 星　部首（ ）　音（ ）
③ 詩　部首（ ）　音（ ）
④ 材　部首（ ）　音（ ）

三 伝わりやすい組み立てを考えて書こう

漢字の広場② 都道府県名に用いる漢字

めあて
★すべての都道府県名を、漢字で書けるようになろう。

学習日
月　日
教科書
上74～75ページ
答え
9ページ

かきトリ 新しい漢字

74ページ	井	い	4画
74ページ	潟	かた	15画
74ページ	埼	さい	11画
74ページ	群	グン／む-れる・む-れ・むら	13画
74ページ	栃	とち	9画
74ページ	茨	いばら	9画
教科書 74ページ	府	フ	8画
74ページ	阪	◆大阪（おおさか）	7画
74ページ	賀	ガ	12画
74ページ	滋	◆滋賀（しが）	12画
74ページ	岡	おか	8画
74ページ	阜	フ／◆岐阜（ぎふ）	8画
74ページ	岐	◆岐阜（ぎふ）	7画
74ページ	梨	なし	11画
74ページ	崎	さき	11画
74ページ	佐	サ	7画
74ページ	媛	◆愛媛（えひめ）	12画
74ページ	徳	トク	14画
74ページ	兵	ヘイ・ヒョウ	7画
74ページ	縄	なわ	15画
74ページ	沖	おき	7画
74ページ	鹿	しか・か	11画
74ページ	熊	くま	14画

都道府県の漢字を覚えて、書けるようにしよう。

1 （　）に読みがなを書きましょう。

◆特別な読み方の言葉

① 牛の群れ。（　）

② 道徳を学ぶ。（　）

③ 茨の道を進む。（　）

④ 干(ひ)潟の生き物。（　）

⑤ ◆岐阜県の名物。（　）

⑥ ◆宮城県を観光する。（　）

⑦ 熊のぬいぐるみ。（　）

⑧ 古い兵器。（　）

2 □に漢字を、（　）に漢字と送りがなを書きましょう。

① □□□□(とどうふけん)

② □□(いど)の水。

③ □□(ねんが)はがきを送る。

④ □(なわ)とび

⑤ □□(ばか)な話。

⑥ 人が（　　）(むらがる)。

3 次の日本地図の①～⑤の県名を書きましょう。

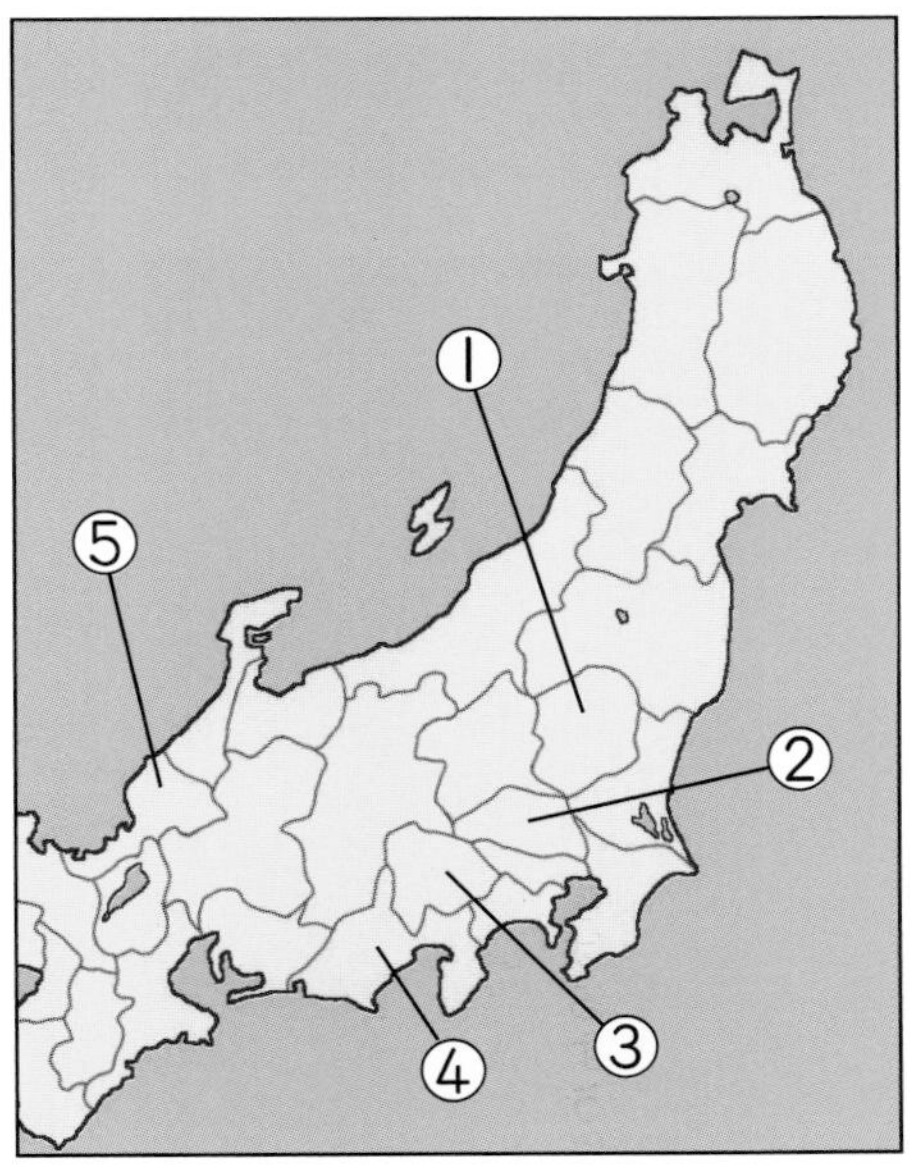

① □□(とちぎ)県

② □□(さいたま)県

③ □□(やまなし)県

④ □□(しずおか)県

⑤ □□(ふくい)県

ぴったり3 たしかめのテスト

三 伝わりやすい組み立てを考えて書こう

リーフレットでほうこく
～ 漢字の広場② 都道府県名に用いる漢字

時間 20分

／100

ごうかく 80点

学習日　月　日

教科書 上58〜75ページ

答え 10ページ

1 短歌と文章を読んで、答えましょう。　思考・判断・表現

金色(こんじき)の ア ちいさき鳥の イ かたちして ウ
いちょうちるなり エ 夕日のおかに
与謝野(よさの) 晶子(あきこ)

秋、夕日がさしているおかに、いちょうの葉がちっています。日の光を受けて、金色の小鳥のように見えるいちょうの葉の美しさをうたっています。

白鳥(しらとり)はかなしからずや
空の青海のあおにもそまずただよう
若山(わかやま) 牧水(ぼくすい)

白い鳥が、空の青さ、海の青さにそまることなく、白いままでただよっています。一面の青の中にいる白い鳥を見て、悲しくないのだろうかと思っています。

「言葉の文化① 短歌の世界」より

(1) 「金色の…」の短歌について答えましょう。

① この短歌を声に出して読むとき、どこで切ればよいですか。短歌の中にあるア～エの記号を書きましょう。　10点

（　　　）

② 「金色のちいさき鳥」とありますが、何のことをたとえていますか。文章中から四字で書きぬきましょう。　10点

□□□□

よく出る

(2) 「白鳥は…」の短歌について答えましょう。

① 「白鳥」の白さと対照的にえがかれているのは何ですか。短歌の中から四字以内で二つ書きぬきましょう。　一つ5点(10点)

□□□□・□□□□

考えを書こう

② この短歌は、白鳥のどんな心をよんでいますか。考えて書きましょう。　10点

（　　　　　　　　）

2 読みがなを書きましょう。

一つ3点(15点)

① 先生の説明（　　）を聞く。

② 名案（　　）がうかぶ。

③ なつかしい風景（　　）。

④ 昼食を持参（　　）する。

⑤ 長官（　　）の会見。

3 □に漢字を、（　）に漢字と送りがなを書きましょう。

一つ3点(15点)

① □□（きかい）を動かす。

② ご□（はん）を食べる。

③ □□（いふく）をまとう。

④ □（けしき）をながめる。

⑤ 水を（　　）（ひやす）。

4 （　）にあてはまる言葉を[　]からえらんで書きましょう。

一つ5点(10点)

「リーフレット」とは、一まいの紙に、何かについての（　　）やしょうかいなどを書いたもの。わかりやすくするため、絵や（　　）などが入っている。

[表紙　図表　メモ　説明]

5 音(おん)を表す部分が共通(きょう)する次の漢字の組み合わせのうち、同じ読み方のものには○を、ちがう読み方のものには×を書きましょう。

一つ5点(20点)

① 皮　波（　　）

② 官　館（　　）

③ 毎　海（　　）

④ 陽　場（　　）

ぴったり1 じゅんび

四 落語を声に出して楽しもう

落語 ぞろぞろ

読書の広場② ひろがる読書の世界

三遊亭（さんゆうてい） 円窓（えんそう）

めあて

★登場人物のせいかくや気持ちを想像（ぞう）して読もう。

★おもしろいと思ったところを伝え合おう。

学習日
月　日
教科書
上77〜97ページ
答え
10ページ

かきトリ 新しい漢字

漢字	教科書	読み	画数
末	教科書78ページ	マツ すえ	5画
結	78ページ	ケツ むすぶ	12画
置	84ページ	チ おく	13画
残	84ページ	ザン のこる・のこす	10画
失	90ページ	シツ うしなう	5画
借	94ページ	シャク かりる	10画

1 （　）に読みがなを書きましょう。

① 残念（　　）な結果。

② カバンを置（　）く。

③ 週末（　　）の予定。

④ ひもを結（　）ぶ。

2 □に漢字を、（　）に漢字と送りがなを書きましょう。

① 家具の□□（はいち）。

② 小説の□□（けつまつ）。

③ □□（しつれい）をわびる。

④ □□（まいあさ）の体そう。

⑤ □□（いちもん）のぜに。

⑥ 寺に（　　）（まいる）。

⑦ 金を（　　）（うしなう）。

⑧ 心に（　　）（のこる）話。

⑨ ペンを（　　）（かりる）。

⑩ 食事を（　　）（のこす）。

3 正しい意味に○をつけましょう。

① おいなりさんにお参りする。
ア（　）油あげの中にすし飯をつめた食べ物。
イ（　）神をまつった神社。

② 店のあるじと話をする。
ア（　）主人。
イ（　）おじいさん。

③ きのう、みょうなことがあった。
ア（　）ふしぎな。
イ（　）いやな。

④ 雨で道がぬかる。
ア（　）どろどろになる。
イ（　）つやつや光る。

⑤ 一人で何人もえんじる。
ア（　）さがしてくる。
イ（　）役をつとめる。

3分でワンポイント

落語のおもしろさを考えよう。

★①〜③の（　）に合う言葉を［　］の中からえらんで、記号を書きましょう。

茶店のじいさん・ばあさん	とこ屋の親方
・（①　　）にのぼりをとどける。 ・てんじょうからぞろぞろ（②　　）が出てくる。 ↓話題になり、店がはんじょうする。	・茶店の人だかりを見て（①　　）にお参りする。 ・ひさしぶりに客が来たが、ぞろぞろ出てきたのは客ではなくて、（③　　）だった。

「ぞろぞろ」のおもしろさ
・ごりやくによって、ぞろぞろと物が出てくるところ。
・とこ屋の親方が（①　）のごりやくは店がはんじょうすることだとかんちがいしているところ。

ア　ひげ　　イ　おいなりさん
ウ　わらじ

落語　ぞろぞろ

学習日　月　日
教科書　上77～95ページ
答え　11ページ

文章を読んで、答えましょう。

登場人物（年れい）
○茶店のじいさん（七十さい）
●茶店のばあさん（六十五さい）
客2（三十さい）　客3（六十さい）

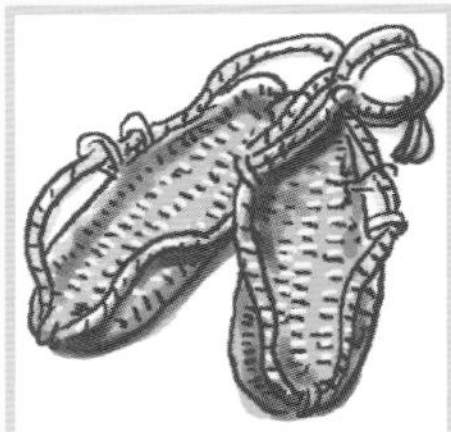

（するとまた、客が来て）
客2「わらじ、あったらもらいてえんだが。」
○「わらじですか？　あいすみません。今、売り切れてしまいましたて。」
客2「弱ったなあ。（てんじょうを見て）お？　あるじゃないか。」
○「えっ？　あっ！　ある……。一足ぶら下がってる。一ひく一は、なしだよ。それが、一ひく一は一、ということは……。」
客2「何ぶつぶつ言ってんだい。売るのかい、売らないのかい？」
○「売ります、売ります。八文です。引っぱってくだ

1 「弱ったなあ。」「えっ？　あっ！」「一ひく一は一、ということは……。」「売るのかい、売らないのかい？」の部分に、あとの音読記号を一つずつえらんでつけましょう。

客2「弱ったなあ。」
○「えっ？　あっ！」
○「一ひく一は一、ということは……。」
客2「売るのかい、売らないのかい？」

・強く読む　＝＝＝　・弱く読む　- - - -
・速く読む　━━━　・ゆっくり読む　〰〰

2 「売ります、売ります。」「何を言ってるんだ。あるじゃねえか。」「ばあさん。」「あっ！」の部分は、どのように音読するとよいですか。ア～エの中からえらびましょう。

①「売ります、売ります。」（　　）
②「何を言ってるんだ。あるじゃねえか。」（　　）
③「ばあさん。」（　　）

さいまし。ぬけるようになってますので。はい……、ありがとうございます。お気をつけなすって。」（また、客が来て）

客３「わらじ、ねえかな！」

○「また、わらじですか……？　もう、本当にありませんでっ。」

客３「ねえのかい……。（てんじょうを見て）何を言ってるんだ。あるじゃねえか。」

○「は？　ありますね……。気味が悪い……。」

客３「いくらだい？」

○「八文でございます。引っぱってくださいまし。（おくへ）ばあさん。おまえも見てろ。ちゃんと、見てるんだぞ。客が八文を置いて……、わらじを引っぱって……、足ごしらえをして……、出てったな……。な、もう、わらじはねえはずだろう。なっ。（てんじょうを見て）あっ！」

おどろくのは当然で、てんじょううらから、新しいわらじがぞろぞろっ！

○「ばあさん……。見たか……。見たかっ。」

●「見ました。おいなりさんのごりやくですよ。」

三遊亭（さんゆうてい）円窓（えんそう）「落語　ぞろぞろ」より

④「あっ！」

ア　おどろいたように。　イ　間をあけず、すぐに。

ウ　おこったように。　エ　大声でよびかけるように。

（　　）

3　「見たか……。見たかっ。」とありますが、何を「見たか」と言っているのですか。一つに○をつけましょう。

ア（　）客が次々に来て、わらじを買っていったこと。

イ（　）わらじが売れると、またわらじが出てくること。

ウ（　）わらじが売れると、もうてんじょうにわらじはないこと。

ヒント　じいさんの言葉の前の一文に注目しよう。

4　ないはずのわらじがてんじょうにぶら下がっていることを、①茶店のじいさんと、②茶店のばあさんは、どう思っていますか。①は五字で、②は十一字で書きぬきましょう。

①

②

ヒント　登場人物の会話文の中から見つけよう。

落語 ぞろぞろ
読書の広場② ひろがる読書の世界

時間 20分
／100
ごうかく 80点

学習日 月 日
教科書 上77～97ページ
答え 12ページ

文章を読んで、答えましょう。 思考・判断・表現

登場人物（年れい）
□とこ屋の親方（三十五さい）
客４（三十五さい）

親方は、じいさん、ばあさんから、「ぞろぞろわらじ」のことを聞かされて、おいなりさんへすっとんできました。

□「（ポンポンとかしわ手を打って）おいなりさん、おいなりさん。初めまして。あっしは茶店の前のとこ屋でござんす。このところ、まるっきり客が来ませんで、こまっております。店にあるだけのぜにを持ってきまして、さいせん箱に入れました。どうか、とこ屋も茶店のわらじ同様、ぞろぞろはんじょういたしますように！（ポンポンとかしわ手）」

親方、自分の店にもどってみると、

1 この文章の前半と後半の場面は、それぞれどこですか。文章から書きぬきましょう。 一つ15点（30点）

前半場面 ［　　　　　］

後半場面 ［　　　］の前の［　　　］

2 「おいなりさんへすっとんできました」とありますが、何のために来たのですか。一つに○をつけましょう。 10点

ア（　）客が来なくてこまっていることを伝えるため。
イ（　）茶店がはんじょうするようおねがいするため。
ウ（　）とこ屋がはんじょうするようおねがいするため。
エ（　）あるだけのぜにをさいせん箱に入れるため。

よく出る

3 短く間（ま）をあける音読記号「＜」を入れる場合、どこがよいですか。一つに○をつけましょう。 15点

ア（　）「親方、＜どこへ行ってたんだい！」
イ（　）「は？＜（辺りを見回して）ここはおれの店だよなあ……。」

客4「親方、どこへ行ってたんだい！」
□「は？　（辺りを見回して）ここはおれの店だよなあ……。（客に向かって）失礼ですが、あなた様はどちら様……？」
客4「よせやい。おれは客だよ。」
□「客……？　ああ……、おなつかしい……。（思わずだきつく）」
客4「おいおい、だきつくなよ。」
□「ありがてえ！　ごりやくはてきめんだ。この客の頭が仕上がって帰ると、あとから新しい客がぞろぞろっ。帰ると、ぞろぞろっ。ぞろぞろっ。ぞろぞろっ。」
客4「何なきながら、ぞろぞろ言ってんだよ。」
□「ついうれしいもんで、ないてしまいました。もっといをはじきますんで。」
客4「おっと、頭はいいんだ。おれはひげだけやってもらいてえんだが。」
□「かしこまりましたっ。」
親方が、うでによりをかけて客の顔をつうっとあたると、なんと、あとから新しいひげが、ぞろぞろ！

三遊亭（さんゆうてい）円窓（えんそう）「落語　ぞろぞろ」より

ウ（　）「よせやい。＜おれは客だよ。」

4 「失礼ですが、あなた様はどちら様……？」と親方が客にきいたのは、なぜですか。一つに○をつけましょう。15点

ア（　）店に客が来たことが信じられなかったから。
イ（　）今まで会ったことがない人だったから。
ウ（　）ここが自分の店かどうかわからなかったから。

5 「思わずだきつく」とありますが、ここから親方のどんな気持ちがわかりますか。文章から四字で書きぬきましょう。15点

□□□□

6 この話のおもしろさは、どんなところですか。一つ5点（15点）

とこ屋の親方は、おいなりさんのごりやくで
（　　　　）がぞろぞろ来て、
店が（　　　　）すると思っていたが、
客に（　　　　）が生えてきただけだったところ。

ふりかえり　6が分からないときは、33ページの 3分でワンポイント にもどってかくにんしてみよう。

四 落語を声に出して楽しもう

落語 ぞろぞろ
読書の広場② ひろがる読書の世界

時間 20分　／100　ごうかく 80点

学習日　月　日

教科書 上77～97ページ

答え 13ページ

1 読みがなを書きましょう。　一つ3点(12点)

① 借用書を書く。（　　）

② 家具を置きかえる。（　　）

③ れきしに名を残す。（　　）

④ 気を失う。（　　）

2 漢字を書きましょう。　一つ3点(12点)

① □□（しゃくや）に住む。

② □（すえ）の妹は一年生です。

③ □□（けっきょく）おくれた。

④ □□（ざんせつ）がとける。

3 正しい使い方のほうに〇をつけましょう。　一つ3点(12点)

① ア（　）人がいなくなり、町がさびれる。
　イ（　）大ぜいの客で店がさびれる。

② ア（　）子どもが細々と走り回る。
　イ（　）親子二人で細々とくらしている。

③ ア（　）兄が弟にかぜをこじらす。
　イ（　）外出して、かぜをこじらす。

④ ア（　）うでによりをかけてりょう理する。
　イ（　）うでによりをかけて荷物を持つ。

4 （　）にあてはまる言葉を□からえらんで、記号を書きましょう。　一つ4点(16点)

① 町を一人で（　）歩き回る。

② 雪道がこおって、（　）すべる。

③ 妹が、（　）もんくを言う。

④ とつぜん、雨が（　）ふってきた。

ア ぶらぶら　イ ぽつぽつ
ウ ぶつぶつ　エ つるつる

5 昔から使われている言葉とその意味をそれぞれ結びましょう。

一つ4点(24点)

① 足ごしらえ・　　・近くの村々。
② ごりやく・　　・トイレに行くこと。
③ あたる・　　・神やほとけの人間へのめぐみ。
④ 用足し・　　・はき物をきちんとはくこと。
⑤ かしわ手・　　・かみの毛やひげをそること。
⑥ 近郷近在（きんごうきんざい）・　　・神をおがむときのはく手。

6 文にあてはまる道具をえらびましょう。

一つ3点(15点)

① （　　　）の上にすわる。
② （　　　）であおぐとすずしい。
③ 神社の名前が書かれた（　　　）が立っている。
④ （　　　）でぬれた手をふく。
⑤ （　　　）は時代げきにかかせない。

せんす　手ぬぐい　ざぶとん　のぼり　かつら

7 正しい意味をえらびましょう。

一つ3点(9点)

① ぼんを返したような雨がふる。

ア かさがなくても平気なくらいの
イ はげしいいきおいの
ウ ほとんど雪のようなつめたい

（　　）

② しゃくにさわるような言い方をしてはいけない。

ア 相手がよろこぶ
イ まちがってものごとが伝わる
ウ はらが立つ

（　　）

③ この薬はてきめんにきく。

ア ゆっくりだが、かく実に
イ はっきりと、すぐに
ウ 結果がわからないほどささいに

（　　）

この本の終わりにある「夏のチャレンジテスト」をやってみよう！

五 話の組み立てを考えて発表しよう

写真から読み取る

めあて
★写真のどの部分から何を読み取ったのか、相手にわかるようにしよう。
★効果的（こうかてき）な伝え方を考えよう。

学習日 月 日
教科書 上98〜101ページ
答え 13ページ

かきトリ 新しい漢字

教科書100ページ
季（キ） 8画

100ページ
節（セツ・ふし） 13画

1 （ ）に読みがなを書きましょう。

① 季節（ ）の変化。
② 春の 景色（ ）。
③ 発表に 注目（ ）する。
④ あわただしい 様子（ ）。

「節」という漢字には、
①ふし。
②くぎり。文章の切れ目。
③音楽の調子。
④気候（きこう）の変わり目。
⑤とき。おり。
などの意味があるよ。

2 □に漢字を、（ ）に漢字と送りがなを書きましょう。

① □□（しき）折々の自然。
② □□（せつぶん）の日。
③ □□（かんそう）を伝える。
④ たなを □□（せいり）する。
⑤ □□（けしき）をえがく。
⑥ サッカーの □□（れんしゅう）。
⑦ □□（こうてい）で遊ぶ。
⑧ 話を（ くみたてる ）。
⑨ 写真から（ よみとる ）。

②「せつぶん」は、きせつが変わる前の日のことだよ。豆まきをする「せつぶん」は春になる前の日なんだ！

3 正しい意味に○をつけましょう。

① 場面をいきいきと伝える。
ア（　）活気があふれた様子。

イ（　）静かに落ち着いた様子。

② もけいの船を組み立てる。
ア（　）めずらしくて、人気があるもの。

イ（　）本物の形をまねてつくったもの。

③ 鳥が、まさにとびたとうとする。
ア（　）ちょうど。今にも。

イ（　）力がなく、やっと。

4 写真から読み取ったことを発表するときの手順について、（　）にあてはまる言葉を［　］からえらんで、記号を書きましょう。

① 写真から読み取ったことを（　）にまとめる。
② 発表の（　）を考え、練習をする。
③ 発表する。
④ 友達の発表や、自分の発表をふり返り、（　）を伝え合う。

ア 組み立て　イ 感想　ウ 注目　エ メモ

5 次の発表の——の部分は、気づいたことと想像（そう）したことのどちらですか。正しいほうに○をつけましょう。

ぼくは、この写真から、①この人たちが運動会でゆう勝した様子を想像しました。

まず、写真の中央でだき合っている二人を見てください。とてもうれしそうな表情（じょう）をしています。②二人の左がわにいる人が手で一番をしめしています。そのことから、スポーツで一番になってゆう勝したのだと思いました。

写真に写っている人はみな体そう服を着ており、右がわにボールを持った人がいるので、③ボールを使ったスポーツをしていたのでしょう。

① この人たちが運動会でゆう勝した。
ア（　）気づいたこと
イ（　）想像したこと

② 二人の左がわにいる人が手で一番をしめしています。
ア（　）気づいたこと
イ（　）想像したこと

③ ボールを使ったスポーツをしていた。
ア（　）気づいたこと
イ（　）想像したこと

ぴったり3 たしかめのテスト

五 話の組み立てを考えて発表しよう

写真から読み取る

1 読みがなを書きましょう。 一つ2点(20点)

① 四季（　　）がめぐる。

② 節分（　　）の豆まき。

③ 景色（　　）をながめる。

④ 本だなを整理（　　）する。

⑤ 気持ちを伝（　　）える。

⑥ 様子（　　）をうかがう。

⑦ まちがいに注意（　　）する。

⑧ 人生の節目（　　）。

⑨ ノートを写（　　）す。

⑩ 切手を集（　　）める。

2 □に漢字を、〔　〕に漢字と送りがなを書きましょう。 一つ4点(32点)

① □□（はっぴょう）する。

② □□（れんしゅう）に参加する。

③ □□（こうてい）を一周する。

④ □□（きせつ）はずれの花。

⑤ 気持ちを□（そう）像（ぞう）する。

⑥ 〔　　（こまかい）〕もけい。

⑦ 案を〔　　（ねる）〕。

⑧ すばやく〔　　（うごく）〕。

時間 20 分

／100

ごうかく 80 点

学習日

月　日

教科書 上98〜101ページ

答え 14ページ

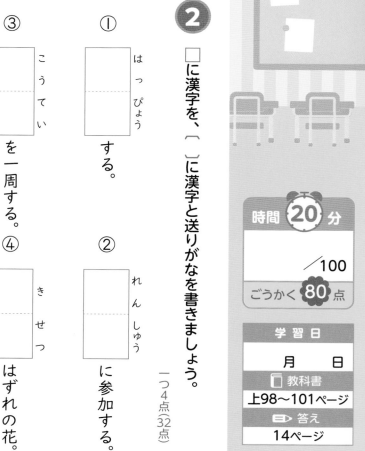

3 写真から読み取ったことを発表するときについて、答えましょう。

一つ4点(20点)

① 写真を見て、どんなことをメモにまとめるとよいですか。二つえらんで、○をつけましょう。

ア( )写真をとった人が考えていること。

イ( )写真を見たときに気づいたこと。

ウ( )いつ、どこでとった写真かということ。

エ( )写っているものについて想像したこと。

② 発表の組み立てを考えるとき、何を中心にするとよいですか。一つに○をつけましょう。

ア( )写真をとった人が考えていること。

イ( )写真を見たときに気づいたこと。

ウ( )いつ、どこでとった写真かということ。

③ 発表を聞くときに、どんなことに気をつけるとよいですか。二つえらんで、○をつけましょう。

ア( )発表している人が、何に注目しているのか、ということ。

イ( )発表している人が、写真に写っていないことを言っていないかどうか、ということ。

ウ( )発表している間に、自分の感想を言うこと。

エ( )他の人と自分の感じ方で同じところ、ちがうところはどこか、ということ。

4 思考・判断・表現

次の【写真】について、気づいたことや想像したことを発表することにしました。【発表】の( )にあてはまる言葉を【メモ】から書きぬきましょう。

一つ7点(28点)

【写真】

【メモ】

●気づいたこと
・おおかみがまっすぐ前を向いている。
・白黒の写真で、冷たい感じを受ける。
●想像したこと
・おなかをすかせて、えものをねらっている。
・むれからはぐれて、一ぴきで生きている。→決意・さびしさ。

【発表】


わたしは、この写真から、一ぴきのおおかみが(①　　)をねらっている様子を想像しました。

まず、おおかみが(②　　)前を向いています。おなかをすかせたおおかみが、しんけんにえものをにらんでいるようです。

また、この写真は(③　　)で、冷たい感じを受けます。

むれをはなれて、一ぴきで生きているさびしさや、強い(④　　)を感じました。

ふりかえり 4が分からないときは、41ページの5にもどってかくにんしてみよう。

ぴったり1 じゅんび

3分でまとめ

六 集めたざいりょうでわかりやすく伝えよう

作ろう学級新聞
漢字の広場③ 送りがなのつけ方

めあて
★伝えたい内容に合ったしりょうをえらぼう。
★写真や図表を効果的に使おう。

学習日 月 日

教科書 上102～107ページ

答え 14ページ

かきトリ 新しい漢字

漢字	教科書	読み	画数
果	102ページ	カ はたす・はてる はて	8画
的	102ページ	テキ まと	8画
給	102ページ	キュウ	12画
栄	103ページ	エイ さかえる	9画
養	103ページ	ヨウ やしなう	15画
老	107ページ	ロウ おいる	6画
固	107ページ	コ かためる・かたまる かたい	8画

漢字	教科書	読み	画数
働	107ページ	ドウ はたらく	13画
希	107ページ	キ	7画
望	107ページ	ボウ のぞむ	11画
唱	107ページ	ショウ となえる	11画
挙	107ページ	キョ あげる・あがる	10画
覚	107ページ	カク おぼえる・さます さめる	12画

1 （ ）に読みがなを書きましょう。

① 栄養士を目指す。（ ）

② 漢字を覚える。（ ）

③ 手を挙げる。（ ）

④ 反対を唱える。（ ）

2 □に漢字を、（ ）に漢字と送りがなを書きましょう。

① □□（きゅう しょく）の時間。

② □□（き ぼう）がかなう。

③ 子どもを（やしなう）。

④ 外国で（はたらく）。

⑤ ゼリーが（かたまる）。

⑥ 目を（さます）。

作ろう学級新聞

3 正しい意味に○をつけましょう。

① グラフを効果的に使う。

ア（　）あっという間に。

イ（　）よい結果を生むように。

② 友達の興味（きょう）をひく。

ア（　）いやだと思うこと。

イ（　）おもしろいと思うこと。

③ 作文をせいしょする。

ア（　）読み返して直した文章を、きれいに書き直すこと。

イ（　）文章の大まかな内容（よう）を決めて、メモすること。

④ わりつけを考える。

ア（　）新聞の見出しを決めること。

イ（　）記事、写真などの大きさや配置を決めること。

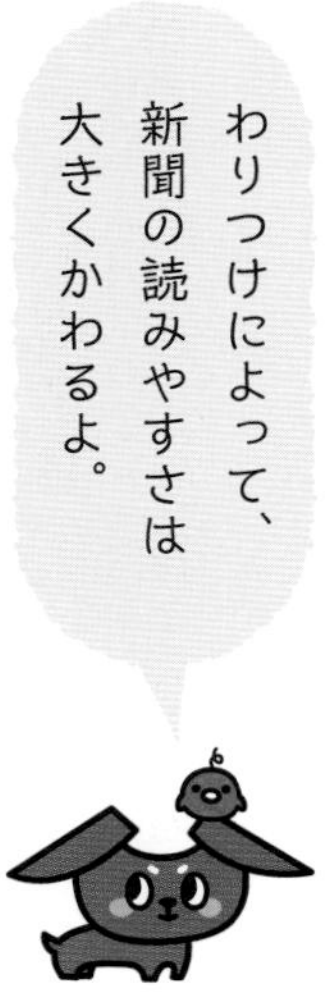

わりつけによって、新聞の読みやすさは大きくかわるよ。

4 新聞のわりつけをする場合、①新聞の題名、②大見出し、③トップ記事はどこにするとよいですか。記号を書きましょう。

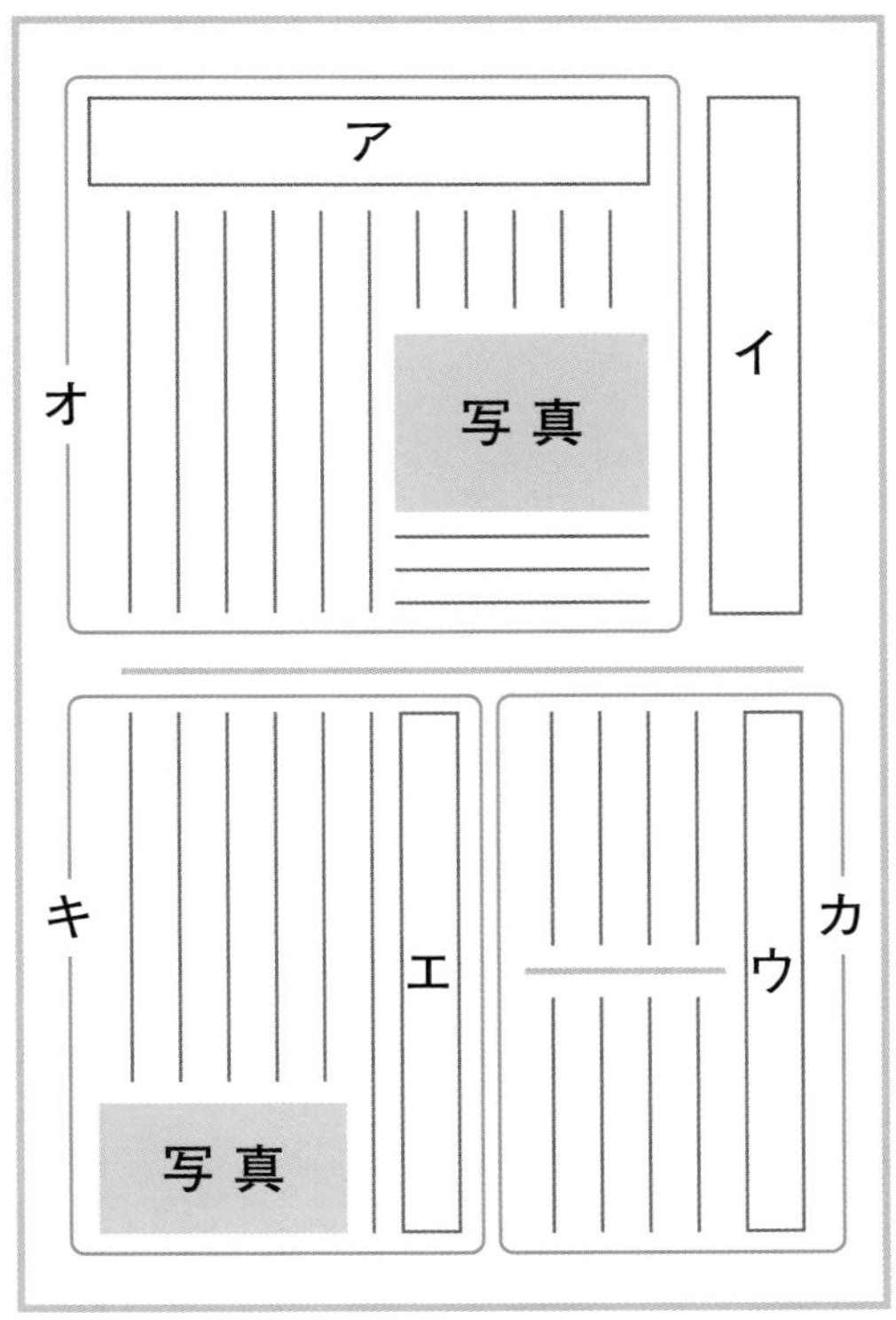

①（　　）　②（　　）　③（　　）

送りがなのつけ方

5 次の言葉を、〔　〕の言い方に変えて書きましょう。

① 開ける→〔ていねいな言い方〕

部屋のまどを（開　　　）。

② 終わる→〔打ち消す言い方〕

話し合いは、なかなか（終　　　）。

③ 話す→〔動作がすんだ言い方〕

教室で、友達と（話　　　）。

六 集めたざいりょうでわかりやすく伝えよう

作ろう学級新聞
漢字の広場③ 送りがなのつけ方

時間 20分

／100

ごうかく80点

学習日 月 日

教科書 上102〜107ページ

答え 15ページ

1 読みがなを書きましょう。

一つ2点（20点）

① 光栄（　）に思う。

② 希少（　）かちがある。

③ 合唱（　）の練習をする。

④ 人はみんな老（　）いる。

⑤ 果実（　）を食べる。

⑥ 有望（　）なサッカー選（せん）手。

⑦ つくえを固定（　）する。

⑧ 的（　）に当たる。

⑨ 目が覚（　）める。

⑩ 土が固（　）まる。

2 □に漢字を、（　）に漢字と送りがなを書きましょう。

一つ2点（20点）

① □□（きぼう）する。

② 車に□□（きゅうゆ）する。

③ 例を□（あ）げる。

④ □□（かんかく）が残る。

⑤ □□（ようぶん）を取りこむ。

⑥ □□（えいこう）を手にする。

⑦ 新説を（となえる）。

⑧ 町が（さかえる）。

⑨ 言葉を（おぼえる）。

⑩ 水を使い（はたす）。

3 新聞を作るときのポイントについて、正しければ○、まちがっていれば×を（　）に書きましょう。

一つ4点(20点)

(1)（　　）とくに伝えたいことは大きな記事にする。

(2)（　　）伝えたいことをたくさんのせるため、見出しを書かない。

(3)（　　）下書きをしてから、せいしょする。

(4)（　　）内容がわかりやすくなるように、写真や図表を入れる。

(5)（　　）興味をひく新聞にするため、事実を正確に書く必要はない。

4 送りがなに気をつけて、次の言葉の読みがなを書きましょう。

一つ5点(20点)

① 生きる（　　　　）　② 生まれる（　　　　）

③ 生える（　　　　）　④ 生かす（　　　　）

5 次の言葉を〔　〕の言い方に変えて書きましょう。

一つ5点(20点)

① 返す〔ていねいな言い方〕

図書館に本を返（　　　　）。

② 覚える〔打ち消す言い方〕

漢字をなかなか覚（　　　　）。

③ 遊ぶ〔動作がすんだ言い方〕

弟と、よく公園で遊（　　　　）。

④ 始まる〔ていねいで、動作がすんだ言い方〕

いよいよ試合が始（　　　　）。

ぴったり1 じゅんび

七 場面の様子をくらべて読み、感想をまとめよう

一つの花

今西祐行（いまにし すけゆき）

言葉の広場② 修飾語（しゅうしょくご）

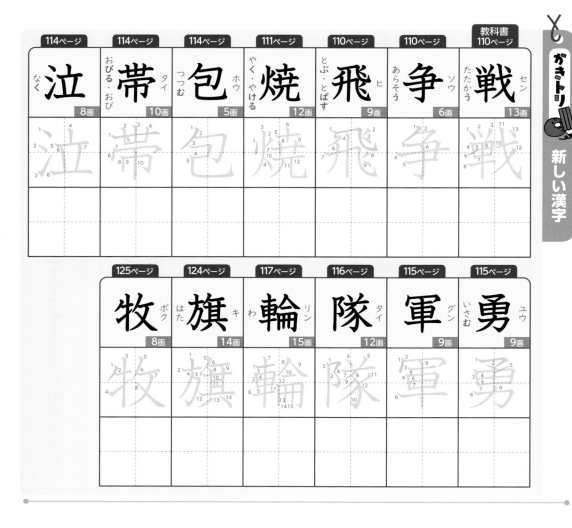

めあて
★文章中の大切な言葉について考えよう。
★作品にこめられた作者の思いをとらえよう。
★修飾語の働きを考えよう。

学習日
月　日
教科書
上109〜125ページ
答え
15ページ

かきトリ 新しい漢字

漢字	読み	画数	教科書
戦	セン たたかう	13画	110ページ
争	ソウ あらそう	6画	110ページ
飛	ヒ とぶ・とばす	9画	110ページ
焼	やく・やける	12画	111ページ
包	ホウ つつむ	5画	114ページ
帯	タイ おびる・おび	10画	114ページ
泣	なく	8画	114ページ
勇	ユウ いさむ	9画	115ページ
軍	グン	9画	115ページ
隊	タイ	12画	116ページ
輪	リン わ	15画	117ページ
旗	キ はた	14画	124ページ
牧	ボク	8画	125ページ

1 （　）に読みがなを書きましょう。

①（　）包帯 をまく。

②（　）一輪 のカーネーション。

③（　）兵隊 になる。

④ 大声で（　）軍歌 を歌う。

⑤（　）勇気 ある行動。

⑥（　）旗手 をつとめる。

2 □に漢字を、（　）に漢字と送りがなを書きましょう。

① □□（せんそう）が終わる。

② 風船を（　）（とばす）。

③ □□（ぼくじょう）の子牛。

④（　）（いさましい）かけ声。

3 〔　〕にあてはまる言葉を、①・②の文の中から書きぬきましょう。

① 元気な　子どもが　走る。
② 元気に　子どもが　走る。

①の文の「元気な」は、（　　　　）の様子をくわしく表していますが、②の文の「元気に」は、（　　　　）様子をくわしく表しています。

4 〔　〕に言葉を入れて、文の組み立てを図にしましょう。

・白い風船がふわふわと飛んでいく。

① どんな（　　　　）→ 風船が → 飛んでいく。
② どのように（　　　　）→ 飛んでいく。

3分でワンポイント

ゆみ子とゆみ子の家族の気持ちを読み取ろう。

★①〜④の（　）に合う気持ちを［　］の中からえらんで記号を書きましょう。

①（　）	いつもおなかをすかしていて、「もっと、もっと。」と食べ物をほしがるゆみ子の気持ち。
②（　）	しらずしらずのうちに、お母さんの「一つだけ」という口ぐせを覚えてしまったゆみ子に対する、お父さんの気持ち。
③（　）	お父さんが戦争に行く日、かばんの中のおにぎりをみんな食べてしまったのに、まだほしがるゆみ子に対するお母さんの気持ち。
④（　）	おにぎりをほしがって泣きだしたゆみ子が、お父さんからコスモスの花をもらったときの気持ち。

ア こまった
イ かなしい
ウ うれしい
エ かわいそう

ぴったり2 練習①

七 場面の様子をくらべて読み、感想をまとめよう

一つの花

学習日　月　日
教科書 上109～123ページ
答え 16ページ

文章を読んで、答えましょう。

ゆみ子は、いつもおなかをすかしていたのでしょうか。ご飯の時でも、おやつの時でも、「もっと、もっと。」と言って、いくらでもほしがるのでした。

すると、ゆみ子のお母さんは、

「じゃあね、一つだけよ。」

と言って、自分の分から一つ、ゆみ子に分けてくれるのでした。

「一つだけ……。一つだけ……。」

と、これが、お母さんの口ぐせになってしまいました。ゆみ子はしらずしらずのうちに、お母さんの、この口ぐせを覚えてしまったのです。

「なんてかわいそうな子でしょうね。一つだけちょうだいと言えば、なんでももらえると思ってるのね。」

ある時、お母さんが言いました。

すると、お父さんが、深いため息をついて言いました。

「この子は一生、みんなちょうだい、山ほどちょうだい

1 「ゆみ子のお母さんは……分けてくれるのでした。」とありますが、なぜ、お母さんは「一つだけ」と言ったのですか。一つに○をつけましょう。

ア（　）いくらでもほしがるゆみ子をだまそうとしたから。
イ（　）お母さんもおなかがすいていて食べたかったから。
ウ（　）ゆみ子にもっとあげたくても、食べ物が十分にないから。
エ（　）「一つだけ」というのがお母さんの口ぐせだったから。

2 お母さんは、「一つだけちょうだい」と言うゆみ子を、どのように思っていますか。七字で書きぬきましょう。

ヒント
お母さんの直前の言葉に注目しよう。

3 「深いため息をついて」とありますが、このとき、お父さんはどのような気持ちでしたか。一つに○をつけましょう。

ア（　）一つだけのよろこびももらえないかもしれない、

と言って、両手を出すことを知らずにすごすかもしれないね。……一つだけのいも、一つだけのにぎり飯、一つだけのかぼちゃのにつけ……。みんな一つだけ。一つだけのよろこびさ。いや、よろこびなんて、一つだってもらえないかもしれないんだね。いったい、大きくなって、どんな子に育つだろう。」

そんな時、お父さんはきまって、ゆみ子をめちゃくちゃに高い高いするのでした。

今西（いまにし）祐行（すけゆき）「一つの花」より

と、ゆみ子のしょうらいを心配する気持ち。

イ（　）ちょうだいと言えば、なんでももらえると思っているゆみ子にあきれている気持ち。

ウ（　）ちゃんとした大人にするために、ゆみ子をどう育てればよいかわからず、なやむ気持ち。

エ（　）なんでもほしがるゆみ子のくせがいつまでも直らないのでは、と不安（ふ）に思う気持ち。

4 「ゆみ子をめちゃくちゃに高い高いする」とありますが、なぜ、お父さんは「高い高い」をしたのですか。一つに〇をつけましょう。

ア（　）ゆみ子と遊ぶことで、自分の不安な気持ちをまぎらすため。

イ（　）ゆみ子が大きくなってしまうと、もう「高い高い」ができなくなるから。

ウ（　）「ちょうだい」と言って一つだけもらうゆみ子の悪いところを直そうと思ったから。

エ（　）よろこびを十分もらえないゆみ子を「高い高い」することで、よろこばせたいと思ったから。

ヒント お父さんが言った言葉に注目しよう。

七 場面の様子をくらべて読み、感想をまとめよう

一つの花

文章を読んで、答えましょう。

　ところが、いよいよ汽車が入ってくるという時になって、また、ゆみ子の「一つだけちょうだい。」が始まったのです。

「みんなおやりよ、母さん。おにぎりを……。」

お父さんが言いました。

「ええ、もう食べちゃったんですの……。ゆみちゃんいいわねえ、お父ちゃん、兵隊ちゃんになるんだって、ばんざあいって……。」

お母さんはそう言って、ゆみ子をあやしましたが、ゆみ子はとうとう泣きだしてしまいました。

「一つだけ……。一つだけ……。」

と言って。

　お母さんが、ゆみ子を一生けんめいあやしているうちに、お父さんが、ぷいといなくなってしまいました。

　お父さんは、プラットホームのはしっぽの、ごみすて場のような所に、わすれられたようにさいていたコスモスの花を見つけたのです。あわてて帰ってきたお父さん

1 「みんなおやりよ、母さん。おにぎりを……。」とお父さんが言ったのはなぜですか。一つに○をつけましょう。

ア（　）ゆみ子が駅で泣きだしたら、みんなのめいわくになると思ったから。

イ（　）お母さんがおにぎりを大事に持っていて、ゆみ子になかなかあげないから。

ウ（　）ゆみ子との最後の別れになるかもしれない時に、泣き顔を見たくなかったから。

エ（　）おにぎりを食べてしまったのにまだほしがるゆみ子にあきれたから。

ヒント　兵隊になるお父さんの気持ちを考えよう。

2 「お父さんが、ぷいといなくなってしまいました。」とありますが、お父さんは、①どこへ、②何をしに行ったのですか。

①（　　　　）

②（　　　　）

学習日
月　日
教科書
上109～123ページ
答え
16ページ

の手には、一輪のコスモスの花がありました。

「ゆみ。さあ、一つだけあげよう。一つだけのお花、大事にするんだよう……。」

ゆみ子は、お父さんに花をもらうと、キャッキャッと、足をばたつかせてよろこびました。

お父さんは、それを見て、にっこり笑うと、何も言わずに汽車に乗って行ってしまいました。ゆみ子のにぎっている一つの花を見つめながら……。

今西（いまにし）祐行（すけゆき）「一つの花」より

3 「さあ、一つだけあげよう。」とお父さんがゆみ子に花をあげたのは、何のためですか。一つに○をつけましょう。

ア（　）きれいな花を思い出にするため。

イ（　）こまっているお母さんを助けるため。

ウ（　）泣いているゆみ子をあやすため。

エ（　）花を大事にすることを教えるため。

4 「それを見て」の「それ」は、何をさしていますか。一つに○をつけましょう。

ア（　）一輪のコスモスの花。

イ（　）よろこんでいるゆみ子のすがた。

ウ（　）お父さんが乗っていく汽車。

エ（　）ゆみ子をだいているお母さん。

ヒント 「それ」は前に出てきたことがらをさすよ。

5 「にっこり笑うと、何も言わずに」とありますが、ここからお父さんのどのような気持ちがわかりますか。一つに○をつけましょう。

ア（　）ああ、よかった、とほっとする気持ち。

イ（　）さあ、戦争に行くぞ、とはりきる気持ち。

ウ（　）まあ、いいや、とあきらめる気持ち。

エ（　）一輪しかあげられなくて、残念な気持ち。

七 場面の様子をくらべて読み、感想をまとめよう

一つの花

言葉の広場② 修飾語（しゅうしょく）

時間 20分

／100

ごうかく 80点

学習日 月 日

教科書 上109～125ページ

答え 17ページ

文章を読んで、答えましょう。 思考・判断・表現

「ゆみ。さあ、一つだけあげよう。一つだけのお花、大事にするんだよう……。」

ゆみ子は、お父さんに花をもらうと、キャッキャッと、足をばたつかせてよろこびました。

お父さんは、それを見て、にっこり笑うと、何も言わずに汽車に乗って行ってしまいました。ゆみ子のにぎっている一つの花を見つめながら……。

それから、十年の年月（としつき）がすぎました。

ゆみ子は、お父さんの顔を覚えていません。自分にお父さんがあったことも、あるいは知らないのかもしれません。

でも、今、ゆみ子のとんとんぶきの小さな家は、コスモスの花でいっぱいに包まれています。

そこからミシンの音が、たえず、速くなったりおそくなったり、まるで何かお話をしているかのように聞こえてきます。それはあのお母さんでしょうか。

1 「ゆみ。さあ、……大事にするんだよう……。」というお父さんの言葉には、どんなねがいがこめられていますか。一つに○をつけましょう。 20点

ア（　）よくばらない人間になってほしい。

イ（　）大きくなって幸せにくらしてほしい。

ウ（　）一本のコスモスを大切に育ててほしい。

エ（　）お父さんのことはもうわすれてほしい。

できたらスゴイ！

2 「ゆみ子は、……知らないのかもしれません。」とありますが、ここからどのようなことがわかりますか。一つに○をつけましょう。 20点

ア（　）ゆみ子がお父さんと別れた時、ゆみ子がしっかりと話せる年れいだったこと。

イ（　）お父さんと別れてから十年がすぎ、ゆみ子が大きくなったこと。

ウ（　）お父さんが戦争に行ったきり、帰ってこないこと。

エ（　）お母さんがゆみ子に、お父さんの話をよくしていたこと。

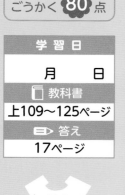

「母さん、お肉とお魚と、どっちがいいの。」

と、ゆみ子の高い声が、コスモスの中から聞こえてきました。

すると、ミシンの音がしばらくやみました。

やがて、ミシンの音がまたいそがしく始まった時、買い物かごをさげたゆみ子が、スキップをしながら、コスモスのトンネルをくぐって出てきました。そして、町の方へ行きました。

今日は日曜日、ゆみ子が、小さなお母さんになって、お昼を作る日です。

今西（いまにし）祐行（すけゆき）「一つの花」より

3 「コスモスの花でいっぱいに包まれています。」とありますが、この様子をたとえを使って表しているところを九字で書きぬきましょう。　20点

よく出る

4 この文章の後半の場面から、ゆみ子がどのようにくらしていることがわかりますか。一つに○をつけましょう。　20点

ア（　）お母さんと二人でまずしくくらしている。

イ（　）お母さんを助けながら明るくくらしている。

ウ（　）お父さんの帰りを待ちながらくらしている。

エ（　）お金持ちになって、ぜいたくにくらしている。

考えを書こう

5 「ミシンの音がしばらくやみました。」とありますが、ミシンの音がやんでいる間、何をしていたと思いますか。「お母さん」「ゆみ子」の二つの言葉を使って書きましょう。　20点

たしかめのテスト②

七 場面の様子をくらべて読み、感想をまとめよう

一つの花

言葉の広場② 修飾語（しゅうしょくご）

時間 20分

／100

ごうかく 80点

学習日 月 日

教科書 上109～125ページ

答え 18ページ

1 読みがなを書きましょう。 一つ2点（20点）

① 大きな旗をふる。（　）

② 広い牧場を歩く。（　）

③ 作戦を立てる。（　）

④ 勇ましい行動。（　）

⑤ 飛行機に乗る。（　）

⑥ 友人と言い争う。（　）

⑦ 帯をしめる。（　）

⑧ 輪になっておどる。（　）

⑨ 日に焼ける。（　）

⑩ うれし泣きをする。（　）

2 □に漢字を、〔　〕に漢字と送りがなを書きましょう。 一つ3点（30点）

① □□（ぐんか）を聞く。

② □□（ほうたい）をまいた足。

③ 日本の□□（こっき）。

④ □□（へいたい）の行進。

⑤ □□（いちりん）車に乗る。

⑥ 妹が〔　〕（なく）。

⑦ 空を〔　〕（とぶ）。

⑧ てきと〔　〕（たたかう）。

⑨ ねつを〔　〕（おびる）。

⑩ 新聞紙で〔　〕（つつむ）。

3

（　）にあてはまる言葉を［　］からえらんで、記号を書きましょう。　一つ4点(12点)

① 来月、（　）オリンピックが始まる。

② （　）辺りはうすぐらい。（　）、太陽がのぼり明るくなってきた。

［ア　やがて　イ　まだ　ウ　いよいよ］

4

――線の言葉は、ア「どんな」、イ「どのように」のどちらを表していますか。ア、イで答えましょう。　一つ3点(12点)

① かわいい赤ちゃんがすやすやとねむっている。
（　）（　）

② 大つぶの雨が、はげしくふり出した。
（　）（　）

「どんな」や、「どのように」にあたる言葉を「修飾語」というよ。

5

――線の修飾語がくわしくしている言葉を書きぬきましょう。　一つ5点(20点)

① 毎朝、ぼくは　パンを　食べる。（　）

② やっと　むずかしい　問題が　とけた。（　）

③ 親友に　心をこめて　手紙を　書いた。（　）

④ 今日、学校で　先生に　ほめられた。（　）

6

（　）に言葉を入れて、文の組み立てを図にしましょう。　一つ2点(6点)

・駅前に　おいしい　ケーキの　店が　できた。

①（　）→ ②（　）→ 店が

③（　）→ できた。

八 自由に想像を広げて書こう

作ろう！「ショートショート」
言葉の文化② 「月」のつく言葉

めあて
★新たなアイディアの生み出し方を学ぼう。
★想像したことを短い物語にまとめてみよう。
★生活の中に生きている言葉を実感しよう。

学習日
月　日
教科書
上126～133ページ
答え
18ページ

かきトリ 新しい漢字

教科書126ページ　不（フ・ブ）4画

126ページ　議（ギ）20画

127ページ　博（ハク）12画

132ページ　欠（ケツ／かける・かく）4画

「議」の二十画めの「、」、「博」の九画めの「、」をわすれないようにしよう。

1 ＿に読みがなを書きましょう。

① 不思議な話を聞く。（　　）

② 月の満ち欠け。（　　）

③ 友達と出かける。（　　）

2 □に漢字を書きましょう。

① □（はくぶつかん）

② □（かいぎ）を開く。

③ 学校を□（けっせき）する。

④ □（ふあん）な気持ち。

⑤ □（ともだち）と遊ぶ。

⑥ 物語の□（けつまつ）。

⑦ □（かんそう）を伝える。

⑧ □（みかづき）

⑨ たんすを（おく）。

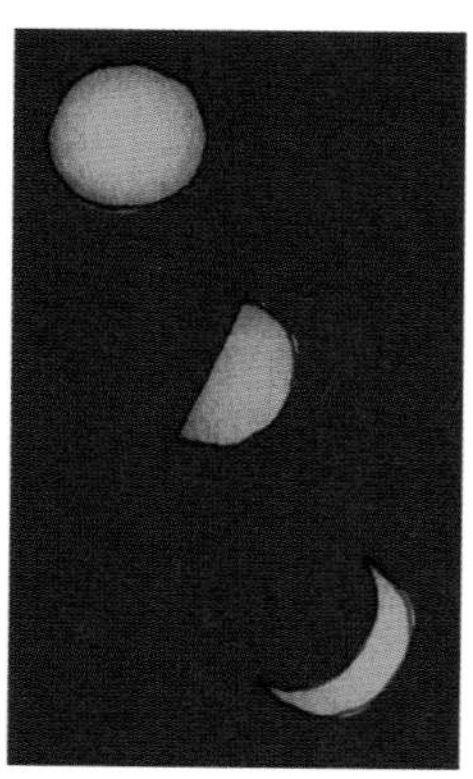

3 正しい意味に○をつけましょう。

① ショートショートを読む。
ア（　）短くて不思議な物語。
イ（　）長くておもしろい話。

② みんなでアイデアを出し合う。
ア（　）くわしく調べたこと。
イ（　）思いついたよい考え。

③ 二つの場面を設定（せってい）する。
ア（　）新しく決めること。
イ（　）ちがいをくらべること。

④ この物語は、てんかいが早い。
ア（　）集まっていたものをばらばらにすること。
イ（　）物事を次に進めること。

⑤ 中秋（ちゅうしゅう）の名月を見る。
ア（　）今のこよみの八月十五日の夜の月。
イ（　）昔のこよみの八月十五日の夜の月。

作ろう！「ショートショート」

4 ショートショートの書き方について、（　）にあてはまる言葉を□からえらんで書きましょう。

①（　　　）な言葉を作り、想像を広げる。

②（　　　）や場面を設定し、物語の（　　　）を考える。

③ 想像を広げながら書く。

てんかい　おもしろい　登場人物　不思議　感想

「月」のつく言葉

5 次の月のことを表す言葉を□からえらんで、記号を書きましょう。

① ぼんやりかすむ春の月。（　）
② 美しくかがやく月。（　）
③ 夕方に見える月。（　）
④ 夜明けの空にまだ残っている月。（　）・（　）

ア 夕月　イ 有明（ありあけ）の月
ウ 名月　エ おぼろ月
オ 残月

八 自由に想像を広げて書こう

作ろう！「ショートショート」 言葉の文化② 「月」のつく言葉

時間 20分　／100　ごうかく80点

学習日　月　日

教科書 上126〜133ページ

答え 19ページ

1 文章を読んで、答えましょう。　思考・判断・表現

今年初めて雪がふった日、家族でリサイクルショップの前を歩いていると、店先に見なれないたんすが置かれていた。

「今年の冬は寒いですね。『ぽかたんす』はいかがですか。」

と、お店の人に声をかけられた。

「取っ手を左や右に回すと温かさを調節できます。中の服が温かくなって、冬にはもってこいですよ。」

わたしたちはぽかたんすを買うことにした。

次の日、わたしはごきげんだった。ぽかたんすから出した服はぽっかぽか。しかも長時間温かいままだ。今まで使っていたふつうのたんすはすぐにすて、楽しい毎日を送っていた。それが大きなまちがいだとは思いもせずに。

津久井（つくい）美宇（みう）「ぽかたんす」（「作ろう！『ショートショート』」より）

(1) この「ショートショート」を書く前に、次のような組み立て表を書きました。□に合う言葉を、文章の中から書きぬきましょう。　一つ10点(30点)

中心人物	わたし
登場人物	わたしの家族・① □□□□
いつ	②今年の □
どこで	リサイクルショップ
どんなことが	③店先に □□□□□ □□□ が置かれていた。 それから…

(2) 文章を大きく二つの場面に分けるとき、二つ目の場面の初めの五字を書きぬきましょう。（「、」や「。」も一字に数えます。）　20点

□□□□□

2 読みがなを書きましょう。　一つ4点(16点)

① 博物館（　　）の入場けん。

② 出欠（　　）をとる。

③ 不気味（　　）な音。

④ 議員（　　）にえらばれる。

3 □に漢字を、〔　〕に漢字と送りがなを書きましょう。　一つ3点(18点)

① □□(かいぎ)を行う。

② □□(はくがく)な人と話す。

③ 持ち主が□□(ふめい)の本。

④ 皿が〔　　〕(かける)。

⑤ □□□□(とうじょうじんぶつ)

⑥ 物語の□□(けつまつ)。

4 ショートショートを書くとき、どのような順で進めるとよいですか。（　）に2〜5の番号を書きましょう。　全部できて10点

（１）ものの名前などを十個(こ)さがして書く。

（　）不思議な言葉から想像を広げる。

（　）十個の言葉から一つえらび、その言葉から思いつくことを自由に書く。

（　）言葉を組み合わせて、不思議な言葉を作る。

（　）登場人物や場面を設定(せってい)し、物語のてんかいを考える。

（６）想像を広げながら、「ショートショート」を書く。

5 次の言葉と同じ意味を表す言葉を、□からえらんで書きましょう。　一つ3点(6点)

十五夜(じゅうごや)の月…十五日めの月。（　　）（　　）

新月　満月　望月(もちづき)　三日月

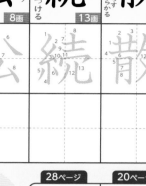

一 登場人物の気持ちの変化を考えて、日記を書こう

ごんぎつね

新美南吉（にいみ なんきち）

★めあて
★場面ごとの登場人物の気持ちを考えよう。
★始めと終わりの場面では、登場人物の関係がどのように変わっているか考えてみよう。

学習日
月　日
教科書
下7〜29ページ
答え
19ページ

かきトリ 新しい漢字

漢字	読み	画数	教科書
散	サン／ち(る)・ち(らす)・ち(らかす)・ち(らかる)	12画	9ページ
続	ゾク／つづ(く)・つづ(ける)	13画	9ページ
松	ショウ／まつ	8画	19ページ
側	ソク／がわ	11画	20ページ
巣	す	11画	28ページ

「散」の部首は「攵」（ぼくにょう）だよ。「側」の部首は「亻」（にんべん）だよ。

1 （　）に読みがなを書きましょう。

① 松（　）たけがとれる。
② 散歩（　）をする。
③ かた側（　）を空ける。
④ 巣（　）あなを見つける。

2 □に漢字を、（　）に漢字と送りがなを書きましょう。

① 意外な□（そくめん）。
② 大きなお□（しろ）。
③ □（しょうちくばい）
④ □（ふしぎ）なこと。
⑤ お□（れい）の言葉。
⑥ □（ものおき）をかたづける。
⑦ □（ふえ）をふく。
⑧ ゴミを（ひろう）。
⑨ （ちらかった）部屋。
⑩ 休みが（つづく）。

3 正しい意味に○をつけましょう。

① じれったい
ア（　）思うようにならなくていらいらする。
イ（　）思うようにならなくて悲しい。

② かみしも
ア（　）おそう式のときに着る服。
イ（　）えど時代のぶしの礼服の一つ。

③ いはい
ア（　）おぼうさんの名前を書いた紙。
イ（　）死後の名前を書いた板。

④ しおれる
ア（　）元気がなくなる。
イ（　）しくしく泣く。

⑤ かげぼうし
ア（　）人などのかげ。
イ（　）人などのまぼろし。

⑥ 土間
ア（　）自分の家ととなりの家の間の地面。
イ（　）家の中の地面のままの所。

3分でワンポイント

ごんと兵十（ひょうじゅう）の関わりの変化を読み取ろう。

★①～③の（　）に合う言葉を［　］の中からえらんで記号を書きましょう。

場面	ごんと兵十の関わり
1	ごん ①（　）好き。 兵十 ごんに魚をぬすまれる。
2	兵十 おっかあが死ぬ。 ごん 自分のいたずらを②（　）する。
5 ～ 3	ごん ③（　）のため、兵十の家にくりや松たけを置いていく。 兵十 ごんの③に気づかない。
6	兵十 ごんを火縄じゅうでうつ。くりや松たけをくれたのはごんだったと気づき、とり返しのつかないことをしたとこうかいする。

ア こうかい　イ つぐない　ウ いたずら

ごんぎつね

一 登場人物の気持ちの変化を考えて、日記を書こう

学習日 月 日
教科書 下7〜29ページ
答え 20ページ

文章を読んで、答えましょう。

「ああ、そうしきだ。」と、ごんは思いました。「兵十のうちのだれが死んだんだろう。」

お昼がすぎると、ごんは、村の墓地へ行って、六地蔵さんのかげにかくれていました。いいお天気で、遠く向こうには、お城の屋根がわらが光っています。墓地には、ひがん花が、赤いきれのようにさき続いていました。と、村の方から、カーン、カーンと、かねが鳴ってきました。そうしきの出る合図です。

やがて、白い着物を着たそうれつの者たちがやってくるのが、ちらちら見え始めました。話し声も近くなりました。そうれつは墓地へ入ってきました。人々が通ったあとには、ひがん花がふみ折られていました。

ごんは、のび上がって見ました。兵十が、白いかみしもを着けて、いはいをささげています。いつもは、赤い

1 文章の中に、たとえの表現が使われています。八字で書きぬきましょう。

□□□□□□□□

2 ごんは、どこで「そうれつ」を見ていましたか。書きぬきましょう。

3 ごんは、なぜ、「そうれつ」を見に行ったのですか。十二字で書きぬきましょう。

（□□□□□□□□□□□□のか、知りたかったから。）

4 よく晴れた秋の日の美しい情景が表れている、ひと続きの二文をさがし、初めと終わりの五字を書きぬきましょう。（「、」や「。」も一字に数えます。）

ヒント ごんが見に行く前の文に注目しよう。

さつまいもみたいな元気のいい顔が、今日はなんだかしおれていました。

「ははん、死んだのは兵十のおっかあだ。」ごんは、そう思いながら、頭をひっこめました。

そのばん、ごんは、あなの中で考えました。

「兵十のおっかあは、とこについていて、うなぎが食べたいと言ったにちがいない。それで、兵十が、はりきりあみを持ち出したんだ。ところが、わしがいたずらをして、うなぎを取ってきてしまった。だから、兵十は、おっかあにうなぎを食べさせることができなかった。そのまま、おっかあは、死んじゃったにちがいない。ああ、うなぎが食べたい、うなぎが食べたいと思いながら、死んだんだろう。ちょっ、あんないたずらをしなけりゃよかった。」

新美(にいみ)南吉(なんきち)「ごんぎつね」より

初め

終わり

5 「死んだのは兵十のおっかあだ。」と、ごんが思った理由を二つえらんで、○をつけましょう。

ア（　）兵十のおっかあが、とこについていたことを知っていたから。

イ（　）兵十が白いかみしもを着けて、いはいをささげていたから。

ウ（　）兵十がはりきりあみで、うなぎをつかまえようとしていたから。

エ（　）いつもは元気のいい兵十の顔が、今日はしおれていたから。

ヒント
ごんが見たものに注目しよう。

6 「あんないたずら」とは、どんなことですか。「こと。」に続くように十三字で書きぬきましょう。

こと。

ぴったり2

練習②

一 登場人物の気持ちの変化を考えて、日記を書こう

ごんぎつね

学習日
月　日
教科書
下7～29ページ
答え
20ページ

文章を読んで、答えましょう。

「いわしの安売りだあい。生きのいい、いわしだあい。」

ごんは、その、いせいのいい声のする方へ走っていきました。と、弥助（やすけ）のおかみさんが、うら戸口から、

「いわしをおくれ。」

と言いました。いわし売りは、いわしのかごをつんだ車を道ばたに置いて、ぴかぴか光るいわしを両手でつかんで、弥助のうちの中へ持って入りました。ごんは、そのすきまに、かごの中から五、六ぴきのいわしをつかみ出して、もと来た方へかけだしました。そして、兵十（ひょうじゅう）のうちのうら口から、うちの中へいわしを投げこんで、あなへ向かってかけもどりました。とちゅうの坂の上でふり返ってみますと、兵十がまだ、井戸の所で麦をといでいるのが小さく見えました。

ごんは、うなぎのつぐないに、まず一つ、いいことをしたと思いました。

次の日には、ごんは、山でくりをどっさり拾って、それをかかえて、兵十のうちへ行きました。うら口からの

1 この文章には何日間のできごとが書かれていますか。一つに○をつけましょう。

ア（　）二日間
イ（　）三日間
ウ（　）五日間

2 「まず一つ、いいことをした」とありますが、「いいこと」とはどんなことですか。書きぬきましょう。

［　　　　］の中へ［　　　　］を投げこんだこと。

3 「ごんは、山でくりを……行きました。」とありますが、ごんは何のためにこのようなことをしたのですか。八字で書きぬきましょう。

［　　　　　　　　］のため。

4 「ぼんやりと考えこんでいました。」とありますが、兵十はどんなことを考えていたのですか。一つに○をつけましょう。

ぞいてみますと、兵十は、昼飯を食べかけて、茶わんを持ったまま、ぼんやりと考えこんでいました。変なことには、兵十のほっぺたに、かすりきずがついています。どうしたんだろうと、ごんが思っていますと、兵十がひとり言を言いました。

「いったい、だれが、いわしなんかを、おれのうちへ放りこんでいったんだろう。おかげで、おれは、ぬすびとと思われて、いわし屋のやつに、ひどいめにあわされた。」

と、ぶつぶつ言っています。

ごんは、「これはしまった。」と思いました。「かわいそうに兵十は、いわし屋にぶんなぐられて、あんなきずまでつけられたのか。」

ごんは、こう思いながら、そっと物置の方へ回って、その入り口に、くりを置いて帰りました。

次の日も、その次の日も、ごんは、くりを拾っては、兵十のうちへ持ってきてやりました。その次の日には、くりばかりでなく、松たけも二、三本、持っていきました。

新美南吉（にいみなんきち）「ごんぎつね」より

ア（　）うちへいわしを放りこんでいったのはだれなのかということ。

イ（　）いわし屋がおれをぬすびとと思ったのはなぜかということ。

ウ（　）いわし屋になぜ、おれがひどいめにあわされたのかということ。

5 「これはしまった。」と、ごんが思ったのはなぜですか。一つに○をつけましょう。

ア（　）兵十がごんのことをうたがい始めたから。

イ（　）自分のせいで、兵十がひどいめにあったから。

ウ（　）いわしをぬすんだことがわかってしまったから。

ヒント　この文の前後にある兵十やごんの言葉に注目しよう。

6 兵十に対してもうしわけないというごんの気持ちが、ますます強まっていることがわかる一文をさがし、初めの五字を書きぬきましょう。

ヒント　ごんが置いていくものの変化に注目しよう。

一 登場人物の気持ちの変化を考えて、日記を書こう
読書の広場③ 「読書発表会」をしよう
言葉の広場③ 言葉が表す感じ、言葉から受ける感じ

めあて

★しょうかいしたい本を発表するくふうをおさえよう。

★言葉から受ける印象（しょう）について考えよう。

学習日
月　日
教科書
下30～37ページ
答え
21ページ

かきトリ 新しい漢字

漢字	読み	画数	教科書
連	レン　つらなる・つらねる・つれる	10画	30ページ
録	ロク	16画	31ページ
料	リョウ	10画	33ページ
陸	リク	11画	33ページ
極	キョク	12画	33ページ

「連」は、読み方と送りがなに注意しよう。

「山が連なる」

「バスを連ねる」

「犬を連れる」

となるよ。

1 （　）に読みがなを書きましょう。

① 北極（　）たんけん
② 島に 上陸（　）する。
③ 花に 関連（　）した本。
④ 温（　）かい心。
⑤ 発表の 仕方（　）。
⑥ 自分の 部屋（　）。

2 □に漢字を、（　）に漢字と送りがなを書きましょう。

① おいしい □□（りょうり）。
② □□（きろく）をのばす。
③ 山々が（　　）（つらなる）。
④ 心に（　　）（のこる）。

3 正しい意味に○をつけましょう。

① 分類
ア（　）種類ごとに分けること。
イ（　）種類にかかわらず集めること。

② 野外
ア（　）家の中。
イ（　）家の外。

4 ブックトークをするときの進め方になるように、（　）にあてはまるものを［　］からえらんで、記号を書きましょう。

① テーマを決める。
②（　）
③ しょうかいする本の順番を決める。
④ 発表のタイトルを決める。
⑤（　）
⑥ 読書発表会をする。

ア 発表した感想を話し合う。
イ 組み立てメモを作る。
ウ テーマにそった本を集める。

5 （　）に合う言葉を［　］からえらんで書きましょう。

① 山道を大きな岩が、（　）転がってきた。
② 板の上をビー玉が、（　）転がる。
③ ドアをらんぼうに（　）としめた。
④ 本を静かに（　）ととじた。
⑤ 夜空に星が、（　）光っている。
⑥ 真夏の太陽が、（　）照りつける。

きらきら　ごろごろ　ばたん
ころころ　ぱたん　ぎらぎら

一 登場人物の気持ちの変化を考えて、日記を書こう

ごんぎつね ～ 言葉の広場③ 言葉が表す感じ、言葉から受ける感じ

時間 20分

／100

ごうかく 80点

学習日　月　日

教科書 下7～37ページ

答え 22ページ

文章を読んで、答えましょう。

思考・判断・表現

「えっ？」
と、兵十はびっくりして、加助の顔を見ました。

「おれは、あれからずっと考えていたが、どうも、そりゃ、人間じゃない、神様だ。神様が、おまえがたった一人になったのを、あわれに思わっしゃって、いろんな物をめぐんでくださるんだよ。」

「そうかなあ。」

「そうだとも。だから、毎日、神様にお礼を言うがいいよ。」

「うん。」

ごんは、「へえ、こいつはつまらないな。」と思いました。「おれが、くりや松たけを持っていってやるのに、そのおれにはお礼を言わないで、神様にお礼を言うんじゃあ、おれは、ひきあわないなあ。」

6

その明くる日も、ごんは、くりを持って、兵十のうちへ出かけました。兵十は、物置で縄をなっていました。

1 加助は兵十にどんなことを言いましたか。書きぬきましょう。　一つ5点（20点）

［　　］が、たった一人になった兵十を［　　］に思って、［　　］をめぐんでくれているので、［　　］にお礼を言うのがよい、ということ。

2 加助の話を聞いて、ごんはどう思いましたか。五字と六字で二つ書きぬきましょう。　一つ10点（20点）

・［　　　　　］
・［　　　　　　］

できたらスゴイ！

3 「その明くる日」の場面で、兵十が心の中で思ったことが書かれている一文が、地の文（会話文でない部分）にあります。その文の初めの五字を書きぬきましょう。　10点

［　　　　　］

それで、ごんは、うちのうら口から、こっそり中へ入りました。

その時、兵十は、ふと顔を上げました。と、きつねがうちの中へ入ったではありませんか。こないだ、うなぎをぬすみやがったあのごんぎつねめが、またいたずらをしに来たな。

「ようし。」

兵十は、立ち上がって、なやにかけてある火縄じゅうを取って、火薬をつめました。そして、足音をしのばせて近よって、今戸口を出ようとするごんを、ドンと、うちました。ごんは、ばたりとたおれました。

兵十はかけよってきました。うちの中を見ると、土間にくりがかためて置いてあるのが、目につきました。

「おや。」

と、兵十は、びっくりして、ごんに目を落としました。

「ごん、おまえだったのか。いつも、くりをくれたのは。」

ごんは、ぐったりと目をつぶったまま、うなずきました。

兵十は、火縄じゅうをばたりと、取り落としました。青いけむりが、まだ、つつ口から細く出ていました。

新美南吉（にいみなんきち）「ごんぎつね」より

4 「ようし。」とありますが、このときの兵十はどんな気持ちでしたか。一つに〇をつけましょう。 10点

ア（　）どんないたずらをするのか見てやろう。

イ（　）そうっと行って、おどかしてやろう。

ウ（　）うなぎをぬすんだ仕返しをしてやろう。

5 「兵十は、びっくりして」とありますが、兵十はこのとき初めて、どんなことに気がついたのですか。二字で書きぬきましょう。 15点

いつもくりをくれたのは、［　　］だったこと。

よく出る

6 「ごんは、……うなずきました。」とありますが、このときのごんはどんな気持ちでしたか。一つに〇をつけましょう。 10点

ア（　）火縄じゅうでうつなんて、ひどすぎるよ。

イ（　）兵十にやっとわかってもらえて、よかった。

ウ（　）今まで悪いことをいっぱいして、ごめんなさい。

考えを書こう

7 「兵十は、……取り落としました。」とありますが、このときの兵十の気持ちを書きましょう。 15点

ごんがくりや松たけをくれたにもかかわらず、ごんをうってしまったという、とり返しのつかない自分の行動を（　　　　）。

ふりかえり 7が分からないときは、63ページの 3分でワンポイント にもどってかくにんしてみよう。

たしかめのテスト②

一 登場人物の気持ちの変化を考えて、日記を書こう

ごんぎつね ～ 言葉の広場③ 言葉が表す感じ、言葉から受ける感じ

時間 20分

／100

ごうかく 80点

学習日 月 日

教科書 下7〜37ページ

答え 23ページ

1 読みがなを書きましょう。 一つ3点(15点)

① 台風が上陸する。（　　）

② 料理を作る。（　　）

③ りっぱな松の木。（　　）

④ 犬を連れる。（　　）

⑤ 台風に関連するニュース。（　　）

2 漢字を書きましょう。 一つ3点(15点)

① 雨の日が□（つづ）く。

② □□（きろく）する。

③ □□（みぎがわ）を歩く。

④ □□（なんきょく）の氷。

3 ――線の言葉から受ける感じを、それぞれ□からえらんで、記号を書きましょう。 一つ5点(30点)

(1)
① かえるが、ぴょんぴょんはねた。（　　）
② かえるが、ぴょーんとはねた。（　　）

ア 一回、大きくはねる感じ。
イ 小さく、何回もはねる感じ。

(2)
① 本の表面はざらざらとした手ざわりだ。（　　）
② さらさらのさとうをふりかける。（　　）

ア しめり気がなく、かわいている感じ。
イ でこぼこがあり、なめらかでない感じ。

(3)
① ひみつをべらべらとしゃべる。（　　）
② 英語をぺらぺらと話す。（　　）

ア なんでもよく話す感じ。
イ 自由に、上手に話す感じ。

4 思考・判断・表現

次の「東野さんの発表」の一部を読んで、答えましょう。

ぼくは、「冒険」と聞くとなんだかわくわくします。「冒険大すき」というテーマで、三さつの本をしょうかいします。

さとうち藍さんの『冒険図鑑――野外で生活するために』は、歩く、食べる、ねる、作って遊ぶ、動植物との出会い、きけんへの対応などについて書いてある、野外生活の案内書です。地図の使い方や火のおこし方、野外での料理の仕方など、役立つことがたくさんのっています。ぼくもこの本を持って、冒険に出かけたくなります。

次にしょうかいする本は、ルドミラ＝ゼーマンさんの『シンドバッドの冒険』です。「アラビアン・ナイト」の中でも有名な話です。船乗りシンドバッドが、くじらの島に上陸したり、きょだいなロク鳥のあしに体をくくりつけて空を飛んだりします。シンドバッドは、大蛇がたくさんいるたにぞこに連れていかれてしまいます。さあ、どうやってだっしゅつするのでしょうか。

「『読書発表会』をしよう」より

(1) 東野さんのタイトルはどれがよいですか。一つに○をつけましょう。 10点

ア（ ）「アラビアン・ナイト」について

イ（ ）冒険大すき

ウ（ ）動植物との出会い

(2) 「この本」の題名を書きましょう。 10点

（　　　　）

よく出る

(3) 一さつめから二さつめの本をしょうかいするとき、どんな言葉でつないでいますか。発表の中から二字で書きぬきましょう。 10点

□□

できたらスゴイ！

(4) 東野さんは、本をしょうかいするとき、どんなくふうをしていますか。一つに○をつけましょう。 10点

ア（ ）本のおもしろい部分を読み聞かせている。

イ（ ）本の中の印象的な絵を見せながら説明している。

ウ（ ）本の内容の一部を話して、問いかけている。

ぴったり1 じゅんび

二 役わりに気をつけて話し合おう

みんなが楽しめる新スポーツ
漢字の広場④ いろいろな意味を表す漢字

めあて
★目的や進め方をたしかめて話し合おう。
★漢字の表す意味を理かいしよう。

学習日
月　日
教科書
下38〜45ページ
答え
23ページ

かきトリ 新しい漢字

教科書ページ	漢字	読み	画数
38ページ	仲	なか	6画
39ページ	司	シ	5画
40ページ	願	ガン　ねがう	19画
41ページ	共	キョウ　とも	6画
42ページ	試	シ　こころみる	13画
42ページ	協	キョウ	8画
44ページ	選	セン　えらぶ	15画
44ページ	灯	トウ	6画
45ページ	民	ミン	5画
45ページ	副	フク	11画
45ページ	夫	フ　おっと	4画
45ページ	札	サツ　ふだ	5画

1 （　）に読みがなを書きましょう。

① 灯台の明かり。（　）

② 千円札を出す。（　）

③ 院長と副院長。（　）

④ 夫と出かける。（　）

⑤ ◆川原で遊ぶ。（　）

⑥ みんなで協力する。（　）

⑦ サッカー選手（　）

⑧ 仲のよい兄弟。（　）

⑨ 市民の代表。（　）

⑩ 必要な道具。（　）

◆特別な読み方の言葉

2

□に漢字を、（　）に漢字と送りがなを書きましょう。

① □□（しかい）をつとめる。

② 二人の□□（きょうつう）点。

③ 野球の□□（しあい）。

④ 合かくを（　　）（ねがう）。

みんなが楽しめる新スポーツ

3

学級会では、どのような順で話し合いを進めるとよいですか。記号を書きましょう。

ア　提案（てい）に対してクラスのみんなで質問（しつ）や意見を出し合う。

イ　提案者が提案内容（よう）と提案理由を話す。

ウ　クラス全体で話し合って、内容を決定する。

エ　提案の課題や、よりよくするためのアイデアについて、グループで話し合う。

（　）→（　）→（　）→（　）

いろいろな意味を表す漢字

4

次の漢字が、ア、イの意味で使われている言葉を、それぞれ［　］から選んで書きましょう。

① 家

ア　人の住むたて物　（　　）（　　）

イ　人　（　　）（　　）

［作家　生家　画家　家屋］

② 口

ア　出入りするところ　（　　）（　　）

イ　言うこと　（　　）（　　）

［戸口　口数　火口　悪口］

「生家（せいか）」は、その人が生まれた家のことだよ。

二 役わりに気をつけて話し合おう

みんなが楽しめる新スポーツ
漢字の広場④ いろいろな意味を表す漢字

時間 20分

／100

ごうかく 80点

学習日 月 日

教科書 下38〜45ページ

答え 24ページ

1 思考・判断・表現

次の「クラスの話し合い」の一部を読んで、答えましょう。

司会　今日は、夏川さんたちが考えた新スポーツがよりよくなるように話し合います。夏川さん、新スポーツの提案をお願いします。

夏川　わたしたちは、新スポーツに「風船テニス」を提案します。……

司会　提案について、質問や意見はありますか。

……（質問や意見、それに対する答え。）

司会　それでは、提案のよいところと課題について考えます。グループで話し合ってください。時間は十分です。

……

司会　時間になりました。意見のある人はいますか。

中西　風船を使うのは、安全だし、いいと思います。ちいきのかたとペアになるというルールはいいと思いますが、何点で勝ちなのかがわかりません。

司会　他にルールのことで意見のある人はいますか。

東野　反則や注意することも、わかりやすくまとめると

よく出る

(1) 話し合いの目的は何ですか。　10点

（　　　　）

(2) 夏川さんは、新スポーツとして、何を提案しましたか。　10点

（　　　　）

(3) ①「勝つために必要な点数」と②「注意すること」についての意見は、だれが出した意見ですか。　一つ5点(10点)

①（　　　　）　②（　　　　）

できたらスゴイ!

(4) 司会が「他にも課題について意見はありますか。」と言っているのはなぜですか。一つに○をつけましょう。　5点

ア（　）他に意見がないことをたしかめるため。

イ（　）できるだけ多くの意見を出すため。

ウ（　）みんなの意見を一つにまとめるため。

考えを書こう

(5) この司会のよいところは、どのような点ですか。最後の二行に注目して、考えて書きましょう。　10点

いいと思います。
司会　勝つために必要な点数と注意することについて意見が出ました。他にも課題について意見はありますか。

「みんなが楽しめる新スポーツ」より

【　　　】

2 読みがなを書きましょう。　一つ5点（20点）

① 名札をつける。（　　　）
② 共通点をさがす。（　　　）
③ 市民病院（　　　）
④ 試合に勝つ。（　　　）

3 □に漢字を、（　）に漢字と送りがなを書きましょう。　一つ5点（20点）

① 係に□□（きょうりょく）する。
② □（ふく）キャプテン
③ 代表を（えらぶ）。
④ （ねがい）がかなう。

4 ——線の漢字は、どのような意味で使われていますか。□から選んで、記号を書きましょう。　一つ3点（15点）

① 牧場に、馬が五頭いる。（　）
② 教頭先生のお話を聞く。（　）
③ 頭上にご注意ください。（　）
④ 店頭で、安売りをしていた。（　）
⑤ 列の先頭にキャプテンがいる。（　）

ア　あたま。首から上の部分。
イ　上に立つ人。
ウ　はじめ。一番前。
エ　あたり。近く。
オ　けものを数える言葉。

3分でまとめ

三 大事な言葉や文に気をつけて要約しよう

ウミガメの命をつなぐ

言葉の広場④ 二つのことがらをつなぐ言葉

松田(まつだ) 乾(つよし)

めあて

★目的をもって文章を要約しよう。
★つなぐ言葉のはたらきを考えよう。
★つなぐ言葉の前後の関係に注目しよう。

学習日
月　日
教科書
下47～61ページ
答え
24ページ

かきトリ 新しい漢字

教科書48ページ	50ページ	51ページ	51ページ	55ページ	58ページ	61ページ
材 ザイ 7画	無 ム・ブ ない 12画	管 カン くだ 14画	功 コウ 5画	漁 ギョ・リョウ 14画	億 オク 15画	例 レイ たとえる 8画

61ページ	61ページ	61ページ
昨 サク 9画	街 ガイ まち 12画	徒 ト 10画

「無」の音は「ム」と「ブ」。「無理(むり)」「無事(ぶじ)」など読み方に気をつけよう。

1 (　)に読みがなを書きましょう。

① 昨夜(　　)のできごと。
② 船が漁港(　　)に着く。
③ 街灯(　　)がつく。
④ 駅まで徒歩(　　)で行く。

2 □に漢字を、(　)に漢字と送りがなを書きましょう。

① 夕飯の□□(ざいりょう)。
② □□(むり)に動かす。
③ 実験が□□(せいこう)する。
④ 体調を□□(かんり)する。
⑤ 人生を登山に(　　たとえる　　)。

3 正しい意味に○をつけましょう。

① 今から行っても、とうてい追いつかない。
ア（　）もしかすると。たぶん。
イ（　）どうしても。とても。

② 旅行の日数は、三十日にのぼる。
ア（　）たっする。～にもなる。
イ（　）足りない。～にとどかない。

4 □の言葉でつないである二つの文が一つの文になるように、（　）に合う言葉を□から選んで書きましょう。

① あせをかいた。だから、服を着がえた。
あせをかいた（　　）、服を着がえた。

② とても急いだ。しかし、間に合わなかった。
とても急いだ（　　）、間に合わなかった。

③ まどを開けた。すると、冷たい風が入ってきた。
まどを開ける（　　）、冷たい風が入ってきた。

のに　し　と　ので

3分でワンポイント　文章の内容を整理しよう。

★次の図は、文章を流れにそってまとめたものです。①、②にあてはまる言葉を□の中から選んで、記号を書きましょう。

世界にいるウミガメの全てにぜつめつのおそれ
↓
世界中でさまざまな取り組み
←
名古屋港水族館によるウミガメの研究
←
水族館の役わり
○多くの人に、さまざまな生き物のすがたや（①）を見せる役わり。
○生き物の生活の様子を明らかにし、（②）に役立てる役わり。

ア　ほご　　イ　くらしぶり

ぴったり2

練習①

三 大事な言葉や文に気をつけて要約しよう

ウミガメの命をつなぐ

学習日
月　日
教科書
下47〜59ページ
答え
25ページ

文章を読んで、答えましょう。

今、世界にいるウミガメは、全て、「ぜつめつのおそれがある動物」に指定されています。長い間に、日本でも、ウミガメは数がへってきたのです。つかまえられてそうしょく品の材料に使われたり、たまごを産むすなはまが開発によってさんらん場所として十分なかんきょうではなくなったりしたことなどが、主な原因と考えられます。

そこで、二十世紀半ばごろから、ウミガメをほごしようと、世界中でさまざまな取り組みが行われるようになりました。

名古屋港水族館は、一九九二（平成四）年に開館した当時から、ウミガメの研究を進めてきました。水族館がある愛知県内には、ウミガメがたまごを産みにくる海岸がたくさんあるからです。名古屋港水族館は、ウミガメのほごのために、どんな研究に取り組んできたのでしょうか。そこには、解決すべきどんな課題があったのでしょうか。

まず水族館が取り組んだのは、水族館の中に人工のすなはまをつくり、ウミガメにたまごを産ませてかえすこ

1 「世界にいるウミガメ」とありますが、日本では、とくにどこにたくさんいるのですか。文章から書きぬきましょう。

ウミガメが［　　　］を産みにくる海岸がたくさんある［　　　］。

2 「ウミガメをほごしよう」とありますが、なぜほごしなければならないのですか。文章から七字で書きぬきましょう。

つかまえられたり、さんらんしやすいかんきょうが少なくなったりして、［　　　　　　　］から。

ヒント 直前のだん落に注目しよう。

3 「近くの海岸で採取したたまごからかえした子ガメを、海に放流する」とありますが、なぜ放流してしまうのですか。文章から九字で書きぬきましょう。

とでした。また、これとほぼ同じころ、一九九三（平成五）年からは、近くの海岸で採取したたまごからかえした子ガメを、海に放流する研究にも取り組みました。ウミガメの行動を明らかにするためです。

ウミガメのさんらん研究がどうなったか、見ていきましょう。

この研究のむずかしさは、ウミガメが明るさや音にとてもびんかんで、少しでも気になると、たまごを産まないところにあります。水族館の中は、夜でもひじょう灯がついていたり、飼育員が見回りに歩いたりします。ですから、当時は、ウミガメが水族館の中でたまごを産むことなど、とうてい無理だと考えられていました。

そこで、少しでもウミガメがたまごを産みやすいように、人工のすなはまに周りの明かりが入らないようにし、たまごを産む時期には見回りも注意して行うようにしました。また、えさの種類や栄養、水温、すなの種類などをくふうしたり、ウミガメの血液を調べて体調を管理したりするなどの研究も重ねました。

こうした努力が実り、一九九五（平成七）年、ようやくウミガメが、館内の人工のすなはまでたまごを産みました。さらに、そのたまごから子ガメをかえすことにも成功しました。

松田乾「ウミガメの命をつなぐ」より

ウミガメの［　　　　　　　］［　　］ため。

4 「ウミガメのさんらん研究がどうなったか」とありますが、どうなったのですか。文章から書きぬきましょう。

館内の［　　　　　　］でたまごを産み、さらに［　　　　　　］ことにも成功した。

5 「人工のすなはまに周りの明かりが入らないようにし、たまごを産む時期には見回りも注意して行うようにしました。」とありますが、なぜこのようにするのですか。文章から書きぬきましょう。

ウミガメは［　　　　］にびんかんだから。

ヒント ——線の前のだん落に注目しよう。

三 大事な言葉や文に気をつけて要約しよう

ウミガメの命をつなぐ

文章を読んで、答えましょう。

今、世界にいるウミガメは、全て、「ぜつめつのおそれがある動物」に指定されています。長い間に、日本でも、ウミガメは数がへってきたのです。つかまえられてそうしょく品の材料に使われたり、たまごを産むすなはまが開発によってさんらん場所として十分なかんきょうではなくなったりしたことなどが、主な原因と考えられます。

そこで、二十世紀半ばごろから、ウミガメをほごしようと、世界中でさまざまな取り組みが行われるようになりました。

名古屋港水族館は、一九九二（平成四）年に開館した当時から、ウミガメの研究を進めてきました。水族館がある愛知県内には、ウミガメがたまごを産みにくる海岸がたくさんあるからです。名古屋港水族館は、ウミガメのほごのために、どんな研究に取り組んできたのでしょうか。そこには、解決すべきどんな課題があったのでしょうか。

まず水族館が取り組んだのは、水族館の中に人工のすなはまをつくり、ウミガメにたまごを産ませてかえすこ

1 ウミガメの「数がへってきた」のはなぜですか。理由を二つさがし、言葉を書きぬきましょう。

・［　　　　　　］の［　　］に使われるために［　　　　　　］たから。

・［　　　　］が［　　］によってさんらん場所として十分なかんきょうではなくなり、［　　　］を産めなくなったから。

2 ウミガメをほごする研究が世界中でさかんになったのは、いつごろからですか。書きぬきましょう。

（　　　　　　）ごろから。

3 名古屋港水族館が取り組んだ研究を、二つ書きぬきましょう。

学習日
月　日
教科書
下47〜59ページ
答え
25ページ

とでした。また、これとほぼ同じころ、一九九三（平成五）年からは、近くの海岸で採取したたまごからかえした子ガメを、海に放流する研究にも取り組みました。ウミガメの行動を明らかにするためです。

ウミガメのさんらん研究がどうなったか、見ていきましょう。

この研究のむずかしさは、ウミガメが明るさや音にとてもびんかんで、少しでも気になると、たまごを産まないところにあります。水族館の中は、夜でもひじょう灯がついていたり、飼育員が見回りに歩いたりします。ですから、当時は、ウミガメが水族館の中でたまごを産むことなど、とうてい無理だと考えられていました。

そこで、少しでもウミガメがたまごを産みやすいように、人工のすなはまに周りの明かりが入らないようにし、たまごを産む時期には見回りも注意して行うようにしました。また、えさの種類や栄養、水温、すなの種類などをくふうしたり、ウミガメの血液を調べて体調を管理したりするなどの研究も重ねました。

こうした努力が実り、一九九五（平成七）年、ようやくウミガメが、館内の人工のすなはまでたまごを産みました。さらに、そのたまごから子ガメをかえすことにも成功しました。

松田乾「ウミガメの命をつなぐ」より

4 「ウミガメが……考えられていました。」とありますが、「無理だと考えられ」たのは、水族館がどんな所だからですか。二つに分けて書きましょう。

ヒント　直前の「〜たり、〜たり」と書かれた文に注目しよう。

5 「こうした努力」の内容がくわしく書かれているだん落を一つ選び、初めの八字を書きぬきましょう。

ヒント　「こうした」の「こう」は前に書いてあることをさすよ。

ぴったり3 たしかめのテスト①

三 大事な言葉や文に気をつけて要約しよう

ウミガメの命をつなぐ
言葉の広場④ 二つのことがらをつなぐ言葉

文章を読んで、答えましょう。　思考・判断・表現

ウミガメの行動を調べてみると、ほとんどのウミガメが海流に乗ってハワイの北西まで行き、しばらくそこ①にとどまって成長することがわかってきました。アメリカの近くまで行ったウミガメも、そこ②にもどってきます。ハワイの北西の海は、ウミガメの成長にちょうどよい水温がたもたれていて、えさもゆたかなのでしょう。そして、成長すると海流には乗らず、自分の力で泳いで日本にもどってくるのです（図３）。

こうした二つの研究によって、ウミガメのさんらんや成長の様子が少しずつ明らかになってきました。

しかし、日本にもどってきたウミガメが、その後、どこで成長して何さいくらいでたまごを産むのかは、まだなぞです。

二〇一一（平成二十三）年、長崎の海で、一ぴきのウミガメが見つかりました。このウミガメは、タグから、一九九六（平成八）年、名古屋港水族館で生まれ、二さ

1 「そこ①」、「そこ②」は、同じ所をさしていますが、どこですか。文章から八字で書きぬきましょう。　10点

□□□□□□□□

よく出る

2 ①で答えた場所にウミガメがとどまるのはなぜですか。二つに○をつけましょう。　一つ10点（20点）

ア（　）水温が、ウミガメの成長にちょうどよいから。
イ（　）海流が、そこでとぎれているから。
ウ（　）そこにはウミガメがたくさんいるから。
エ（　）そこにはえさがたくさんあるから。
オ（　）たまごを産むのにてきしているから。

できたらスゴイ！

3 「一ぴきのウミガメ」について、答えましょう。

① このウミガメは、いつ、どこで生まれたのですか。　5点

（　　　　）

② このウミガメについて、合うものはどれですか。二つに○をつけましょう。　一つ10点（20点）

時間 20分

／100

ごうかく 80点

学習日　月　日

教科書 下47〜61ページ

答え 26ページ

いの時に愛知県田原市の海岸で放流したものとわかりました。十三年もの長い旅をして、日本にもどってきたのです。ウミガメを水族館に運んで調べると、体の中にたまごはありませんでした。このまま、日本の近くにとどまって、いずれたまごを産むのでしょうか。また、日本の近くの海にもどってきてからたまごを産むまでに、どのような生活をするのでしょうか。

　これらのぎもんをとき明かすために、今度は、送信機をつけて、つかまえた海の近くからもう一度放流し、生活の様子をさぐることになりました。この研究は、名古屋港水族館にとって、新たな取り組みとなりました。

　二〇一二（平成二十四）年六月、このウミガメは、長崎県の新三重漁港に運ばれ、放流されました。ここから、また一つ、ウミガメの生活の様子が明らかになるでしょう。

　水族館は、多くの人に、さまざまな生き物のすがたやくらしぶりを見せています。これは、わたしたちの目にふれやすい、水族館の役わりです。一方で、水族館は、生き物の生活の様子を明らかにし、ほごに役立てる取り組みもしています。これは、水族館の、もう一つの大事な役わりといえるのです。

＊図3は省略。

松田乾「ウミガメの命をつなぐ」より

ア（　）ハワイの海で見つかった。年れいは二さい。

イ（　）ハワイからたまごを産むためにもどってきた。

ウ（　）年れいは十五さい、愛知県の海岸で放流された。

エ（　）年れいは二さい、愛知県の海にもどってきた。

オ（　）見つかったとき、たまごはもっていなかった。

4 「これらのぎもん」とありますが、「ぎもん」が書かれている文を二つさがし、それぞれ初めの五字を書きぬきましょう。　一つ10点（20点）

・□□□□□

・□□□□□

5 最後のだん落は何について書かれていますか。一つに○をつけましょう。　5点

ア（　）水族館の二つの役わり。

イ（　）名古屋港水族館の二つの取り組み。

ウ（　）水族館にいるさまざまな生き物。

考えを書こう

6 最後のだん落を要約しましょう。　20点

ふりかえり　6が分からないときは、79ページの 3分でワンポイント にもどってかくにんしてみよう。

ぴったり3 たしかめのテスト②

三 大事な言葉や文に気をつけて要約しよう

ウミガメの命をつなぐ
言葉の広場④ 二つのことがらをつなぐ言葉

時間 20分 ／100 ごうかく 80点

学習日 月 日

教科書 下47〜61ページ

答え 27ページ

1 読みがなを書きましょう。 一つ3点(24点)

① 例（ ）を挙げる。

② 今日は大漁（ ）だ。

③ 無事（ ）に帰る。

④ ゴムの管（ ）をつなぐ。

⑤ 街（ ）を歩き回る。

⑥ 材木（ ）を用意する。

⑦ 時間が無（ ）い。

⑧ 文学の研究（ ）。

2 □に漢字を、〔 〕に漢字と送りがなを書きましょう。 一つ3点(30点)

① □□□（しょうてんがい）

② □□（とほ）で行く。

③ □□□（いちおくにん）

④ □□（むり）をしない。

⑤ 海辺の□□（ぎょこう）。

⑥ 商品を□□（かんり）する。

⑦ □□（さくや）は雨だった。

⑧ □□□（すいぞくかん）に行く。

⑨ 花に〔 〕（たとえる）。

⑩ たまごを〔 〕（うむ）。

3

――線の言葉の意味を□から一つずつ選んで、記号を書きましょう。　一つ4点（20点）

① 実験は、順調に進んでいる。（　）
② サケを、川に放流する。（　）
③ 宿題は、今日中にはとうてい終わらない。（　）
④ 雨がはげしいので、その場にとどまる。（　）
⑤ 会場に集まった人は、千人にのぼる。（　）

ア　どうしても。とても。
イ　たっする。～にもなる。
ウ　問題がなく調子がよい様子。
エ　動かないで、そこにいる。
オ　数をふやすために、放すこと。

4

――線の修飾（しゅうしょく）語がくわしくしている言葉を、□に書きましょう。　一つ3点（6点）

① 衣類は全て、きれいにせんたくがすんでいる。□
② 先週、ようやく新しい計画ができあがった。□

5

（　）にあてはまる、つなぐ言葉を、□から選んで書きましょう。　一つ4点（20点）

① 友達に手紙を出した（　　）、返事が来ない。
② ねつが高かった（　　）、学校を休んだ。
③ ケーキを食べますか。（　　）、ドーナツにしますか。
④ 約束をやぶった。（　　）、しかられたのだ。
⑤ 明日は海に行く。（　　）、晴れたらの話だ。

ので　のに　ただし
だから　それに　それとも

ぴったり1 じゅんび

四 調べたことをわかりやすく書こう

クラスの「不思議ずかん」を作ろう

言葉の文化③ 故事成語

めあて

★わかりやすくなるように、書き方をくふうしよう。

★読む人のことを考えよう。

★言葉の意味や成り立ちを知ろう。

学習日
月　日
教科書
下62～73ページ
答え
27ページ

かきトリ 新しい漢字

教科書65ページ	70ページ	70ページ	73ページ
特（トク）10画	利（リ）7画	労（ロウ）7画	器（キ）15画

1 □に読みがなを書きましょう。

① 苦労（　）を思いやる。

② 特長（　）のあるカメラ。

③ 利害（　）がぶつかる。

④ 機器（　）をあつかう。

⑤ 最新（　）のじょうほう。

⑥ えんぴつを置（　）く。

2 □に漢字を書きましょう。

① バスを［りよう］する。

② ［とく］に目立つ色。

③ ［とろう］に終わる。

④ 手先が［きよう］だ。

3 正しい意味に○をつけましょう。

① 急ににげ出すなんて、おくびょうだ。

ア（　）自分勝手で、わがままなこと。

イ（　）こわがって、びくびくすること。

② あなたの話は、つじつまが合わない。

ア（　）物事のすじみち。

イ（　）意見や考え方。

4 「不思議ずかん」を作るとき、どのように進めていくとよいですか。進める順に記号を書きましょう。

ア 取材をする。
イ ずかんの原稿を書き、読み返す。
ウ 表紙や目次をつけて、一さつのずかんにまとめる。
エ ずかんにのせるものを決めて、調べる。
オ 組み立て表を作る。
カ 友だちやおうちの人に発表する。

（　）→（　）→（　）→（　）→（　）→（　）

5 次は、じょうほうを集めて活用するときに注意することです。（　）にあてはまる言葉を［　］から選んで書きましょう。

・「いつ」「（　）」発信したじょうほうかに気をつける。
・文章や写真、絵などは、作者がもつ（　）に注意する。
・引用したものは必ず（　）（　）をしめす。

［出典　どこで　だれが　ちょさくけん］

6 次の話から生まれた故事成語と、その意味を［　］から選んで、記号を書きましょう。

① どんな盾でもつき通せるという矛と、どんな矛でもつき通さないという盾を売る者が、「その矛でその盾をついたらどうなるか」と聞かれ、返事にこまった。
故事成語（　）意味（　）

② 昔、中国の詩人が、「僧は推す月下の門」と書いたあと、「推す」がよいか、「敲く」がよいかまよっていて、「敲く」に決めた。
故事成語（　）意味（　）

③ 昔、中国のまずしい人が、蛍の光や、雪の明かりで夜も勉強した。
故事成語（　）意味（　）

ア 蛍雪の功　イ 推敲　ウ 矛盾
エ 前に言ったことと、後に言ったことが合わないこと。
オ 苦労して、学問にはげむこと。
カ 文章などの言葉を、よりよくすること。

ぴったり3 たしかめのテスト

四 調べたことをわかりやすく書こう

クラスの「不思議ずかん」を作ろう

言葉の文化③ 故事成語

時間 20分

／100

ごうかく 80点

学習日 月 日

教科書 下62～73ページ

答え 28ページ

1 文章を読んで、答えましょう。 思考・判断・表現

昔、ある人が王様にたずねました。

「戦場で、ある兵士がにげ出して、百歩走ったところでにげるのをやめました。別の兵士もにげ出しましたが、五十歩のところで立ち止まりました。そして、百歩にげた兵士に向かって、『君は百歩もにげて、なんておくびょうなんだ。わたしは、五十歩しかにげなかったぞ。』と笑ったら、どう思いますか。」

王様は、

「五十歩と百歩のちがいはあっても、戦場からにげたことには変わりはない。」

と答えました。

「故事成語」より

よく出る

(1) この話からできた故事成語を漢字で書きましょう。 10点

(　　　　)

(2) この故事成語の意味を書きましょう。 10点

(　　　　)

(3) 故事成語は、どこの国の古い時代のできごとから生まれた言葉ですか。一つに○をつけましょう。 10点

ア(　)日本
イ(　)インド
ウ(　)中国

(4) 故事成語の使い方として正しくないものはどれですか。一つに○をつけましょう。 10点

ア(　)「蛇足ですが…。」と言ってつけ足す。
イ(　)矛盾があるのでわかってもらえた。
ウ(　)背水の陣で試合にのぞむ。
エ(　)推敲を重ねて詩集をつくった。

この本の終わりにある「冬のチャレンジテスト」をやってみよう！

2 読みがなを書きましょう。

一つ4点(16点)

① 特にすきな歌。（　　）

② 時間と労力を使う。（　　）

③ バスを利用する。（　　）

④ 特急列車に乗る。（　　）

3 □に漢字を書きましょう。

一つ4点(20点)

① ガラスの□□(きぐ)。

② □□(ろうどう)者

③ □□(とくべつ)な日。

④ □□(りこう)な犬。

⑤ チームを□□(しょうり)へとみちびく。

4 ずかんの原稿(こう)を書くときに気をつけることとして、（　）にあてはまる言葉を［　］から選んで、記号を書きましょう。

一つ4点(16点)

① 読む人の（　　）がわきそうなものを選ぶ。

② （　　）や写真を効果(こう)的に使う。

③ 題名や、文章の（　　）をくふうする。

④ むずかしい言葉などは、くわしい（　　）を加えたり、わかりやすい言葉に言いかえたりする。

ア 図表　イ 書き出し　ウ 興味(きょう)　エ 説明

5 次の故事成語の意味を［　］から選んで、記号を書きましょう。

一つ4点(8点)

① 他山(たざん)の石(いし)（　　）

② 漁夫(ぎょふ)の利（　　）

ア 取りこし苦労をすること。

イ どんなものでも自分をみがくのに役立つこと。

ウ 関係のない人がとくをすること。

四 調べたことをわかりやすく書こう

いろいろな詩

めあて
★さまざまな詩にふれて、詩を読む楽しさを味わおう。

学習日
月　日
教科書
下74〜77ページ
答え
28ページ

1 詩を読んで、答えましょう。

ニンジン
おふろあがり

ケムシ
さんぱつは　きらい

ミミズ
シャツは　ちきゅうです
ようふくは　うちゅうです
――どちらも
一まいきりですが

まど・みちお

「いろいろな詩」より

(1) ニンジンのどのような様子を「おふろあがり」と言ったのですか。□に漢字一字を書きましょう。

ニンジンの色が□い様子。

(2) 「さんぱつ」の正しい意味に○をつけましょう。

ア（　）かみの毛をブラシなどで、とかすこと。
イ（　）かみの毛を切ったり、かったりすること。

(3) ケムシのどのような様子を「さんぱつは　きらい」と言ったのですか。□に漢字一字を書きましょう。

体中に□がはえている様子。

(4) 「ミミズ」の「シャツは　ちきゅうです」とは、どういう意味ですか。一つに○をつけましょう。

ア（　）ミミズの体はとても長くて大きいこと。
イ（　）ミミズがちきゅうのどこにでもいること。
ウ（　）ミミズが土の中で、体に土をつけていること。

(5) 「どちらも」は、何と何をさしていますか。

（　　　）と（　　　）

2 詩を読んで、答えましょう。

ヘビ

こいつは長すぎる。

ミドリカナヘビ

ペンキ塗(ぬ)り立て！

ジュール＝ルナール

佃(つくだ) 裕文(ひろぶみ) やく

「いろいろな詩」より

(1) 「長すぎる」というところから、作者のどんな気持ちがわかりますか。一つに○をつけましょう。

ア（　）ヘビはこわい、とおそれる気持ち。

イ（　）ヘビの長さにおどろく気持ち。

ウ（　）ヘビの生活を心配する気持ち。

(2) 「ペンキ塗り立て！」とは、どういうことを表していますか。一つに○をつけましょう。

ア（　）ミドリカナヘビに、「そこは、ペンキ塗り立てだよ！」と注意していること。

イ（　）ミドリカナヘビの体が、ペンキ塗り立てのように色あざやかであること。

ウ（　）ミドリカナヘビが、ペンキを塗っているかのように、かべを動き回っていること。

(3) 生き物一つを題名として、そこから思いうかべる言葉を書きましょう。

題名（　　　　　　　　）

言葉（　　　　　　　　　　　　　　　　）

自分のすきな生き物や気になる生き物をよく見て考えてみよう。

ぴったり1 じゅんび

四 調べたことをわかりやすく書こう

漢字の広場⑤ 熟語(じゅく)のでき方

めあて
★熟語の仕組みについて学ぼう。
★漢字がもつ意味とはたらきについて理かいを深めよう。

学習日
月　日
教科書
下78～79ページ
答え
29ページ

かきトリ 新しい漢字

教科書	漢字	音	訓	画数
78ページ	祝	シュク	いわう	9画
78ページ	清	セイ	きよい・きよまる・きよめる	11画
79ページ	低	テイ	ひくい・ひくめる・ひくまる	7画

送りがなも正しく覚えよう。

1 □に漢字を、〔　〕に漢字と送りがなを書きましょう。

① 〔　　〕（きよい）心。
② 気温が□□（ていか）する。
③ 新年を〔　　〕（いわう）。
④ 本で〔　　〕（しらべる）。

2 次の意味を表す熟語と、読みがなを書きましょう。

（熟語・読みがな）

① 冷たい水
② 最も高い
③ 白い紙
④ 雨の音
⑤ 外に出る
⑥ 低い温度

熟語は、上の漢字と下の漢字とで、意味につながりがあるよ。

3 例にならって、次の漢字とにた意味の漢字を組み合わせて熟語をつくり、その読みがなも書きましょう。

例 学 熟語 学習 読みがな（がくしゅう）

① 思 （　　）

② 身 （　　）

③ 幸 （　　）

④ 戦 （　　）

⑤ 石 （　　）

⑥ 同 （　　）

4 例にならって、次の漢字と反対の意味の漢字を組み合わせて熟語をつくり、その読みがなも書きましょう。

例 前 熟語 前後 読みがな（ぜんご）

① 親 （　　）

② 生 （　　）

③ 長 （　　）

④ 売 （　　）

⑤ 暗 （　　）

⑥ 多 （　　）

いろいろな詩
〜漢字の広場⑤ 熟語のでき方

時間20分　／100　ごうかく80点

学習日　月　日

教科書 下74〜79ページ

答え 29ページ

1 次の詩を読んで、答えましょう。　思考・判断・表現

おおきな木

島田陽子

おーい
おおきな木
おおきなって
おおきなえだ　ひろげて
おおきなかげ　つくってくれて
おおきなとりや　ちいさなとりや　ようけのむしも
おおきなひとや　ちいさなひとや　いぬねこたちも
おおきに　おおきに　いうて
おおきに　おきにいりの
おおきな木　天まで
おおきなれ
おーい

＊おおきなって…大きくなって。　ようけの…たくさんの。
おおきに…ありがとう。　おおきに　おきにいりの…大変お気に入りの。

「いろいろな詩」より

(1) この詩の文字の置き方には、どのようなくふうが見られますか。□に漢字一字を書きましょう。　5点

［　　］の形になるようにしている。

(2) 同じ言葉をくり返すことによって、どのような詩になりますか。一つに○をつけましょう。　5点

ア（　）リズムのある詩になる。
イ（　）わかりやすい詩になる。
ウ（　）考えさせる詩になる。

(3) 「おおきに　おおきに　いうて」は、だれが言うのですか。あてはまる言葉を書きぬきましょう。　完答5点

［　　］・［　　］・［　　］・いぬねこたち

(4) なぜ、「おおきな木」に「おおきに」とお礼を言うのですか。「〜してくれたから。」という形で書きましょう。　10点

（　　　　　　　　　　）

2 読みがなを書きましょう。

一つ5点(15点)

① 作文を清書する。（　　）

② 気温が低い。（　　）

③ 入学を祝う。（　　）

3 □に漢字を、（　）に漢字と送りがなを書きましょう。

一つ5点(20点)

① 音の□□（こうてい）。

② □□（しゅくじつ）に出かける。

③ □□（くらく）をともにする。

④ （　　）（きよらか）な心。

4 次の意味を表す熟語（じゅく）と、読みがなを書きましょう。

各完答5点(10点)

	熟語	読みがな
① 親しい友	□□	（　　）
② 緑色のお茶	□□	（　　）

5 次の組み立てになっている熟語を、□から二つずつ選んで書きましょう。

一つ5点(30点)

① 上の漢字が下の漢字を修飾（しゅうしょく）する熟語 （　　）・（　　）

② にた意味の漢字を組み合わせた熟語 （　　）・（　　）

③ 反対の意味の漢字を組み合わせた熟語 （　　）・（　　）

勝負　最高
白梅　養育
学習　遠近

ぴったり1 じゅんび

3分でまとめ

五 自分の経験（けい）と結びつけて考えたことを伝え合おう

くらしを便利にするために
手話であいさつをしよう

太田（おおた） 正己（まさみ）

めあて
★経験と結びつけて文章を読もう。
★筆者の考えと自分の考えを比べてみよう。
★目で見る言葉で話してみよう。

学習日
月　日
教科書
下81～93ページ
答え
30ページ

がきトリ 新しい漢字

便	ベン・ビン　たより	9画	教科書82ページ
付	フ　つける・つく	5画	82ページ
改	カイ　あらためる　あらたまる	7画	83ページ
差	サ　さす	10画	90ページ
票	ヒョウ	11画	90ページ
郡	グン	10画	90ページ

1 ［　］に読みがなを書きましょう。

① 便りがとどく。（　　）
② 大差がついた試合。（　　）
③ 機械を改良する。（　　）
④ 郡部にある村。（　　）

2 □に漢字を、（　）に漢字と送りがなを書きましょう。

① □（とうひょう）所に行く。
② □（べんり）な工具。
③ 名札を（　　）（つける）。
④ 行いを（　　）（あらためる）。

くらしを便利にするために

3 正しい意味に○をつけましょう。

① 出口が見つからず、とまどう。
ア（　）どうしたらよいかわからず、まよう。
イ（　）どうしたらよいか、人にたずねる。

② なにげなく言った言葉で、妹をおこらせてしまった。
ア（　）だれに対してということもなく。
イ（　）特にこれといった考えもなく。

4 それぞれの立場の人にとって「便利」といえる物を、▢から選んで、記号を書きましょう。

① 目の不自由な人（　　）
② 耳の不自由な人（　　）
③ 料理をする子ども（　　）
④ 車いすを使う人（　　）
⑤ 左ききの人（　　）

ア きき手に合わせたはさみ
イ 子ども用の包丁
ウ 歩道橋
エ ふつうの包丁
オ 音で知らせるチャイム
カ エレベーターの付いた歩道橋
キ 光で知らせるチャイム

3分でワンポイント

事実と、筆者の意見とを読み分けよう。

★次の表は、友人の体験談を聞いた筆者が考えたことをまとめたものです。①～③の（　）に合う言葉を▢の中から選んで記号を書きましょう。

筆者が考えたこと (1)	一人一人が使う道具の「便利」について ← 使う人の①（　　）によって、道具の②（　　）を変えなければいけない場合がある。
筆者が考えたこと (2)	たくさんの人が使うせつびの「便利」について ← ○どんな①の人が、どんなときに利用するかを考えてつくる。 ○③（　　）を強く感じる人が少なくなるようにする必要がある。

ア 仕組み　イ 不便　ウ 立場

五 自分の経験と結びつけて考えたことを伝え合おう

くらしを便利にするために

学習日 月 日
教科書 下81～91ページ
答え 30ページ

文章を読んで、答えましょう。

少し前の時代まで、道具は、ある程度多くの人にとって便利に使えれば、それでよいと考えられてきました。

今では、そのような考え方が変わってきています。同じ目的を果たす道具が、さまざまな立場の人に合わせて何種類も作られるようになり、一人一人が、その中から最も使いやすい物を選べるようになってきたのです。きき手に合わせたはさみなどが、その例です。

一人一人が使う道具とちがい、たくさんの人が使うせつびについては、そのような解決方法をとれないこともあります。

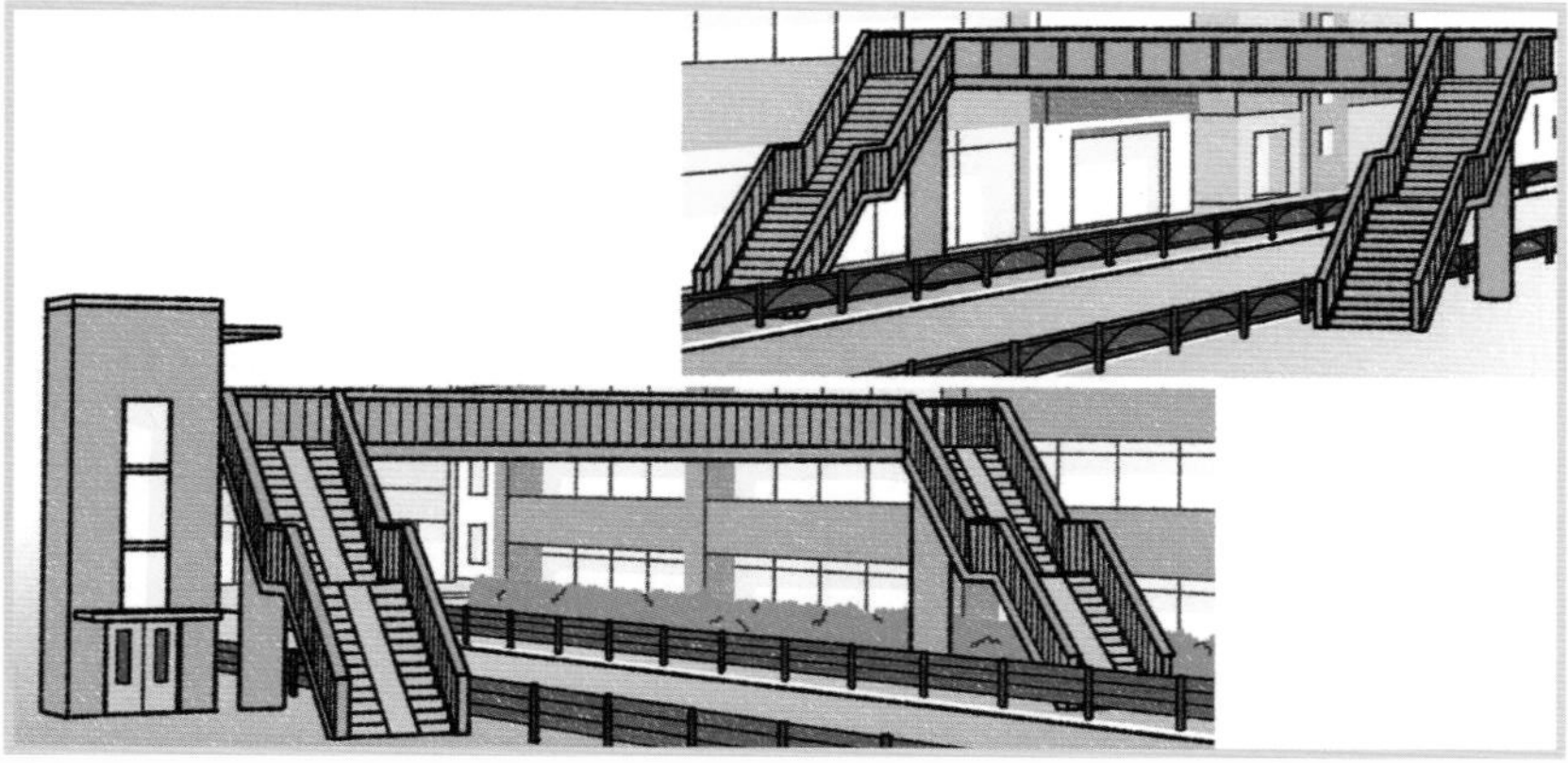

1 「同じ目的を果たす道具が、さまざまな立場の人に合わせて何種類も作られるようになり」とありますが、例えば「はさみ」の場合、どのような人に合わせて作られますか。考えて書きましょう。

□の人と、□の人

2 「たくさんの人が使うせつびについては、そのような解決方法をとれないこともあります。」とありますが、こう考えるのはなぜですか。一つに○をつけましょう。

ア（ ）せつびは、とても小さい上に、作ってももうけることができず、何種類も用意する必要がないから。

イ（ ）せつびは、作ってもだれも使わないかもしれず、多くのお金や時間をかけて用意するものではないから。

ウ（ ）せつびは、とても大きい上に、作るのにお金も時間もかかり、何種類も用意することができないから。

3 「しかし、体の不自由な人やお年寄りにとっては、かいだ歩道橋について考えてみましょう。歩道橋は、交通量の多い道路を安全に横断することができるので、大変便利であるといえます。しかし、体の不自由な人やお年寄りにとっては、かいだんを上り下りしなくてはならないので利用できないこともあります。

こうしたせつびは、小さな道具のように、いろいろな立場の人に合った物を別々に用意するというわけにはいきません。したがって、そのせつびを、どのような立場の人が、どのようなときに利用するのかをよく考えなければなりません。そして、不便を強く感じる人が少なくなるようにつくったり、改良したりしていくことが必要です。

最近では、エレベーターが付いた歩道橋も見られるようになってきています。また、かいだんの横にゆるやかなスロープを設置していることもあたりまえのようになっています。このような歩道橋がつくられることによって、車いすやベビーカーを使う人、自転車に乗る人、重い荷物を持った人など、さまざまな立場の人が、安全で便利に道路を利用することができるようになるのです。

太田正己「くらしを便利にするために」より

んを上り下りしなくてはならないので利用できないこともあります。」の文は、「事実」ですか、「意見」ですか。一つに○をつけましょう。

（　）事実　（　）意見

ヒント　事実か筆者の考えなのかを見分けよう。

4 「こうしたせつび」とありますが、具体的には何をさしていますか。文章から三字で書きぬきましょう。

□□□

5 「エレベーターが付いた歩道橋」とありますが、このせつびは、どのような考え方によって用意されるようになったのですか。文章から書きぬきましょう。

歩道橋を、（　　　）が、どのようなときに（　　　）するのかをよく考えることと、（　　　）が少なくなるようにつくったり、（　　　）したりしていくことが必要である、という考え方。

ぴったり3
たしかめのテスト①

五 自分の経験と結びつけて考えたことを伝え合おう

くらしを便利にするために
手話であいさつをしよう

時間 20分　／100　ごうかく 80点

学習日　月　日

教科書 下81～93ページ

答え 31ページ

文章を読んで、答えましょう。　思考・判断・表現

「便利」とは「都合がよく、役に立つこと」です。でも、それは、だれにとって都合がよく、だれの役に立つことなのでしょうか。

　わたしたちの家の中を見わたしてみましょう。ぶんぼう具のような小さな物から、家具のような大きな物まで、わたしたちの身のまわりには、たくさんの道具があることに気づかされます。これらの道具はどれも、わたしたちのくらしを便利でかいてきにするために、生み出されてきた物です。しかし、光で知らせるチャイムの話のように、使う人の立場によっては、道具の仕組みを変えなければ役に立たない場合もあります。

　このように、ある人にとっては便利だと思われている物でも、立場を変えてみると、その仕組みのままでは不便であることがわかります。

　少し前の時代まで、道具は、ある程度多くの人にとって便利に使えれば、それでよいと考えられてきました。

　今では、そのような考え方が変わってきています。同

よく出る

1 「『便利』とは……だれの役に立つことなのでしょうか。」とありますが、筆者は「便利」ということをどのように考えていますか。一つに○をつけましょう。　20点

ア（　）ある程度多くの人が便利に使えれば、それは便利な物といえる。

イ（　）ある人にとって便利な物でも、使う人の立場によっては不便なこともある。

ウ（　）どんな人にとっても便利な物はないので、全ての物は不便だといえる。

2 「これらの道具」とは、何をさしていますか。具体的に挙げられているものを五字と二字で書きぬきましょう。　両方できて20点

・□□□□□

・□□

できたらスゴイ！

3 「今では、そのような考え方が変わってきています。」とありますが、どのような考え方が、どのように変わってきたのですか。書きぬきましょう。　20点

じ目的を果たす道具が、さまざまな立場の人に合わせて何種類も作られるようになり、一人一人が、その中から最も使いやすい物を選べるようになってきたのです。きき手に合わせたはさみなどが、その例です。

一人一人が使う道具とちがい、たくさんの人が使うせつびについては、そのような解決方法をとれないこともあります。

歩道橋について考えてみましょう。歩道橋は、交通量の多い道路を安全に横断することができるので、大変便利であるといえます。しかし、体の不自由な人やお年寄りにとっては、かいだんを上り下りしなくてはならないので利用できないこともあります。

こうしたせつびは、小さな道具のように、いろいろな立場の人に合った物を別々に用意するというわけにはいきません。したがって、そのせつびを、どのような立場の人が、どのようなときに利用するのかをよく考えなければなりません。そして、不便を強く感じる人が少なくなるようにつくったり、改良したりしていくことが必要です。

太田正己「くらしを便利にするために」より

道具は、［　　　　　　　］にとって便利に使えればよい、という考え方から、［　　　　　　　］が便利に使える物を何種類も作る、という考え方に変わってきた。

4 文章の終わりの三つのだん落（「一人一人が～必要です。」）で話題になっていることは何ですか。一つに○をつけましょう。 20点

ア（　）一人一人が使う、小さな道具について。
イ（　）不便な歩道橋について。
ウ（　）たくさんの人が使うせつびについて。
エ（　）道路を使う、たくさんの人について。

考えを書こう

5 「不便を強く感じる人が……改良したりしていく」とありますが、例えば、どのような人のために作られたどのようなせつびがありますか。考えて書きましょう。 20点

五 自分の経験と結びつけて考えたことを伝え合おう

くらしを便利にするために
手話であいさつをしよう

時間 20分

／100

ごうかく 80点

学習日 月 日

教科書 下81～93ページ

答え 32ページ

1 読みがなを書きましょう。

一つ5点（30点）

① 郡部に住む。（　　）

② 足あとが付く。（　　）

③ 外国との時差。（　　）

④ ゆう便で送る。（　　）

⑤ 改札口で待つ。（　　）

⑥ 伝票に記入する。（　　）

2 □に漢字を、〔　〕に漢字と送りがなを書きましょう。

一つ4点（24点）

① □□□（じゅけんひょう）

② 駅□□（ふきん）の商店街。

③ □□□（こうさてん）を通る。

④ □□（ふべん）を感じる。

⑤ 悪人が□□（かいしん）する。

⑥ 印を〔　　〕（つける）。

3 正しい意味に○をつけましょう。

一つ3点（6点）

① 生活をもっとかいてきにしたい。

ア（　）おもしろい様子。

イ（　）気持ちのよい様子。

② この先は、ゆるやかなカーブになっている。

ア（　）なだらかな。急ではない。

イ（　）少し急な。

4 次の文の——線の言葉と反対の意味の言葉を、[　]から選んで、書きましょう。

一つ5点(20点)

① 有料のちゅう輪場を利用する。
⇔（　　　）

② バスがゆっくり停(てい)車する。
⇔（　　　）

③ 重い荷物を運ぶのをてつだう。
⇔（　　　）

④ きけんがないように気を配る。
⇔（　　　）

安全	軽い	自由
発車	借りる	無料

5 「引用」している文を一つ選んで、○をつけましょう。

5点

ア（　）時代とともに、道具は少しずつ変化してきたのだと思います。

イ（　）『昔のくらし』という本には、「時代とともに、道具は変化してきました。」と書いてあります。

ウ（　）昔のくらしについて調べて、道具の変化について知りたいと考えます。

6 次は、手話について説明したものです。（　）にあてはまる言葉を[　]から選んで、書きましょう。

一つ5点(15点)

・（　　　）を使わない、目で見る言語。

・手や（　　　）の動き、顔の（　　　）で、物事や気持ちを表す。

表情(じょう)	声	指

六 調べてわかったことを発表しよう

「便利」をさがそう
言葉の広場⑤ 点（、）を打つところ

めあて
★発表をするときと聞くときのポイントを学ぼう。
★点（、）のはたらきについて考えよう。

学習日　月　日
教科書 下94～103ページ
答え 32ページ

かきトリ 新しい漢字

教科書102ページ	102ページ	102ページ	103ページ	103ページ
健（ケン）11画	康（コウ）11画	浅（あさい）9画	氏（シ）4画	候（コウ）10画

「浅」の九画めの「、」や、「候」の三画めのたて画を、わすれないようにしよう。

1 （　）に読みがなを書きましょう。

① 氏名 を記入する。
② 路面 がこおる。
③ 読点 を打つ。

2 □に漢字を、（　）に漢字と送りがなを書きましょう。

① □□（てんこう）がよくなる。
② バスの□□（じょうきゃく）。
③ □□（けんこう）に気をつける。
④ □□（しゅってん）をしめす。

⑤ 文字の□□（いち）。
⑥ 山本□（し）が参加した。
⑦ 商品を（えらぶ）。
⑧ この池は（あさい）。

「便利」をさがそう

3 正しい意味に○をつけましょう。

① 学校の中にあるせつびを調べる。
ア（　）そなえつけてある物。
イ（　）動かすことのできる物。

② 雨の中、ていりゅう場まで歩く。
ア（　）自動車などをとめておく所。
イ（　）客が乗りおりするためにバスなどがとまる所。

③ 図書館で、点字の本をさがす。
ア（　）六つの点の組み合わせで五十音を表したもの。
イ（　）点や線が多くえがかれたもの。

④ バリアフリーの家をたてる。
ア（　）だれもが生活しやすいように、しょうがい物などを取りのぞくこと。
イ（　）てきのこうげきから守ること。

⑤ 使った道具の実物を見せる。
ア（　）よかったところ。
イ（　）実際（さい）のもの。

4 （　）にあてはまる言葉を［　］から一つずつえらんで、記号を書きましょう。

発表をするとき
・言葉に（　）をつけたり、間（ま）をとったりして話す。
・図など、（　）を指ししめしながら話す。

発表を聞くとき
・伝えたいことは何かを考えながら聞く。
・わからないことを質（しつ）問したり、自分の意見や（　）を伝えたりする。

［ア 感想　イ 資料　ウ 強弱　エ メモ］

点（、）を打つところ

5 例にならって、読点（、）を一つ打ちましょう。

例 ごんは〈、〉村の小川のつつみまで出てきました。

① はげしい雨がふったので運動会は中止になった。

② メンバーは二人山田さんと細川さんです。

六 調べてわかったことを発表しよう

「便利」をさがそう
言葉の広場⑤ 点（、）を打つところ

時間 20分

／100

ごうかく 80点

学習日　月　日

教科書 下94～103ページ

答え 33ページ

1 次の東野さんたちの発表を読んで、答えましょう。　思考・判断・表現

東野　これから発表を始めます。
　ぼくたちは、路面電車のどんなところに、だれもが使いやすくなるくふうがあるのか調べました（写真アを見せる）。なぜなら、ぼくのおじいさんから、路面電車が使いやすくて便利という話を聞いたからです。これから路面電車の便利さについて、図や写真を使って説明します。

中西　はじめに、このぼうグラフを見てください（グラフイをさす）。このグラフは、『数字でみる鉄道2020』という本から引用したものです。グラフのたてじくは、路面電車を利用した人の数です。横じくは、路面電車のある主な都市の名前です。どんな都市で路面電車が使われているかをしめしています。では、路面電車の利用者が多いのはどこの都市だと思いますか。（グラフイのシールをめくる）実は、東京と広島なんです。

「『便利』をさがそう」より

(1) 東野さんたちは、どのようなことについて発表していますか。文章から書きぬきましょう。　10点

（　　　　　　　　　　）について。

(2) 東野さんがこの発表をしようと思ったのは、どんなことを聞いたからですか。十三字でさがして、初めと終わりの三字を書きぬきましょう。　両方できて12点

□□□～□□□という話。

(3) 中西さんが、ぼうグラフで最も伝えたかったことはなんですか。一つに○をつけましょう。　10点

ア（　）路面電車があるのは、東京と広島だけだ。
イ（　）路面電車の利用者が多いのは、東京と広島だ。
ウ（　）路面電車の利用者は、毎年へっている。

2 読みがなを書きましょう。
一つ5点(20点)

① 天候（　　）が回ふくする。
② 健全（　　）な体。
③ 路面（　　）がこおる。
④ 読点（　　）を打つ。

3 □に漢字を、（　）に漢字と送りがなを書きましょう。
一つ4点(28点)

① □□（けんこう）をたもつ。
② （あさい）川。
③ 住所と□□（しめい）。
④ □□（しゃしん）をとる。
⑤ □□（えいよう）を取る。
⑥ □□（かんけい）を調べる。
⑦ （たより）を送る。

4 次の文は、二通りの意味にとれます。それぞれの意味がはっきりわかるように、読点を一つずつ打ちましょう。
一つ5点(20点)

① 「急いでいる」のが「兄」
・兄は 急いで 走る 弟を よんだ。
② 「急いでいる」のが「弟」
・兄は 急いで 走る 弟を よんだ。

③ 「入院した」のが「きのう」
・きのう 入院した 山本さんの お見まいに 行った。
④ 「お見まいに行った」のが「きのう」
・きのう 入院した 山本さんの お見まいに 行った。

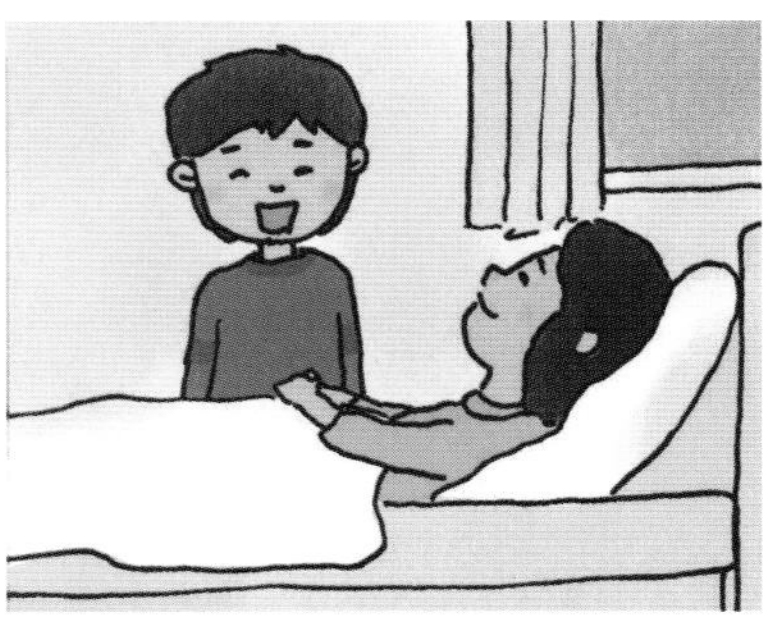

七 伝えたいことをはっきりさせて書こう

自分の成長をふり返って
言葉の文化④ 雪
漢字の広場⑥ 同じ読み方の漢字の使い分け

めあて

★伝わりやすい文章の組み立てを考えよう。
★古くからの言語文化にふれよう。
★同じ読み方をもつ漢字を使い分けられるようになろう。

学習日 月 日
教科書 下104～113ページ
答え 33ページ

かきトリ 新しい漢字

教科書105ページ	敗	ハイ	やぶれる	11画
107ページ	好	コウ	このむ・すく	6画
107ページ	標	ヒョウ		15画
110ページ	積	セキ	つむ・つもる	16画
112ページ	倉	ソウ	くら	10画
112ページ	競	キョウ・ケイ		20画
113ページ	熱	ネツ	あつい	15画
113ページ	建	ケン	たてる・たつ	9画
113ページ	卒	ソツ		8画
113ページ	求	キュウ	もとめる	7画

「競」は、右側と左側で形がちがうから気をつけよう。

1 ＿に読みがなを書きましょう。

① 倉庫に入れる。
② 幸せを追求する。
③ 競馬の馬。
④ 熱湯を注ぐ。
⑤ 好きな番組。
⑥ 兄を◆手伝う。
⑦ ビルが建つ。
⑧ スープが熱い。
⑨ 利えきを求める。

◆特別な読み方の言葉

2 □に漢字を、（　）に漢字と送りがなを書きましょう。

①（もくひょう）□□を持つ。

②（そつぎょうしき）□□□。

③ 試合に（やぶれる）（　　　）。

④ 雪が（つもる）（　　　）。

3 自分の成長を感じたできごとを文章に書くとき、どのような順で進めるとよいですか。記号を書きましょう。

ア　自分の成長を感じたできごとをメモに書きだす。
イ　組み立て表をもとに、友達と意見をこうかんする。
ウ　文章を書く。
エ　組み立て表を作る。
オ　書いた文章を読み返す。
カ　友達と文章を読み合い、感想を伝え合う。

（ア）→（　）→（　）→（　）→（　）→（カ）

4 次のような雪を表す言葉を□から選んで書きましょう。

① 風にふかれてまばらに飛んでくる雪。（　　　）

② 細かくふる雪。（　　　）

細雪（ささめゆき）　雪明かり　風花（かざばな）

5 文の意味を考えて、正しい言葉を□から選んで書きましょう。

①
ア　荷物の重さを（　　　）。
イ　百メートル走のタイムを（　　　）。

②
ア　ぼくは、泳ぎに（　　　）がある。
イ　自分（　　　）の考えを話す。

計る　量る　自身　自信

自分の成長をふり返って
～ 漢字の広場⑥ 同じ読み方の漢字の使い分け

時間 20 分

／100

ごうかく 80 点

学習日
月　日

教科書 下104～113ページ

答え 34ページ

1 文章を読んで、答えましょう。　思考・判断・表現

もう練習してもできないと思ってあきらめようとした時、父が言った。

「もっと足を頭の方にふり上げると、回れるようになるんじゃないか。」

父のアドバイスを聞いて、もう一度チャレンジしてみた。すると、

「できた！」

思わずさけんでしまった。まだ、かんぺきでもきれいでもないけれど、後転ができたのだ。

「やった。できた！」

うれしくて、ふとんの上でジャンプした。父も母も、

「すごいね。がんばったね。」

とほめてくれた。すごくうれしかった。何度か続けてやってみたら、だんだん上手になってきて、ますますうれしくなった。

わたしは、マット運動の学習がきらいだったけれど、できるわざがふえて、少し好きになった。「今年こそ、後転ができるようになるぞ。」という目標を達成することができた。

羽田 爽良(そら)「あきらめない気持ち」より

(1) 羽田さんは、後転ができたよろこびを、どのように表していますか。最もよく表れている、会話文ではない一文を書きぬきましょう。　10点

（　　　　）

(2) 自分の成長したところをふり返りながら書いているだんらくの、最初の五字を書きぬきましょう。　10点

(3) この文章にあてはまるもの一つに○をつけましょう。　10点

ア（　）後転の練習方法をくわしく書いている。

イ（　）後転が成功した時の様子をくわしく書いている。

ウ（　）マット運動のことだけを書いている。

考えを書こう

(4) 羽田さんは、どうして後転ができるようになったと思いますか。考えて書きましょう。　10点

（　　　　）

2 読みがなを書きましょう。

一つ3点(15点)

① 大きな目標。（　　）

② 友だちと競争する。（　　）

③ 手伝いをたのむ。（　　）

④ ほこりが積もる。（　　）

⑤ 卒業式をむかえる。（　　）

3 □に漢字を、〔　〕に漢字と送りがなを書きましょう。

一つ3点(15点)

① 理想を□（ついきゅう）する。

② □（しっぱい）をくやむ。

③ □（そうこ）から出す。

④ 家を〔　（たてる）　〕。

⑤ 〔　（あつい）　〕お茶をいれる。

4 次のような雪を表す言葉を[　]から選んで、記号を書きましょう。

一つ5点(10点)

① 雪が辺り一面にふり積もって、白くかがやく美しい景色。（　　）

② 積もった雪で明るく見えること。（　　）

ア 雪明かり　イ こな雪　ウ 銀世界

5 □にあてはまる同じ読み方の言葉を、漢字で書きましょう。

一つ5点(20点)

①
ア 国語□（じてん）で調べる。
イ 百科□（じてん）で調べる。

②
ア □（きょうりょく）な味方があらわれる。
イ クラス全員で□（きょうりょく）する。

八 登場人物のせいかくや気持ちのうつり変わりを読もう

人形げき 木竜（もくりゅう）うるし

木下（きのした） 順二（じゅんじ）

めあて
★行動や会話を、場面のうつり変わりと結びつけて読もう。
★登場人物のせいかくや、気持ちの変化をとらえよう。

学習日
月　日
教科書
下115〜141ページ
答え
34ページ

かきトリ 新しい漢字

教科書120ページ
底（テイ・そこ）8画

140ページ
鏡（キョウ・かがみ）19画

「底」の八画めの「一」を書きわすれないでね。

1 ◯に読みがなを書きましょう。

① ◆昨日のできごと。（　）
② 海底にある火山。（　）
③ 望遠鏡をのぞく。（　）
④ 不思議に思う。（　）
⑤ 年の初め。（　）
⑥ 子を連れる。（　）

◆特別な読み方の言葉

2 □に漢字を、◯に漢字と送りがなを書きましょう。

① 深い川の□（そこ）。
② □（かがみ）を見る。
③ □□（くろう）をかける。
④ 具体□（てき）な意見。
⑤ おかずを（のこす）。
⑥ 工場で（はたらく）。
⑦ 気持ちが（かわる）。
⑧ ひもを（むすぶ）。
⑨ ほこりが（つもる）。
⑩ 服を（えらぶ）。

3 正しい意味に○をつけましょう。

① ばか正直に言うことはない。

ア（　）正直すぎて気がきかないこと。

イ（　）心を開いて正直になること。

② あの子は気だてがいいので、好かれている。

ア（　）元気がよい。

イ（　）せいかくがよい。

4 ――線の部分と、それ以外の部分を何といいますか。［　］から選んで、記号を書きましょう。

きゃく本（台本）

二人が大木のえだにまたがってズイコズイコと切っている。

ピーチクピーチクピーチク。

権八（ごんぱち） もうそろそろみんな来そうなもんだな。（ズイコズイコ。）

木下順二「人形げき　木竜うるし」より

① ――線の部分（　　）

② それ以外の部分（　　）

ア 地の文（じのぶん）　イ ト書き（とがき）　ウ せりふ

3分でワンポイント

権八の気持ちの変化を読み取ろう。

★①～②にあてはまる言葉を［　］の中から選んで、記号を書きましょう。

竜（りゅう）が生きていないと分かった権八が、うるしを（①　　）とする。

←

藤六（とうろく）は、権八がうるしを全部ほしいのなら、一人で全部取ればいいと言う。

←

藤六の人がらに心を動かされ、藤六の言うとおりに（②　　）とする。

ア 村のみんなで分けよう

イ 藤六と二人で山分けしよう

人形げき 木竜(もくりゅう)うるし

学習日
月　日
教科書
下115～141ページ
答え
35ページ

きゃく本を読んで、答えましょう。

藤六(とうろく)がうかび上がる。

藤六　(首だけ出して)ご、権八(ごんぱち)よ。

権八　なんだ なんだ。

藤六　(てのひらにすくった物を見せて)見や、こ、これ。

権八　なんだ?　……ほう、こら おめえ、うるしでないか。

藤六　そ、そうだ。う、うるしだ。

権八　どこにあった?　こんなもんが。

藤六　い、いっぱい、一面、こ、このふちの底に。

権八　ふちの底に?　うるしがか?

藤六　うん。こら ほんに上等の上うるしだ。

権八　うん。上うるしだ。たいしたもんだ。……ふうん、こら、大昔から山々のうるしの木のしるが、雨に流されてたまったもんにちがいないわ。

藤六　それにちがいないわ。

権八　(しばらく考えているが、とつぜんどなる。)やい藤六。

1 藤六が、①「ご、権八よ。」、「こ、これ。」②「へ、へい。」、「へ、へい。い、言わん。」と、言葉がつっかえているのは、それぞれなぜですか。ア～エの中から一つずつ選び、記号を書きましょう。

①(　　)　②(　　)

ア　権八におどされて、こわかったから。
イ　わけがわからず、考えていたから。
ウ　うるしを発見して、おどろいたから。
エ　何を言えばよいか、まよったから。

ヒント　藤六はこのあともつっかえていることに注目しよう。

2 ふちの底にうるしがいっぱいあったのはなぜだと、権八は考えましたか。書きましょう。

(　　　　　　　　)

3 「しばらく考えている」とありますが、権八はこのとき、どんなことを考えていましたか。一つに○をつけましょう。

ア(　)うるしがふちの底にあるのは、どうしてかという

藤六　へっ？

権八　おめえ、このうるしのこと、だれにもつげちゃならんぞ。

藤六　……。

権八　つげたら おめえ、どえらいめにあわすぞ。

藤六　へ、へい。

権八　このうるしのことを知っとるもんは、近郷近在（ごうざい）、おらと おめえの二人きりだ。ええか こら。

藤六　へ、へい。い、言わん。だれにも言わん。

権八　よし。さあ、そんなら はよう木を切らんか。

藤六　あっ、のこぎり。（ブクブクブクブク。）

権八　（ふちをのぞきこんで大笑い。）あっはっは。うるしにびっくりしてのこぎりをわすれてきよった。……ううん、けど、こらあ大金もうけだ。ただ藤六のやつがじゃまもんだな。あいつさえこなんだら、このふちの底のうるしは、おらがそっくりひとりじめだ。うん、藤六が決して取りにこんようにせにゃならん。こいつは、家に帰ってひと思案だ。（考えながら行ってしまう。）

木下（きのした）順二（じゅんじ）「人形げき　木竜うるし」より

こと。

イ（　）藤六がうるしのことをだれかにつげたら、どうしようかということ。

ウ（　）うるしをひとりじめして、大金もうけをしようということ。

ヒント　権八の後半の言葉に注目しよう。

4 「ブクブクブクブク。」とは、何の音を表していますか。「〜が〜音。」という形で書きましょう。

（　　　　　）

5 「ひと思案だ。」とありますが、権八はどんなことについて「思案」しようとしていますか。

（　　　　　）

6 この場面からわかる権八と藤六のせいかくをア〜ウの中から一つずつ選び、記号を書きましょう。

権八（　）　藤六（　）

ア　親切

イ　すなお

ウ　よくばり

ぴったり3 たしかめのテスト

八 登場人物のせいかくや気持ちのうつり変わりを読もう

人形げき 木竜うるし

時間 20分

／100

ごうかく 80点

学習日 月 日

教科書 下115～141ページ

答え 36ページ

きゃく本を読んで、答えましょう。 思考・判断・表現

権八（ごんぱち） だいじょうぶか？　おい。

藤六（とうろく） だいじょうぶだ。さわってみい。（権八の手を引っぱってさわらせる。）

権八 な、なるほど。うん、うんうん。こら やっぱり木の竜だ。木竜だ。

藤六 だろが？　けど、さっきは おらも おったまげたぞ。

権八 おらのほうがよっぽどおったまげただ。ふうん、やっぱり木竜かあ。（全身をなで回す。――はなれてみて）なあるほど、水がゆれるとゆらゆらっと見えるわ。ああ安心した。……さっきはほんまに生きとると思うたが……やっぱり悪いことをしとると、気のせいでいろんなふうに見えるもんだ。

藤六 安心したろが？　さあ 行こう。

権八 けど、安心してみると、やっぱり うるしが気にかかるわ。藤六よ、こら どうするだ？

藤六 そうだなあ。村中みんなで取りに来るか。

1 「ああ安心した。」とありますが、権八の気持ちはどのように変わりましたか。書きぬきましょう。 一つ10点(30点)

さっきは、木の竜が［　　　　］［　　］と思い、［　　　　］が、［　　　　］せいで動いたように見えたのだとわかって、安心した。

よく出る

2 「うるしが気にかかるわ。」とありますが、権八と藤六はうるしをどうしようと考えましたか。それぞれの考えのうつり変わりを、ア～ウの中から順に選びましょう。同じものを選んでかまいません。 一つ8点(40点)

権八……（　）→（　）

藤六……（　）→（　）→（　）

ア 村中みんなで取る。

イ 権八が一人で取る。

ウ 権八と藤六の二人で取る。

権八　どうだ藤六、おらと二人で山分けせんか。
藤六　おら、こんなたくさん、こまるわ。それより、村のもん、連れてこう。
権八　……
藤六　おら、ばあ様と二人ぎりだで、今のままのきこりだけでけっこうおまんま食えるだでな。
権八　……
藤六　けど、おらどうでもええ。おめえがほしけりゃ、一人で取るさ。なら、おら帰るでよ。
権八　（考えていたが）藤六よ。
藤六　ん？
権八　おめえは気だてのええやつだなあ。
藤六　なんでや？
権八　（考えて）よし、村のもんを連れてこう。
藤六　そうか。よろこぶぞう、みんな。
権八　うん、一人残らず連れてこう。
藤六　ようし、おらがふれて回ってやるわ。

木下順二（きのしたじゅんじ）「人形げき　木竜うるし」より

できたらスゴイ!

3 藤六が、「けど、おらどうでもええ。」と言ったのはなぜですか。一つに○をつけましょう。　10点

ア（　）権八は、村中みんなでうるしを分けるのはいやなのだろうと思ったから。
イ（　）今のままのきこりだけで生活できるので、ばあ様がいやがると思ったから。
ウ（　）権八がだまっているので、勝手にすればいい、とはらを立てたから。

4 「気だてのええやつ」とありますが、権八は藤六のどんなところをそう思ったのですか。一つに○をつけましょう。　10点

ア（　）かしこいところ。
イ（　）よくがないところ。
ウ（　）おとなしいところ。

考えを書こう

5 「おらがふれて回ってやる」とありますが、藤六は、村のみんなにどのように言うと思いますか。せりふの形で考えて書きましょう。　10点

「　　　　　　　　」

ふりかえり　5が分からないときは、115ページの 3分でワンポイント にもどってかくにんしてみよう。

ひろがる言葉　これまで　これから

1

（　）に合う言葉を［　］から選んで書きましょう。　一つ10点(60点)

① まどを開けると、（　　）風が入ってきた。

② 遠足の前の日は、うれしくて（　　）する。

③ こわそうな犬の前を、（　　）しながら通る。

④ 大会で優勝（ゆう）したチームが、（　　）。

⑤ 悲しい話を聞き、（　　）する。

⑥ 弟にノートに落書きされて、（　　）。

うらやましい	ここちよい	しんみり
びくびく	はら立たしい	わくわく

2

次の言い方をしている言葉を［　］から選んで、記号を書きましょう。　一つ10点(40点)

① 人から聞いたことをのべる言い方（　）

② 理由をのべる言い方（　）

③ 自分の考えを強くのべる言い方（　）

④ 相手の言葉を受けて、自分の考えをのべる言い方（　）

ア　その道は安全かどうか、考えなければなりません。

イ　なぜかというと、父から話を聞いたからです。

ウ　上野（うえの）さんの読み聞かせをするというのはよいと思いますが、その本は、低学年の子にはむずかしいと思います。

エ　明日は晴れるそうです。

夏のチャレンジテスト

教科書 上7～97ページ

名前

月　日

時間 40分

思考・判断・表現 ／50

ごうかく80点 ／100

答え 38ページ

1 読みがなを書きましょう。 一つ1点(8点)

① 自治体の活動。
② 反省文を書く。
③ 記念日をいわう。
④ 植物を観察する。
⑤ 説明文を読む。
⑥ 食塩水を作る。
⑦ 城を守る。
⑧ 海辺の町。

2 漢字を書きましょう。 一つ2点(8点)

こうけい

4 短歌の形式について、(　)に言葉を書きましょう。 一つ4点(8点)

短歌は、(①)の(②)音からなっている。

5 次のそれぞれの問題に答えましょう。

① 次の中から、漢字辞典にはふつうのっていないもの一つに○をつけましょう。 4点

ア(　)漢字の音(おん)や訓の読み方。
イ(　)漢字の成り立ち。
ウ(　)漢字を用いたさまざまな言葉の用例(れい)や意味。
エ(　)ことわざや慣(かん)用句(く)の意味。

② 「達」を漢字辞典で調べるとき、どの部首の何画のところを見ればよいでしょう。 一つ4点(8点)

部首(　)　画数(　)画

① 美しい［しゅるい］が広がる。

② いろいろな［しゅるい］の花を買う。

③ 赤［しんごう］で車がとまる。

④ ［はつまご］が生まれる。

3 次の漢字の部首の呼び方を書きましょう。　一つ2点(4点)

① 浴（　　　）

② 葉（　　　）

6 次は運動会についての話の一部です。あとの「聞き取りメモ」はどのようにくふうして書かれていますか。あてはまるもの二つに○をつけましょう。　一つ5点(10点)

第三十回運動会は、五月八日の日曜日です。雨の場合は朝七時にれんらくがいきます。中止になったときは、九日月曜日に行います。持ち物は、おべん当、水とう、タオル、体育着です。体育着は家から着てこないで、学校で着がえてください。練習のせいかを発表しましょう。

[聞き取りメモ]
・運動会…五月八日（日）
・雨のとき…七時にれんらくがくる
　中止→九日(月)になる→九日も雨だったら？
・持ち物…おべん当・水とう・タオル
　体育着→学校で着がえる

ア（　）話を聞いた目的や感想を書いている。
イ（　）疑問に思うことだけをかじょう書きで書いている。
ウ（　）記号を使ってわかりやすく書いている。
エ（　）内容のまとまりごとにかじょう書きにしている。

うらにも問題があります。

春のチャレンジテスト

教科書 下74～142ページ

名前

月　日

時間 40分

思考・判断・表現　／50

ごうかく80点　／100

答え 40ページ

1

読みがなを書きましょう。　一つ1点(4点)

① 荷物を積む。（　　）

② 健康に注意する。（　　）

③ ルールの改正。（　　）

④ 勝敗を決める。（　　）

2

漢字を書きましょう。　一つ2点(6点)

① ビルが［た］つ。

② 温暖（だん）な［きこう］。

③ ［せっきょくてき］に発言する。

5

にた意味や反対の意味の漢字を組み合わせてできる、二字の熟（じゅく）語を書きましょう。　一つ3点(12点)

① 「満ちる」と「足りる」→［　　］

② 「思う」と「案じる」→［　　］

③ 「勝つ」と「負ける」→［　　］

④ 「始まり」と「終わり」→［　　］

6

次は、四年一組の六月の読書量を調べ、その結果を発表したものの一部です。あとの問題に答えましょう。　一つ5点(10点)

大川　クラスの六月の読書量を調べました。三十人全員からアンケートの回答をもらい、結果を表にしました。

人数
0
20
2
0
8

3 次の□にあてはまる漢字を書きましょう。 一つ2点(10点)

① あける
ア ふたを□ける。
イ 中身を□ける。
ウ 夜が□ける。

② かんしん
ア 出来ばえに□□する。
イ 絵画に□□がある。

4 次の文章の適(てき)切な場所に「、」を打ちましょう。 一つ2点(8点)

① 春の風が(　)そっと(　)ふきぬけた。
② ここで(　)くつを(　)ぬいでください。
③ 「公園に(　)行こう」と(　)弟が(　)言った。
④ せの高い(　)ジャージを(　)着た(　)男の人。

本の数
0
1～5
6～10
11～15
16以上

山口　結果の表を見てください。わかったのは、次の三つです。このクラスには、「0」の人がいないこと。読んだけれども五さつ以内の人が二十人で、クラスの三分の二をしめていること。そして三つめは、

㋐ということです。

小森　このアンケート結果から見えてきた問題は、㋑ということです。

① ㋐に入るものはどれですか。一つに○をつけましょう。
ア(　)八人だけがとびぬけてたくさん読んでいる
イ(　)十さつ以上読む人が三分の一をしめている
ウ(　)毎日一さつ以上を読んでいる人はいない

② ㋑に入る言葉を考えて書きましょう。

うらにも問題があります。

4年 国語のまとめ

学力しんだんテスト

名前

月　日

時間 40分

ごうかく70点　／100

答え 41ページ

1 読みがなを書きましょう。　一つ1点(7点)

① 飛行場（　　）へ 案内（　　）する。

② 楽器（　　）を買うために 街（　　）へ行く。

③ 節分（　　）について書いた文章。

④ 別（　　）の 方法（　　）をためす。

2 漢字を書きましょう。　一つ1点(8点)

① □□（もくひょう）に向かって □□（どりょく）する。

4 次の文の修飾語（しゅうしょくご）をア〜ウからそれぞれ一つずつ選んで、記号を書きましょう。　一つ5点(20点)

① アきれいな　イ星が　ウかがやく。（　　）

② ア遠くの　イ山が　ウ見える。（　　）

③ アぼくは　イゆっくりと　ウ歩いた。（　　）

④ ア青い　イ海が　ウ広がる。（　　）

5 次は、島田（しまだ）さんたちが運動会について書いた学級新聞です。読んで、問題に答えましょう。

四年一組学級新聞 (9月15日号)

もうすぐ運動会！

九月三十日（日）、青山小の運動会が①開らかれます。

ゆうしょうを目指して、全員で力を合わせましょう！

② [ざいりょう] を集めて [かんせい] させる。

③ 新聞を [いんさつ] する。

④ [なんきょく] に行く。

⑤ 山の上は [てんこう] が [へんか] しやすい。

3 **漢字と送りがなを書きましょう。** 一つ1点(5点)

① 本を（かりる）。

② （いさましい）歌。

③ 水が（あさい）。

④ 寒天が（かたまる）。

⑤ （はじめて）聞く。

運動会までの流れについ

ほうかご、りれえのれんしゅうをします。（②）次のことは、必ず守ってください。

○運動場意外（③）の場所は、使用しないこと。

○午後三時から始めます。おくれないでください。

(1) この記事の見出しをぬき出しましょう。 2点

（　　　）

(2) ——部①・③を、送りがなや漢字のまちがいを正して書き直しましょう。 一つ2点(4点)

①（　　　）

③（　　　）

(3) ——部②を漢字やかたかなを使って、読みやすいように書き直しましょう。 2点

（　　　）

(4) 二つ目の○の内容を、一つ目の書き方に合わせて、一文にまとめて書きましょう。 2点

（　　　）

うらにも問題があります。

この「丸つけラクラクかいとう」はとりはずしてお使いください。

教科書ぴったりトレーニング

丸つけラクラクかいとう

教育出版版
国語４年

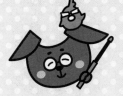

「丸つけラクラクかいとう」では問題と同じ紙面に、赤字で答えを書いています。

①問題がとけたら、まずは答え合わせをしましょう。

②まちがえた問題やわからなかった問題は、てびきを読んだり、教科書を読み返したりしてもう一度見直しましょう。

おうちのかたへ　では、次のようなものを示しています。

- 学習のねらいやポイント
- 他の学年や他の単元の学習内容とのつながり
- まちがいやすいことやつまずきやすいところ

お子様への説明や、学習内容の把握などにご活用ください。

見やすい答え

くわしいてびき

じゅんび　50~51ページ
こんな係がクラスにほしい／ポスターを読もう

じゅんび　52~53ページ
書くことを考えるときは／漢字の組み立て

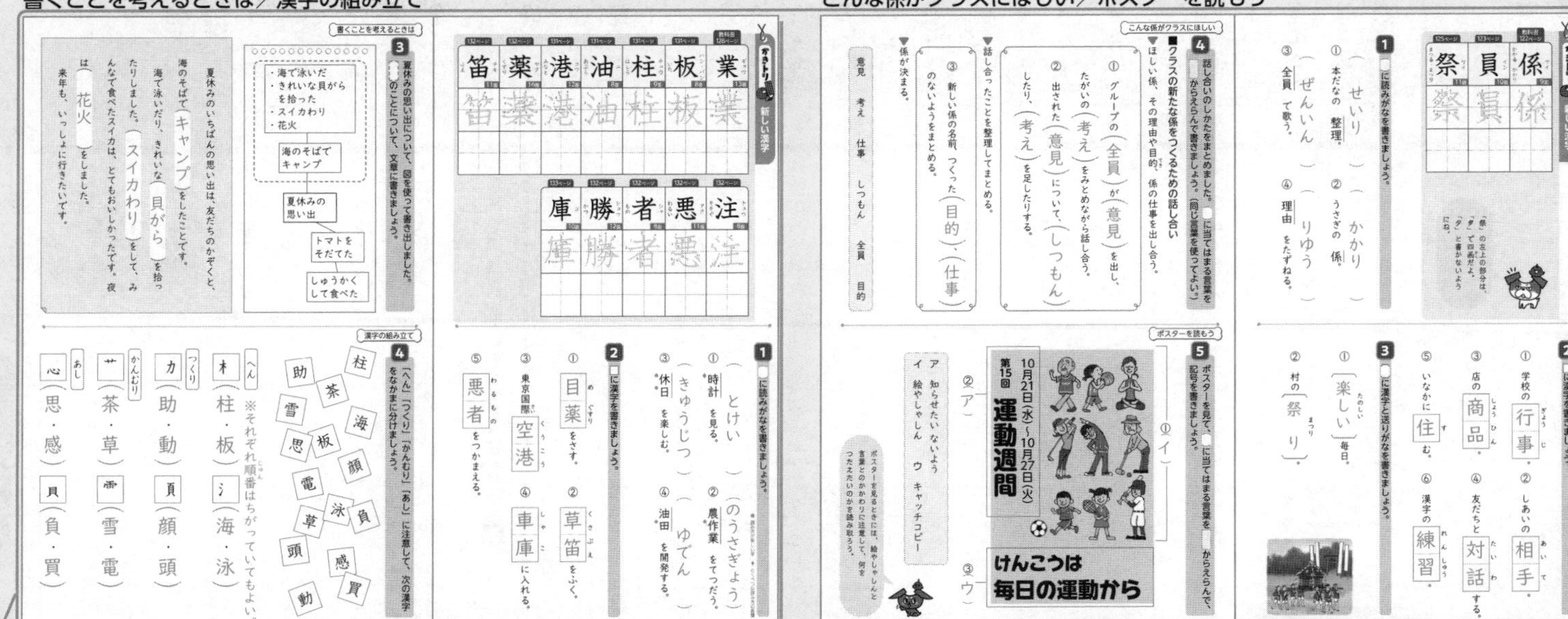

2 ④「対話」は二人の人が向かい合って話すことです。「会話」とはちがいます。

3 ②「まつり」は「祭」一字だけでなく、「祭り」と送りがながつきます。

4 話し合いは、全員が意見を出し、おたがいの考えをみとめ合いながら話し合うことが大切です。出た意見には、しつもんしたり、考えを足したりして、考えを広げましょう。

5 このポスターは、「運動週間」について知らせるポスターです。期間は「10月21日（水）～10月27日（火）」。いろいろな運動をしている人たちの絵を入れて、見る人のきょうみを引いています。「キャッチコピー」は、読む人を引きつけるようにくふうされたみじかい言葉です。けんこうのために毎日運動をしよう、ということをつたえています。

1 ①「時計」はとくべつな読み方の言葉です。
②「作」の「サ」という読みは音です。

2 ③「休日」は「休む日」です。
③「港」の音には「開港」（新しく港や空港を開くこと）の語もあります。

3 夏休みの思い出をテーマとして、思いついたことを、図を使って書いています。その中のいちばんの思い出として、海のそばでキャンプをしたことを文章にしました。図に書いてあることを文章に当てはめます。
書くことを考えるときは、このように図を使ってくわしく書き出し、その中から友だちにつたえたいことをえらび、文章に書くとよいでしょう。

4 漢字の多くは、いくつかの部分が組み合わさってできています。漢字の左がわにあって、おおまかな意味を表す部分を「へん」、漢字の右がわにおかれる部分を「つくり」といいます。漢字の上や下の方にあって、おおまかな意味を表す部分を、それぞれ「かんむり」「あし」といいます。そのほか、「にょう」「たれ」「かまえ」などもあるので、調べてみましょう。ここにあげた「へん」「つくり」「かんむり」「あし」の名前は、「木（きへん）」「氵（さんずい）」「力（ちから）」「頁（おおがい）」「艹（くさかんむり）」「雨（あめかんむり）」「心（こころ）」「貝（かい）」です。

※紙面はイメージです。

じゅんび 2~3ページ

春のうた／あり

1 詩を読んで、答えましょう。

春のうた　草野（くさの）　心平（しんぺい）

かえるは冬のあいだは土の中にいて春になると地上に出てきます。そのはじめての日のうた。

ほっ　まぶしいな。
ほっ　うれしいな。
みずは　つるつる。
かぜは　そよそよ。
ケルルン　クック。
ああいいにおいだ。
ケルルン　クック。
ほっ　いぬのふぐりがさいている。
ほっ　おおきなくもがうごいてくる。

ケルルン　クック。
ケルルン　クック。

＊いぬのふぐり…いぬふぐり

あり　ロベール＝デスノス　小海（こかい）　永二（えいじ）　やく

頭に帽子（ぼう）かぶった
十八メートルもあるありさん
そんなありありっこないさ　そんなありありっこないさ
ペンギンとあひるで満員（まん）の
車を引っ張る（ぱ）ありさん
そんなありありっこないさ
フランス語を話すありさん
ラテン語とジャヴァ語を話すありさん
そんなありありっこないさ　そんなありありっこないさ
ほんと！　でもそんなありさん　なぜいないんだろ？

＊ジャヴァ語…ジャワ語

(1) 「春のうた」の詩の「ほっ　まぶしいな。／ほっ　うれしいな。」について、答えましょう。
① だれが言っていますか。三字で書きぬきましょう。
〔かえる〕
② なぜ「うれしい」のですか。一つに○をつけましょう。
ア（　）朝になって、地上に出て遊べるから。
イ（　）雨がやんで、やっと外に出られたから。
ウ（○）春になって、土の中から出てこられたから。

(2) 「春のうた」の詩で、①「みずは　つるつる。」、②「かぜは　そよそよ。」は、どんな様子を表していますか。次の中からそれぞれ一つずつえらび、記号を書きましょう。
ア　こおって、ぴかぴか光っている様子。
イ　すべるように、なめらかに流れる様子。
ウ　ピューピューと音を立てている様子。
エ　しずかに気持ちよくふいている様子。
①（イ）②（エ）

(3) 「春のうた」の詩で、「ケルルン　クック。」は、何を表していますか。一つに○をつけましょう。
ア（　）地上に出てなかまをさがす、かえるの鳴き声。
イ（　）いぬのふぐりに話しかける、かえるの鳴き声。
ウ（○）春になったよろこびを表す、かえるの鳴き声。

(4) 「あり」の詩の「そんなありありっこないさ」の、「そんなあり」とはどんな「あり」ですか。
① 頭に帽子をかぶった（十八メートル）もある「あり」
② ペンギンとあひるで満員の（車を引っ張る）「あり」
③ フランス語やラテン語や（ジャヴァ語を話す）「あり」

(5) 「あり」の詩の「でもそんなありさん　なぜいないんだろ？」は、どのように読むとよいですか。一つに○をつけましょう。
ア（　）大きな声で、元気よく読む。
イ（　）楽しそうに、わらっているように読む。
ウ（○）ふしぎそうに、つぶやくように読む。

じゅんび 4~5ページ

白いぼうし

新しい漢字

信	初	達	変	席	菜	笑	香	梅
教科書14ページ	14ページ	15ページ	15ページ	18ページ	19ページ	21ページ	26ページ	26ページ
シン	ショ　はじめ・はじめて・はつ	タツ	ヘン　かわる・かえる	セキ	サイ　な	わらう	か・かおり　かおる	バイ　うめ
9画	7画	12画	9画	10画	11画	10画	9画	10画

「初め」と「始め」の使い方に気をつけよう。

1 □に読みがなを書きましょう。
① 気温が変化（へんか）する。
② 相手を信用（しんよう）する。
③ 速達（そくたつ）で送る。
④ さい初（しょ）に言っておく。
⑤ 梅（うめ）の花がさく。
⑥ 新せんな野菜（やさい）。
⑦ 初雪（はつゆき）がふる。
⑧ 運転席（うんてんせき）にすわる。
⑨ 菜（な）の花畑。

2 □に漢字を、〔　〕に漢字と送りがなを書きましょう。
① 梅（うめ）ぼしを食べる。
② 手紙を配達（はいたつ）する。
③ バラのよい香（かお）り。
④ 青菜（あおな）をあらう。
⑤ 妹が笑（わら）う。
⑥ 会ぎに出席（しゅっせき）する。
⑦ 〔初め〕（はじめ）のページ。
⑧ 色が〔変わる〕（かわる）。

3 正しい意味に○をつけましょう。
① かたをすぼめて、立っていた。
ア（○）しっぱいをして、小さくなる。
イ（　）いばって、えらそうにする。
② せかせかと歩き回る。
ア（　）ゆっくりと、注意する様子。
イ（○）あせって、落ち着きがない様子。
③ なみだがこみあげてきた。
ア（○）中から外にあふれてくる。
イ（　）むりやり外に出そうとする。

3分でワンポイント　四つの場面を読み取ろう。

★①～③の（　）に合う言葉を□の中からえらんで記号を書きましょう。

場面	内容（よう）
1	松井さんが、お客のしんしと話す。
2	車道のそばに落ちているぼうしを見つけた松井さんは、ぼうしの中にいた①（ア）をにがしてしまう。かわりに、②（ウ）をぼうしの中に入れる。
3	車の後ろのシートに③（イ）がすわっている。ぼうしの持ち主の男の子がやってくると、③は早く出発するように言った。
4	③がいなくなってしまう。まどの外には①がたくさんとんでいて、小さな声が聞こえた。

ア　ちょう　イ　女の子　ウ　夏みかん

---

1 (1)①②題名の次にあるように、この詩は、土の中にいた「かえる」が、春になって地上に出てきた「はじめての日のうた」です。

(2)①は、春の川の水の様子を表しています。②は、春風がやさしくふいている様子を表しています。

(3)かえるは、「ほっ　うれしいな。」と言っています。

(4)この詩では、「そんなありありっこないさ」という言葉がくり返されて、「そんなあり」はいないということが強調されています。「そんなあり」の前に書いてある言葉に注目しましょう。
また、「あり」と「ありっこないさ」をくり返すことで、テンポよく読めるようにされています。

(5)「なぜいないんだろ？」には、「そんなあり」がいたらいいのに、どうしていないんだろうと、ふしぎに思う気持ちがこめられています。

1 ③「速達」とは、ふつうのものよりも早くとどくゆうびんのことです。
⑦「初雪」とは、その冬に初めてふる雪のことです。

2 ⑦「初」の「ネ」（ころもへん）を「ネ」（しめすへん）にしないように気をつけましょう。「はじめ」には「初め」と「始め」があります。「初め」は、一番最初や早い時期という場合に使います。「始め」は、物事の始まりという場合に使います。
⑧「変わる」は送りがなを「変る」としないように注意しましょう。

3 ①「かたをすぼめる」は、両方のかたを落として、体を小さくちぢめるようにすることです。元気がなくしょんぼりしている様子です。にている言葉に「かたを落とす」があります。これは、がっかりして力がぬけている様子です。

3分でワンポイント
「白いぼうし（あまん　きみこ）」は、四つの場面に分かれています。それぞれの場面に出てくる人物や、起こったできごとを整理して、「松井（まつい）さん」の様子や気持ちを想像（ぞう）しましょう。

練習　6~7ページ

白いぼうし

❶ 文章を読んで、答えましょう。

アクセルをふもうとした時、松井さんは、はっとしました。

（おや、車道のあんなすぐそばに、小さなぼうしが落ちているぞ。風がもうひとふきすれば、車がひいてしまうわい。）

緑がゆれているやなぎの下に、かわいい白いぼうしが、ちょこんとおいてあります。松井さんは車から出ました。

そして、ぼうしをつまみ上げたとたん、ふわっと何かがとび出しました。

「あれっ。」

もんしろちょうです。あわててぼうしをふり回しました。そんな松井さんの目の前を、ちょうはひらひら高くまい上がると、なみ木の緑の向こうに見えなくなってしまいました。

（ははあ、わざわざここにおいたんだな。）

ぼうしのうらに、赤いししゅう糸で、小さくぬい取りがしてあります。

たけ山ようちえん　たけのたけお

小さなぼうしをつかんで、ため息をついている松井さんの横を、太ったおまわりさんが、じろじろ見ながら通りすぎました。

（せっかくのえものがいなくなっていたら、この子は、どんなにがっかりするだろう。）

ちょっとの間、かたをすぼめてつっ立っていた松井さんは、何を思いついたのか、急いで車にもどりました。

運転席から取り出したのは、あの夏みかんです。まるであたたかい日の光をそのままそめつけたような、みごとな色でした。すっぱい、いいにおいが、風であたりに広がりました。

松井さんは、その夏みかんに白いぼうしをかぶせると、とばないように石でつばをおさえました。

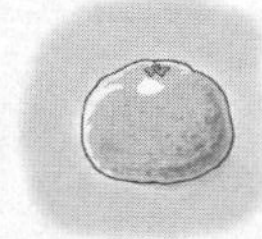

あまん きみこ「白いぼうし」より

❶「松井さんは、はっとしました。」とありますが、なぜですか。文章から書きぬきましょう。
〔車道〕のすぐそばに、〔ぼうし〕が〔落ち〕ていたから。

❷「松井さんは車から出ました。」とありますが、何をしようと思ったのですか。一つに○をつけましょう。
ア（　）だれのぼうしか、たしかめようと思った。

イ（○）ぼうしを安全な場所にうつそうと思った。

ウ（　）ぼうしの中に何があるのか見ようと思った。

エ（　）ぼうしの中のちょうをにがそうと思った。

ヒント　松井さんが車から出る前の部分に注目しよう。

❸「ため息をついている」とありますが、ここから松井さんのどのような気持ちがわかりますか。一つに○をつけましょう。
ア（　）ぼうしの中にちょうがいたので、おどろいている。

イ（○）ちょうをにがしてしまい、しまったと思っている。

ウ（　）ちょうをつかまえた子にあきれている。

エ（　）おまわりさんに見つかって、あわてている。

❹「えもの」とは何をさしていますか。文章から七字で書きぬきましょう。
〔もんしろちょう〕

❺「何を思いついたのか」とありますが、松井さんはどんなことを「思いついた」のですか。
にがしてしまった〔ちょう〕の代わりに、〔ぼうし〕の中に〔夏みかん〕を入れておくこと。

ヒント　さい後の一文に注目しよう。マスの数もヒントにしよう。

❻ 松井さんはどんな人ですか。一つに○をつけましょう。
ア（　）おくびょうな人。

イ（○）気持ちのやさしい人。

ウ（　）いたずらのすきな人。

エ（　）おこりっぽい人。

❶「はっとしました」の次の行に注目しましょう。（　）の中は、松井さんが心の中で考えたことです。松井さんは、車道のそばに落ちていた小さなぼうしに気がついて「はっと」したのです。

❷ 松井さんは車から出る前に、「……、車がひいてしまうわい。」と思っています。ぼうしが車にひかれないようにしようと思ったのです。

❸「ため息」は、こまったときやがっかりしたときに出る息です。ぼうしのうらにあったぬい取りから、このぼうしは「たけ山ようちえん」の「たけのたけお」という男の子のぼうしとわかりました。この子が、もんしろちょうをぼうしの中につかまえておいたのです。それを松井さんはにがしてしまいました。

❹ 男の子にとってもんしろちょうは、つかまえた「えもの」です。

❺ 最後のまとまりに注目しましょう。松井さんは夏みかんにぼうしをかぶせてそこに置きました。
「ちょう」を「えもの」と答えても正かいです。

❻ 松井さんは、ぼうしの持ち主である男の子の気持ちを考えています。

じゅんび　8~9ページ

見つけよう、ぴったりの言葉／漢字の部首

かきトリ　新しい漢字

教科書29ページ	29ページ	30ページ	30ページ	30ページ	30ページ	30ページ
周（シュウ・まわり）8画	順（ジュン）12画	関（カン・せき・かかわる）14画	印（イン・しるし）6画	浴（ヨク・あびる・あびせる）10画	加（カ・くわえる・くわわる）5画	努（ド・つとめる）7画

31ページ	31ページ	31ページ	31ページ
芽（ガ・め）8画	完（カン）7画	富（フ・とむ・とみ）12画	英（エイ）8画

1 □に読みがなを書きましょう。
① 英語を話す。（えいご）
② 海水浴に行く。（かいすいよく）
③ 天気と関係がある。（かんけい）
④ たくさん努力する。（どりょく）

2 □に漢字を、〔　〕に漢字と送りがなを書きましょう。
① 〔目印〕のビル。
② 〔順番〕に話す。
③ マラソンを〔完走〕する。
④ 大根の〔芽〕。
⑤ 人が〔加わる〕。
⑥ 勉強に〔関わる〕。

見つけよう、ぴったりの言葉

3 次の文章を書いた人の気持ちを想像して、□にあてはまる言葉を□からえらんで書きましょう。

四月二十一日（火）
リコーダーの練習
来週の火曜日に、リコーダーの発表会がある。リコーダーは苦手だ。きのうの練習でもほかの人は上手だったのに、うまくふけなかった。思い出して（くよくよ）していると、姉が、
「練習すればいいじゃない。」と言った。
しばらく練習していると、また姉がやってきて、「ずいぶん上手になったね。」と言ってくれた。その言葉を聞いて、少し（ほっと）した。

ほっと　はらはら　くよくよ

漢字の部首

4 次の部首を持つ漢字を、□からえらんで書きましょう。
① 刀（切）・（分）
② 女（委）・（妹）
③ 雨（雲）・（雪）
④ 頁（頭）・（顔）
※順番はちがっていてもよい。

雲　切　頭　委　分　顔　妹　島　雪

5 次の部首は、どんな意味をもっていますか。□からえらんで、記号を書きましょう。〔　〕はその部首の漢字です。
① 亻 にんべん〔体・住・仕〕（ウ）
② 氵 さんずい〔波・海・港〕（ア）
③ 言 ごんべん〔語・記・読〕（イ）

ア 水　イ 言葉　ウ 人

2 ⑤「加わる」は送りがなを「加わわる」や「加る」としないように注意しましょう。

3「ほっと」は安心する心の様子を、「くよくよ」は心配して思いなやむ心の様子を表す言葉です。「はらはら」は心配して気をもむ心の様子を表す言葉です。

4 ①部首名は、「かたな」です。
②部首名は、「おんな（へん）」です。
③部首名は、「あめ（かんむり）」です。
④部首名は、「おおがい」です。

5 部首と漢字の意味にはつながりがあります。「亻」（にんべん）を持つ漢字にはほかに、「化」「使」「休」などがあります。
「氵」（さんずい）を持つ漢字にはほかに、「泳」「油」「湯」などがあります。「言」（ごんべん）を持つ漢字にはほかに、「詩」「話」「調」などがあります。

たしかめのテスト①　10〜11ページ

白いぼうし
〜 漢字の広場①　漢字の部首

おうちのかたへ

新しい物語を学習するときは、まずは基礎となる情報を確認することが必要です。主人公はだれか、他の登場人物はだれか、どんな出来事がえがかれているのかなどを確かめながら読みましょう。

文章を読んで、答えましょう。　思考・判断・表現

エンジンをかけた時、遠くから、元気そうな男の子の声が近づいてきました。

「あのぼうしの下さ。お母ちゃん、本当だよ。本当のちょうちょが、いたんだもん。」

水色の新しい虫とりあみをかかえた男の子が、エプロンを着けたままのお母さんの手を、ぐいぐい引っぱってきます。

「ぼくが、あのぼうしを開けるよ。だから、お母ちゃんは、このあみでおさえてね。あれっ、石がのせてあらあ。」

客席の女の子が、後ろから乗り出して、せかせかと言いました。

「早く、おじちゃん。早く行ってちょうだい。」

松井さんは、あわててアクセルをふみました。やなぎのなみ木が、みるみる後ろに流れていきます。

（お母さんが虫とりあみをかまえて、あの子がぼうしをそうっと開けた時――。）

と、ハンドルを回しながら、松井さんは思います。

（あの子は、どんなに目を丸くしただろう。）

すると、ぽかっと口をOの字に開けている男の子の顔が、見えてきます。

（おどろいただろうな。まほうのみかんと思うかな。なにしろ、ちょうが化けたんだから――。）

「ふふふっ。」

ひとりでに笑いがこみあげてきました。でも、次に、

「おや。」

松井さんはあわてました。バックミラーには、だれもうつっていません。ふり返っても、だれもいません。

「おかしいな。」

松井さんは車をとめて、考え考え、まどの外を見ました。

そこは、小さな団地の前の小さな野原でした。

白いちょうが、二十も三十も、いえ、もっとたくさんとんでいました。

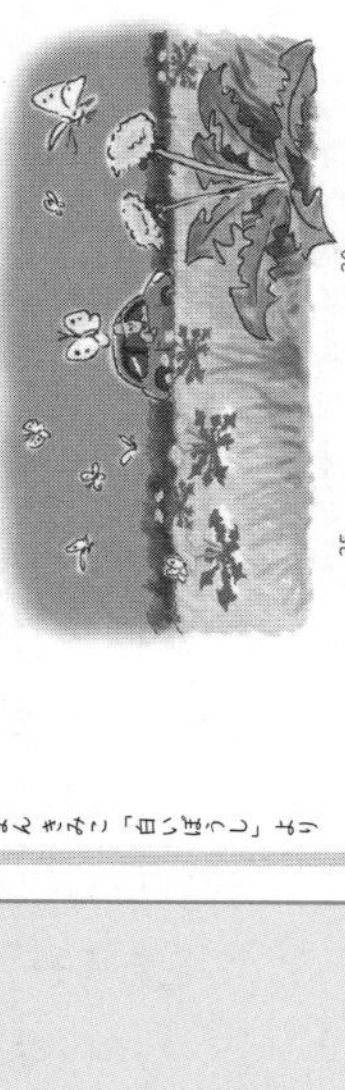

あまんきみこ「白いぼうし」より

1 「元気そうな男の子の声」とありますが、だれに話しかけている声ですか。（10点）

（お母さん（お母ちゃん））

2 「水色の……引っぱってきます。」とありますが、男の子は何のためにお母さんをつれてきたのですか。「ため。」につづくように書きましょう。（10点）

（れい　ちょうをつかまえてもらう）ため。

3 「早く、……行ってちょうだい。」とありますが、①「おじちゃん」とはだれのことですか。②女の子が急いでいることがわかる言葉を、会話文以外の部分から五字で書きぬきましょう。（一つ10点〔20点〕）

①（松井さん）　②　せかせかと

4 「目を丸くした」と同じ意味の言葉を、五字で書きぬきましょう。（10点）

おどろいた

5 よく出る　「笑いがこみあげてきました。」とありますが、なぜですか。文章から書きぬきましょう。（一つ10点〔20点〕）

ちょう　が　みかん　に化けたと、男の子が思うかもしれないと想ぞうしたから。

6 「松井さんはあわてました。」とありますが、なぜですか。「〜から。」の形で書きましょう。（10点）

（れい　（客席の）女の子がいなくなっていたから。）

7 松井さんの車がスピードを出して走っている様子がわかる一文を文章からさがし、初めの五字を書きぬきましょう。（10点）

やなぎのな

8 記述 松井さんの車に乗っていた女の子はだれだったと、あなたは思いますか。理由もあわせて、考えを書きましょう。（10点）

（れい　ちょうをつかまえた男の子が車に近づいてきた時、女の子が松井さんに「早く行ってちょうだい。」と言ったので、女の子はちょうだったと思う。）

---

1 あとの「　」は男の子の言葉です。その中で「お母ちゃん、本当だよ。」と言っています。

2 男の子は「お母ちゃんは、このあみでおさえてね。」と、お母さんにたのんでいます。「ちょう」を「つかまえてもらう」ということが書けていれば正かいです。

れい2　ぼうしの中のちょうをあみでつかまえてもらう。

3 ①松井さんの車の中の場面であることに注意しましょう。

②「せかせか」は、いそがしそうで、落ち着かない様子を表す言葉です。

4 「目を丸くする」は、びっくりした様子を表します。

5 松井さんが、「まほうのみかんと思うかな。なにしろ、ちょうが化けたんだから」と思っているところから考えましょう。

6 「バックミラーには……だれもいません。」とあるので「女の子がいなかった」ということを書きます。「から。」をわすれないようにしましょう。

7 「みるみる」とあるので、速いスピードで走っている様子がわかります。

8 話の流れをよく読み取って、理由を考えることが大切です。考えたことが書いてあれば正かいです。

れい2　女の子が車からいなくなった時、まどの外にちょうがたくさんとんでいたので、女の子はちょうだったと思う。

白いぼうし ～ 漢字の広場① 漢字の部首

1 読みがなを書きましょう。 一つ2点(20点)

① 海水浴に行く。（かいすいよく） ② 新計画に関わる。（かか）
③ クラブに加入する。（かにゅう） ④ 自信をもつ。（じしん）
⑤ 歌が上達する。（じょうたつ） ⑥ 完全に終わった。（かんぜん）
⑦ 豆が発芽した。（はつが） ⑧ サービスに努める。（つと）
⑨ 丸い印をつける。（しるし） ⑩ 海の香りがする。（かお）

2 □に漢字を、〔 〕に漢字と送りがなを書きましょう。 一つ3点(30点)

① 英語を学ぶ。 ② 毎日努力する。
③ 草木の芽が出る。 ④ 関心をもつ。
⑤ 富士山に登る。 ⑥ 黄色い菜の花。
⑦ 順番にならぶ。 ⑧ 水を〔浴びる〕。
⑨ さとうを〔加える〕。 ⑩ 〔笑い〕声。

3 次の文章の（ ）にあてはまる言葉を□からえらんで、記号を書きましょう。 一つ5点(10点)

四月二十六日（日）
ピアノの発表会
もうすぐわたしの番だ。心ぞうが（イ）してきた。
ぶ台に上がると足がふるえた。
心をこめてピアノをひいた。えんそうを終えるとたくさんのはく手をもらえた。きんちょうがとけて、わたしの心は（エ）なった。

ア うきうき　イ どきどき　ウ 重く　エ 軽く

4 次の文章の――線の言葉をほかの言葉で表現するとき、あてはまるもの一つに○をつけましょう。 10点

友達とけんかをしました。わたしのほうが悪いのに、あやまれないまま二日がすぎました。でも、やっと今日あやまれました。よかったです。

ア（ ）いらいらしました。
イ（ ）わくわくしました。
ウ（○）ほっとしました。

5 漢字の部首について答えましょう。

(1) 次の漢字の部首と部首名を□からえらんで、記号を書きましょう。※順番はちがっていてもよい。 一つ2点(20点)

① 話（オ）・（キ） ② 持（エ）・（カ）
③ 家（ア）・（コ） ④ 国（ウ）・（ケ）
⑤ 柱（イ）・（ク）

ア 宀　イ 木　ウ 口　エ 扌　オ 言
カ てへん　キ ごんべん　ク きへん
ケ くにがまえ　コ うかんむり

(2) 次の□に共通してあてはまる漢字の部分を、□に書きましょう。 一つ2点(10点)

① 橋 校（木） ② 組 級（糸） ③ 想 息（心） ④ 頭 顔（頁） ⑤ 放 教（攵）

1 ①「海水浴」とは、海の水を浴びたり海で泳ぐことです。
⑧「努める」とは努力して行うという意味です。「つとめる」と読む漢字はいくつかあるので、まちがえないよう気をつけましょう。

2 ④「関心」と「感心」のちがいに注意しましょう。「心を引きつけられること」をいうときは「関心」を使います。「えらい、りっぱだ、などと思うこと」をいうときは「感心」を使います。
⑧「浴びる」は送りがなを「浴る」としないように注意しましょう。
⑨「加える」は送りがなを「加わえる」や「加る」としないように注意しましょう。
⑩「笑い」は送りがなを「笑らい」としないように注意しましょう。

3「うきうき」は楽しい心の様子、「どきどき」は不安な心の様子を表す言葉です。

4「いらいら」「わくわく」「ほっと」が表す心の様子を考えてえらびましょう。

5 (2)①「木」（きへん）、②「糸」（いとへん）、③「心」（こころ）、④「頁」（おおがい）、⑤「攵」（ぼくにょう）の部首が入ります。

ぞうの重さを量る／花を見つける手がかり／分類をもとに本を見つけよう

新しい漢字（教科書34ページ～47ページ）

量（12画） 法（8画） 最（12画） 約（9画） 験（18画） 観（18画） 察（14画）
種（14画） 類（18画） 別（7画） 念（8画） 単（9画） 位（7画） 照（13画）
然（12画） 産（11画） 芸（7画）

1 読みがなを書きましょう。

① 長さの単位。（たんい） ② 別の道を通る。（べつ）
③ くわしく観察する。（かんさつ） ④ 最後までやる。（さいご）
⑤ 町の産業を学ぶ。（さんぎょう） ⑥ 体重を量る。（はか）
⑦ 芸術の秋。（げいじゅつ） ⑧ 念のため調べる。（ねん）

2 □に漢字を、〔 〕に漢字と送りがなを書きましょう。

① 理科の実験。 ② 十の位。
③ たまごを〔産む〕。 ④ 先生と〔別れる〕。

3 正しい意味に○をつけましょう。（花を見つける手がかり）

① ありふれた話だ。
ア（○）めずらしくない。
イ（ ）本当にあった。

② 念のため、明日、電話をします。
ア（○）まちがいないと思うが、より注意するため。
イ（ ）相手にしつ礼のないようにするため。

③ すじみちを立てて話す。
ア（ ）自分の意見の理由。
イ（○）きちんとした順じょ。

3分でワンポイント 実験と、そのけっかからえられた考察をとらえよう。

★実験とけっかを見て、①・②の（ ）に合う言葉を書きましょう。

	実験	けっか
1	花を見たことのないもんしろちょうを、四種類の花がさいている花だんに放す。	ちょうはむらさきの花によく集まったが、赤い花にはあまり来なかった。
2	においのしないプラスチックの造花にもんしろちょうを放す。	ちょうは造花にとんでいくが、やはり赤い造花には来なかった。
3	四角い色紙にもんしろちょうを放す。	ちょうは色紙に集まるが、赤い色紙にはほとんど来なかった。

考察
・もんしろちょうは、（①色）を手がかりにして花を見つけている。
・むらさきや黄色は見つけやすく、（②赤）は見えないようだ。

2 ③「産む」と「生む」のちがいに注意しましょう。お母さんが子やたまごを体の外に出すときは「産む」を使います。新しく何かを作り出すときは「生む」を使います。
④「別れる」と「分かれる」を区別して覚えましょう。

3分でワンポイント

「花を見つける手がかり（吉原 順平）」では、実験によって明らかになったことがまとめられています。どのような内容かおさえましょう。
①実験1・2・3のけっかから、もんしろちょうはにおいや形ではなく、色を手がかりにして花を見つけていることがわかります。
②もんしろちょうは、実験1の赤い花、実験2の赤い造花、実験3の赤い色紙のどれにも集まりませんでした。このことから、もんしろちょうは赤い色が見えないらしいことがわかります。

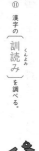

じゅんび 18~19ページ

漢字辞典の使い方／メモの取り方のくふう

かきトリ！ 新しい漢字

教科書50ページ	50ページ	50ページ	50ページ	51ページ	53ページ	53ページ
辞（ジ）13画	典（テン）8画	治（ジ・チ／おさまる・おさめる・なおる・なおす）8画	成（セイ／なる・なす）6画	訓（クン）10画	径（ケイ）8画	兆（チョウ）6画

53ページ	53ページ	53ページ	53ページ	53ページ	53ページ	53ページ
臣（シン・ジン）7画	城（ジョウ／しろ）9画	奈（ナ）8画	塩（エン／しお）13画	省（セイ・ショウ／はぶく）9画	刷（サツ／する）8画	良（リョウ／よい）7画

53ページ	53ページ
孫（ソン／まご）10画	愛（アイ）13画

54ページ	54ページ
必（ヒツ／かならず）5画	要（ヨウ／かなめ）9画

1 □に読みがなを書きましょう。

① 奈落に落ちる。（ならく）
② 子孫に残す。（しそん）
③ 家臣をつれていく。（かしん）
④ ＊読本を知る。（とくほん）
⑤ 漢字の成り立ち。（な）
⑥ 新聞を印刷する。（いんさつ）

●読み方が新しい字

2 □に漢字を、□に漢字と送りがなを書きましょう。

① 円の直径（ちょっけい）。
② 漢字辞典（じてん）を引く。
③ 台風の前兆（ぜんちょう）。
④ ノートが必要（ひつよう）だ。
⑤ 城下（じょうか）町を歩く。
⑥ 絵を印刷（いんさつ）する。
⑦ 海べの塩田（えんでん）。
⑧ 帰省（きせい）ラッシュ
⑨ 病気が（治る）（なおる）。
⑩ （良い）（よい）作品を見る。
⑪ 漢字の（訓読み）（くんよみ）を調べる。

（漢字辞典の使い方）

3 □に部首や漢数字、漢字の読みを書きましょう。

① 「返」を部首さくいんで引くとき
部首は（⻌）なので、（三）画のところをさがし、次に、その部首の中の（四）画の漢字の中から「返」の字をさがす。

② 「鳥」を音訓さくいんで引くとき
音読みの（チョウ）、または、訓読みの（とり）の見出しから「鳥」の字をさがす。

③ 「駅」を総画さくいんで引くとき
漢字の画数を数え、（十四）画の中から「駅」の字をさがす。

（メモの取り方のくふう）

4 メモを取るときに正しいものはどれですか。二つに○をつけましょう。

ア（ ）たて書きと横書きをまぜて書く。
イ（ ）聞いたことだけを書いて、自分の考えは書かない。
ウ（○）「？」「！」や、矢印などの記号を使ってよい。
エ（ ）かじょう書きにしないで、文章で書く。
オ（○）内容のまとまりを考えながら書く。

練習 16~17ページ

花を見つける手がかり

文章を読んで、答えましょう。

実験は、まず、花だんの花を使って始めました。花だんには、赤・黄・むらさき・青と、四種類の色の花がさいています。少しはなれた所で、生まれてから花を見たことのないもんしろちょうを、いっせいに放しました。

もんしろちょうは、いっせいに、花だんに向かってとんでいきます。もんしろちょうは、生まれながらに、花を見つける力を身につけているようです。

花だんは、たちまち、ちょうでいっぱいになってしまいました。注意して見ると、ちょうのよく集まる花と、そうでない花とがあります。むらさきの花には集まっていますが、赤い花には、あまり来ていないようです。もんしろちょうは、色で花を見つけているのでしょうか。

でも、そう決めてしまうのは、ちょっと早すぎます。たまたま、花だんに植えた赤い花が、おいしそうなにおいを出していないのかもしれないからです。色か、においか、――そこのところをたしかめるには、別の実験をしなければなりません。

そこで、今度は、においのしないプラスチックの造花を使うことにしました。色は、花だんのときと同じ赤・黄・むらさき・青の四種類です。

もんしろちょうを放すと、やはり、まっすぐに造花に向かってとんでいきました。止まって、みつをすおうとするものもいます。プラスチックの造花には、みつもないし、においもありません。ですから、もんしろちょうは、においではなく、花の色か形にひかれていると考えられるでしょう。そして、造花の場合も、赤い花には、あまりやってきませんでした。

次の実験では、花の代わりに、四角い色紙を使ってみました。色紙にも集まってくれば、花の形が問題なのではなく、色だけが、もんしろちょうをひきつけているということになるでしょう。用意した色は、前と同じ四種類です。もんしろちょうは、色紙を花だと思ってくれるでしょうか。

吉原順平「花を見つける手がかり」より

1 この文章では、何回、実験をしていますか。
（三（3））回

2 「もんしろちょうは……身につけているようです。」とありますが、「生まれながらに」と言えるのはなぜですか。一つに○をつけましょう。
ア（ ）もんしろちょうが、いっせいに、花だんに向かってとんでいったから。
イ（○）生まれてから花を見たことのないもんしろちょうを使ったから。
ウ（ ）花だんに向かってとんでいかなかったもんしろちょうはいないから。

3 「そう決めてしまう」とありますが、どのようなことをさしていますか。「こと。」につづくように、文章から十九字で書きぬきましょう。
もんしろちょうは、色で花を見つけている こと。

4 「ちょっと早すぎます。」とありますが、こう考えるのはなぜですか。文章から書きぬきましょう。
むらさきの花は、おいしそうなにおいを出していて、赤い花は出していないかもしれないから。

ヒント すぐあとの一文に注目しよう。

5 「もんしろちょうを……とんでいきました。」とありますが、この実験のけっかから、もんしろちょうについてわかったことは何ですか。一つに○をつけましょう。
ア（ ）花の色にひかれていること。
イ（○）花の色か形にひかれていること。
ウ（ ）花のみつをすおうとすること。
エ（ ）花のにおいにひかれていること。

6 「四角い色紙」を使ったのはなぜですか。漢字一字を書きましょう。
もんしろちょうが、花の 形 ではなく、色 にひきつけられていることをたしかめるため。

ヒント 「造花」と「四角い色紙」のちがいを読みとろう。

（練習 16~17ページ）

1 一回めは「花だんの花」、二回めは「プラスチックの造花」、三回めは「四角い色紙」を使って実験をしています。書き方は、「三」でも「3」でもかまいません

2 「生まれてから花を見たことのないもんしろちょう」なのに、「花だんに向かってとんでい」ったから、「生まれながらに

と言えるのです。

3 ――線の「そう」は、直前の一文をさしています。

4 ――線の次の文に理由が書かれています

5 「造花」にあるのは色と形だけなので「花の色か形」にひかれているのだとわかります。

6 「四角い色紙」には、においがありません。形も花とはちがっています。あるのは色だけなので、花の形ではなく、色にひきつけられていることをたしかめることができます。

（じゅんび 18~19ページ）

1 ①「奈落」は、「どん底・ひどい境ぐう」という意味です。
③「家臣」は、「家に仕える臣下。家来」という意味です。

2 ③「前兆」は、「何かが起こる前の知らせ」という意味です。
⑤「城下町」は、「戦国時代から江戸時代にかけて、大名のいる城を中心に作られた町」という意味です。
⑦「塩田」は、「海水から塩を作るために田んぼのように整地されたすなはま」という意味です。

3 ①部首さくいんは、ほとんどの辞典で部首の画数で分けられています。まず、部首の画数をたしかめます。「⻌（しんにょう）」は三画です。
②音読みは、ふつう、かたかなで書かれています。

4 メモは、そのまま人に見せるものではないので、記号などを用いて自分がわかりやすいように書いてもよいものです。ですが、あとから見てわかるように、自分でまとまりを考えながら書くことも重要です。

たしかめのテスト① 20〜21ページ

〜うの重さを量る
〜メモの取り方のくふう

おうちのかたへ
説明文では、始めに疑問を投げかけ、それに対する解答、そして考察（筆者の意見）が述べられる形のものがあります。文章の順序に沿って内容を読み取りましょう。

文章を読んで、答えましょう。　思考・判断・表現

　でも、そう決めてしまうのは、ちょっと早すぎます。たまたま、花だんに植えた赤い花が、おいしそうなにおいを出していないのかもしれないからです。色か、においか、――そこのところをたしかめるには、別の実験をしなければなりません。

　そこで、今度は、においのしないプラスチックの造花を使うことにしました。色は、花だんのときと同じ赤・黄・むらさき・青の四種類です。

　もんしろちょうを放すと、やはり、まっすぐに造花に向かってとんでいきました。止まって、みつをすおうとするものもいます。プラスチックの造花には、みつもないし、においもありません。ですから、もんしろちょうは、においではなく、花の色か形にひかれていると考えられるでしょう。そして、造花の場合も、赤い花には、あまりやってきませんでした。

　次の実験では、花の代わりに、四角い色紙を使ってみました。色紙にも集まってくれれば、花の形が問題なのではなく、色だけが、もんしろちょうをひきつけているということになるでしょう。用意した色は、前と同じ四種類です。もんしろちょうは、色紙を花だと思ってくれるでしょうか。

　いよいよ、二百ぴきほどのもんしろちょうを放してみました。ただの紙なのに、やはり、ちょうは集まってきます。むらさきの色紙に止まったものもいます。黄色の色紙に止まったものもいます。止まったちょうは、長い口をのばして、みつをすおうとしています。もんしろちょうは、色紙を花だと思っているようです。

　集まり方を色別に調べてみました。最も多く集まったのがむらさき、次に多かったのが黄色、青に来たものは少なく、赤には、ほとんど来ませんでした。念のため、赤い色紙にみつをつけたものを用意してみましたが、これにもちょうは来ませんでした。

　このような実験から、もんしろちょうは、色を手がかりにして花を見つけることがわかりました。そして、色も見分けることができるようで、むらさきや黄色は見つけやすく、赤は見えないらしいのです。

吉原順平「花を見つける手がかり」より

1 「においのしないプラスチックの造花」を使ったのは、どんなことをたしかめるためですか。「もんしろちょうは、」につづけて書きましょう。　15点
もんしろちょうは、

（れい　においではなく、色にひかれていること。）

2 「ですから、……考えられるでしょう。」の文は、「事実」ですか、「意見」ですか。一つに○をつけましょう。　10点
（　）事実　（○）意見

よく出る
3 「次の実験」のけっかと考察をア〜カからそれぞれえらび、記号を書きましょう。　一つ10点（20点）
けっか（ウ）　考察（オ）
ア　もんしろちょうは赤い色紙には全く集まらなかった。
イ　もんしろちょうは色紙のみつをすおうとした。
ウ　もんしろちょうは色紙に集まってきた。
エ　もんしろちょうは花の形を手がかりに花を見つける。
オ　もんしろちょうは花の色を手がかりに花を見つける。
カ　もんしろちょうはむらさき色しか見えない。

4 「もんしろちょうは、……いるようです。」とありますが、どのような事実からこう考えたのですか。一文をさがし、初めの五字を書きぬきましょう。　15点
止まったち

5 「集まり方を色別に調べてみました。」とありますが、どのようなけっかになりましたか。多く集まった順に色の名前を書きましょう。　全部できて10点
（むらさき、黄色、青、赤）

6 「赤には、ほとんど来ませんでした。」とありますが、このけっかからみちびかれた考察を、九字で書きぬきましょう。　10点
赤は見えないらしい

考えを書こう
7 もしも、もんしろちょうが、造花にも四角い色紙にも集まらなかったとしたら、どんな考察になったと考えられますか。考えて書きましょう。　20点
（れい　もんしろちょうは、においを手がかりにして花を見つけるという考察。）

7 花だんの花にしか集まらなかったということになり、本物の花にしかないものといえば、においです。もんしろちょうがにおいを手がかりにしているという考察がかけていれば正かいとします。
れい2　もんしろちょうは、花のにおいを手がかりに花を見つけているという考察。

1 直前の文に「色か、においか、――そこのところをたしかめるには」と、造花を使った理由が書かれています。
れい2　色とにおいのどちらにひかれているかということ。

2 「考えられるでしょう」というところから、筆者が考えたこと、つまり「意見」であることがわかります。

3 「けっか」は「事実」、「考察」は事実からみちびかれた意見です。

4 「止まった」ことよりも、「みつをすおうとし」たことで、「花だと思っている」ことがわかります。

5 ――線の次の一文「最も多く集まったのが……来ませんでした。」から書きましょう。

6 「このような実験から」と、実験からわかることを書いている、あとのだん落に注目します。最後の一文に「赤は見えないらしいのです」とあります。

たしかめのテスト② 22~23ページ
ぞうの重さを量る 〜 メモの取り方のくふう

1 読みがなを書きましょう。 一つ2点(20点)

① 漢字の 成(な)り立ち。 ② 山の 天然水(てんねんすい)。 ③ 訓(くん) 読みを書く。 ④ 愛読書(あいどくしょ) のしょうかい。 ⑤ 表紙を 刷(す)る。 ⑥ 国語 辞典(じてん) を買う。 ⑦ 子馬が 産(う)まれる。 ⑧ 自然(しぜん) 科学の本。 ⑨ 良心(りょうしん) 的な店だ。 ⑩ との様と 家臣(かしん)。

2 漢字を書きましょう。 一つ3点(18点)

① 種類 が多い。 ② 新しい 方法。 ③ 約 五センチメートル ④ 反省 文を書く。 ⑤ せい 治 家になる。 ⑥ 家族を 愛 する。

3 漢字と送りがなを書きましょう。 一つ3点(12点)

① むだを 省く。 ② 最も 速い。 ③ 日が 照る。 ④ 国を 治める。

4 次の文の内容が正しければ○を、まちがっていれば×を書きましょう。 一つ6点(12点)

① ○ 図書館の本のラベルの記号で、アの部分を「分類記号」、イの部分を「図書記号」、ウの部分を「巻冊記号」という。

ア 487
イ フ
ウ 3

② × ①のラベルの記号で、イの「フ」は、本の題名の初めの一文字を表している。

5 聞き取りメモの中の（ ）にあてはまる言葉を書きましょう。 一つ4点(8点)

[校長先生のお話]
おはようございます。
みなさん、来週からあいさつ運動が始まります。
気持ちのよいあいさつができるよう、ポスターもはりたいと思います。すてきなポスターが作れたら、校長室へ持ってきてください。

[聞き取りメモ]
・来週から（あいさつ運動）が始まる。
・（ポスター）を作ったら校長室へ。

6 漢字辞典の引き方について答えましょう。 一つ2点(30点)

(1) 次の漢字は何の部首の何画を引けばよいですか。部首をぬき出し、残りの画数を漢数字で書きましょう。

① 港 部首[氵]・[九]画 ② 宿 部首[宀]・[八]画 ③ 暗 部首[日]・[九]画

(2) 次の漢字の音読みをかたかなで、訓読みをひらがなで書きましょう。

① 油 音[ユ] 訓[あぶら] ② 刀 音[トウ] 訓[かたな] ③ 場 音[ジョウ] 訓[ば]

(3) 次の漢字の総画数を漢数字で書きましょう。

① 箱 [十五]画 ② 紙 [十]画 ③ 都 [十一]画

じゅんび 24~25ページ
リーフレットでほうこく／いろいろな手紙

かきトリ 新しい漢字
伝 課 害 機 械 折 説 参

1 （ ）に読みがなを書きましょう。

① 市民(しみん) の代表。 ② 伝言(でんごん) を残す。 ③ 課題(かだい) を見つける。 ④ 水とうを 持参(じさん) する。

2 □に漢字を、□に漢字と送りがなを書きましょう。

① 妹に 説明 する。 ② 機械 を使う。 ③ 有害 なガス。 ④ 相手 の話。 ⑤ 放課後 ⑥ 文の 最初。 ⑦ 紙を 折る。 ⑧ 温かみ がある。 ⑨ 話を 伝える。 ⑩ お 参り する。

リーフレットでほうこく

3 正しい意味に○をつけましょう。

① ごみをしょりする。
ア( )へらす。
イ(○)しまつする。かたづける。

② ペットボトルをリサイクルする。
ア( )使い終わったものをゴミに出す。
イ(○)使い終わったものをもう一度せい品にする。

③ 家具のはいちを考える。
ア(○)ほどよい場所。
イ( )いいかげんな場所。

④ ごみの内わけをグラフで表す。
ア(○)種類ごとに分けたもの。
イ( )原いんや理由となることがら。

⑤ ひ用のさくげんに取り組む。
ア( )しだいにふやすこと。
イ(○)けずってへらすこと。

⑥ かんきょうへのえいきょうを調べる。
ア(○)力などが他のものにおよぶこと。
イ( )全く関わりがないこと。

4 リーフレットで効果的に伝えるためには、どのようなことに気をつけるとよいですか。（ ）にあてはまるものを□からえらんで、記号を書きましょう。

・リーフレットのとくちょうを生かした組み立てにする。
・内容の（ウ）ごとに書く。
・いちばん伝えたい内容を中心に書く。
・伝えたいことに合った（ア）をつかう。

ア しりょう　イ くふう　ウ まとまり

いろいろな手紙

5 相手におねがいをする電子メールを書きます。次のア～オを電子メールの正しい順番にならびかえましょう。

ア 初めのあいさつ
イ 本文
ウ 相手の名前
エ 自分の名前とれんらく先
オ 件名

（オ→ウ→ア→イ→エ）

---

1 ④「愛読書」とは、よく読む好きな本
ことです。
⑨「良心的」とは、道徳に従ってせい
な様子のことです。

4 本のラベルの記号の意味を覚えると、
をさがすときに役立ちます。
②この記号は、作者や筆者名の最初の
文字です。

5 メモを取るときは、大事なじょうほう
何かを考えて、短い言葉で書くように
ましょう。

6 漢字辞典の三種類の引き方を覚えまし
う。
(1)残りの画数には、部首をのぞいた部
分の画数を書きます。「港」の総画数
十二画、「宿」の総画数は十一画、「暗
の総画数は十三画です。
(2)「音読み」は漢字が中国から伝わっ
ときの読みをもとにしてできたもので
「訓読み」は漢字の意味を表した読みで
す。「音読み」はかたかな、「訓読み」は
ひらがなで表すことが多いです。
(3)①「⺮（たけかんむり）」は六画、②「
（いとへん）」は六画、③「⻏（おおざと）
は三画です。

1 ④「持参」は、品物やお金などをもって
いくことです。

2 ⑩「お参り」とは、神様や仏様に手を合
わせることや、ご先祖様のお墓へ行くこ
とです。

3 ②「リサイクル」は、「ふたたび回る
という言葉が語源となって、「使い終わっ
たものをもう一度製品にする」という意
味になりました。

4 リーフレットとは、一まいの紙を折りた
たんでいるいんさつ物のことです。しせ
つなどの案内や、しょうかいをする冊
に使われることが多いです。

5 電子メールを送るときは、書き方に注意
して相手にしつれいのないようにしま
しょう。
「件名」に用件をわかりやすく短くまと
め、本文の前には相手の名前と初めのあ
いさつを入れましょう。本文を書いたら
最後に自分の名前とれんらく先を入れま
しょう。

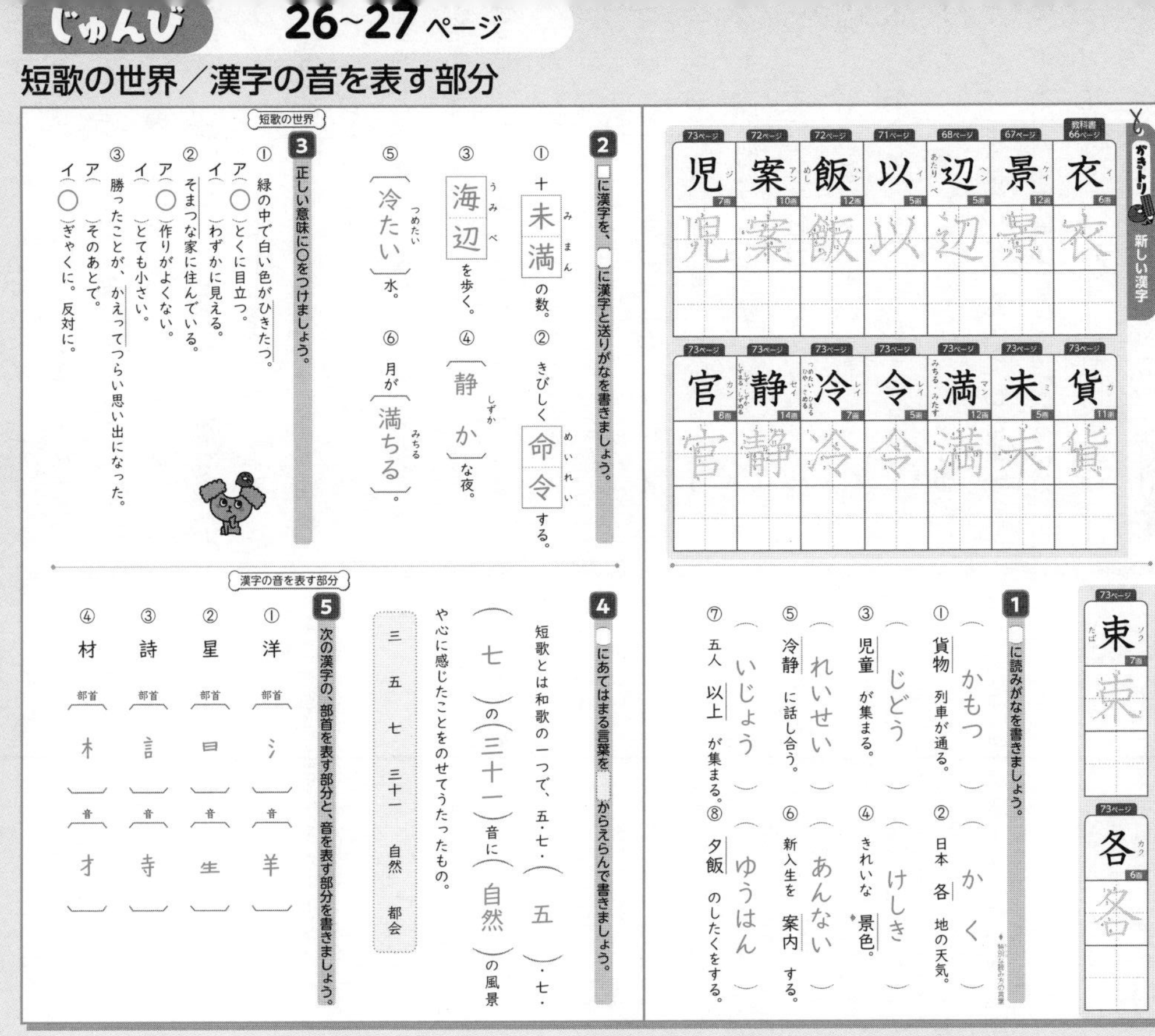
じゅんび 26~27ページ
短歌の世界／漢字の音を表す部分

新しい漢字（教科書66ページ）
衣 景 辺 以 飯 案 児
貨 未 満 令 冷 静 官
束 各

1 ＿に読みがなを書きましょう。
① 貨物（かもつ）列車が通る。 ② 日本各（かく）地の天気。
③ 児童（じどう）が集まる。 ④ きれいな景色（けしき）。
⑤ 冷静（れいせい）に話し合う。 ⑥ 新入生を案内（あんない）する。
⑦ 五人以上（いじょう）が集まる。 ⑧ 夕飯（ゆうはん）のしたくをする。

2 □に漢字を、〔〕に漢字と送りがなを書きましょう。
① 十［未満］の数。 ② きびしく［命令］する。
③ ［海辺］を歩く。 ④ 〔静か〕な夜。
⑤ 〔冷たい〕水。 ⑥ 月が〔満ちる〕。

3 短歌の世界 正しい意味に○をつけましょう。
① 緑の中で白い色がひきたつ。
ア（○）とくに目立つ。
イ（ ）わずかに見える。
② そまつな家に住んでいる。
ア（○）作りがよくない。
イ（ ）とても小さい。
③ 勝ったことが、かえってつらい思い出になった。
ア（ ）そのあとで。
イ（○）ぎゃくに。反対に。

4 ＿にあてはまる言葉を＿からえらんで書きましょう。
短歌とは和歌の一つで、五・七・（五）・七・（七）の（三十一）音に（自然）の風景や心に感じたことをのせてうたったもの。
三 五 七 三十一 自然 都会

5 漢字の音を表す部分 次の漢字の、部首を表す部分と、音を表す部分を書きましょう。
① 洋 部首〔氵〕 音〔羊〕
② 星 部首〔日〕 音〔生〕
③ 詩 部首〔言〕 音〔寺〕
④ 材 部首〔木〕 音〔才〕

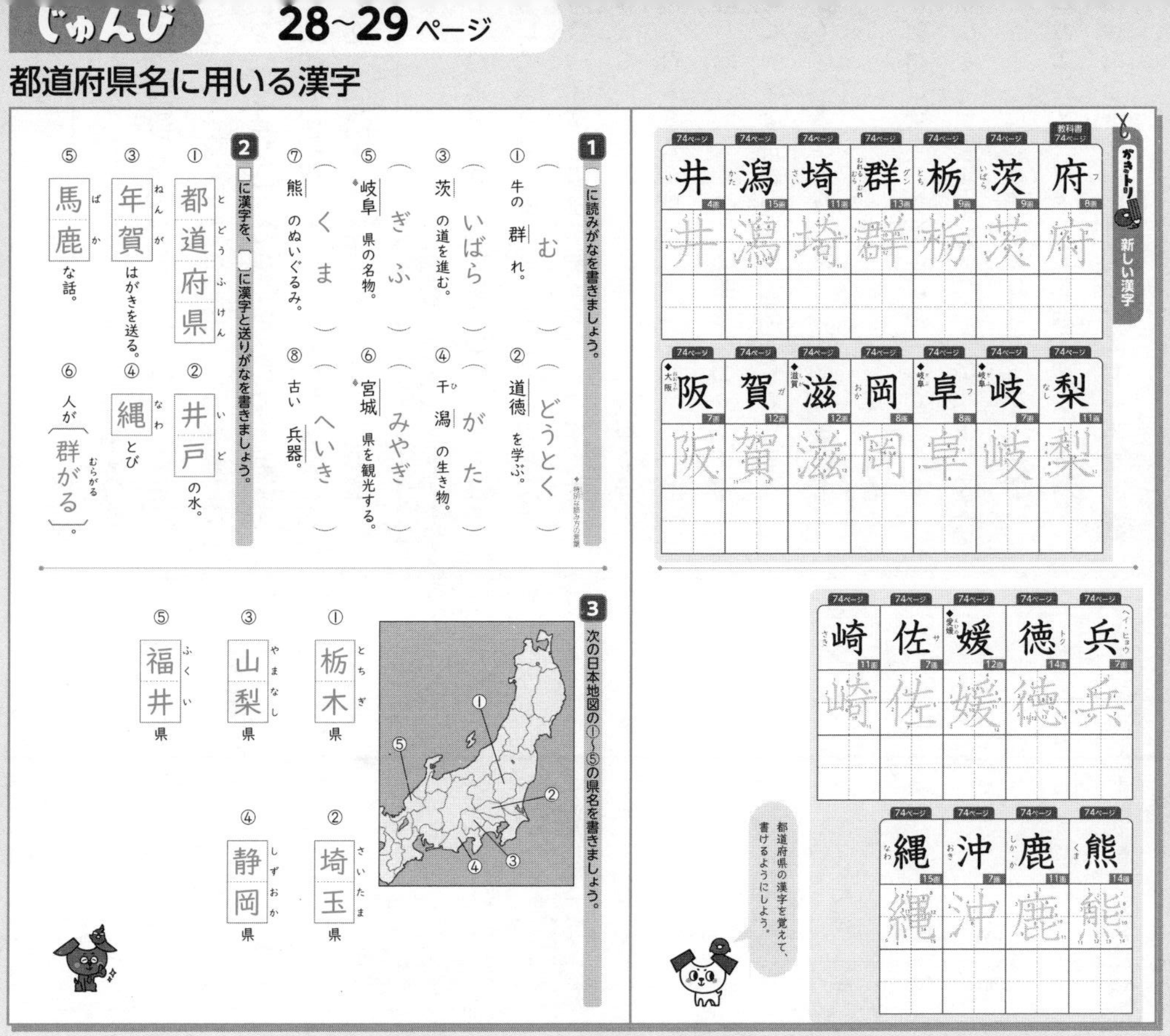
じゅんび 28~29ページ
都道府県名に用いる漢字

新しい漢字（教科書74ページ）
府 茨 栃 群 埼 潟 井
梨 岐 阜 岡 滋 賀 阪
兵 徳 媛 佐 崎
熊 鹿 沖 縄

1 ＿に読みがなを書きましょう。
① 牛の群（む）れ。 ② 道徳（どうとく）を学ぶ。
③ 茨（いばら）の道を進む。 ④ 干潟（ひがた）の生き物。
⑤ 岐阜（ぎふ）県の名物。 ⑥ 宮城（みやぎ）県を観光する。
⑦ 熊（くま）のぬいぐるみ。 ⑧ 古い兵器（へいき）。

2 □に漢字を、〔〕に漢字と送りがなを書きましょう。
① ［都道府県］ ② ［井戸］の水。
③ ［年賀］はがきを送る。 ④ ［縄］とび
⑤ ［馬鹿］な話。 ⑥ 人が〔群がる〕。

3 次の日本地図の①～⑤の県名を書きましょう。
① 栃木県 ② 埼玉県 ③ 山梨県 ④ 静岡県 ⑤ 福井県

都道府県の漢字を覚えて、書けるようにしよう。

1 ①「貨物」は、車や船などで運ぶ荷物などのことです。

⑤「冷静」は、感情に左右されずに、落ち着いている様子のことです。

2 ①「未満」は、ある一定の数にとどいていないことを表します。それよりも小さな数を表す「以下」とのちがいに気をつけましょう。

②「令」は「令」と書くこともあります。書き方がちがいますが、どちらも同じ漢字です。

3 ③「かえって」とにた意味の言葉として「むしろ」がありますが、「むしろ」は、二つのうち、どちらかをえらぶという気持ちを表す言葉です。使い方のちがいに気をつけましょう。

5 漢字の音読みを考えましょう。①は「ヨウ」、②は「セイ」です。③「詩」の音を表す部分は「寺」ですが、「詩」の音は「ジ」ではなく「シ」です。音を表す部分の読み方がちがう漢字もあるので、注意しましょう。

1 ①「群れ」とは、たくさんの人や生き物が集まっているじょうたいのことを指します。

②「道徳」とは、人がよいことと悪いことをわきまえて、正しい行動をするために守らなければならないルールのことです。中国の古い文章の中にある言葉です。

③「茨の道」とは、こんなんなことや、苦しいことにみちた人生のたとえです。

2 ③「年賀」とは、新年をいわうことという意味の言葉です。

⑥「宮城」は都道府県名に用いる特別な読み方で読みます。

⑥「群がる」とは、たくさんのものが一か所に集まるという意味の言葉です。

3 都道府県名に用いる漢字には、ふつう地名にしか使わないものや、特別な読み方のものもあります。

県名を覚えるときは、その県がある場所もいっしょに覚えるようにするとよいでしょう。

たしかめのテスト　30~31ページ

リーフレットでほうこく ～ 漢字の広場②　都道府県名に用いる漢字

1 短歌と文章を読んで、答えましょう。　思考・判断・表現

> 金色のちいさき鳥のかたちして
> いちょうちるなり夕日のおかに　与謝野 晶子
>
> 秋、夕日がさしているおかに、いちょうの葉がちっています。日の光を受けて、金色の小鳥のように見えるいちょうの葉の美しさをうたっています。
>
> 白鳥はかなしからずや
> 空の青海のあおにもそまずただよう　若山 牧水
>
> 白い鳥が、空の青さ、海の青さにそまることなく、白いままでただよっています。一面の青の中にいる白い鳥を見て、悲しくないのだろうかと思っています。
>
> 「言葉の文化① 短歌の世界」より

(1) 「金色の…」の短歌について答えましょう。
① この短歌を声に出して読むとき、どこで切ればよいですか。短歌の中にあるア～エの記号を書きましょう。10点
（エ）
② 「金色のちいさき鳥」とありますが、何のことをたとえていますか。文章中から四字で書きぬきましょう。10点
いちょう

よく出る
(2) 「白鳥は…」の短歌について答えましょう。
① 「白鳥」の白さと対照的にえがかれているのは何ですか。短歌の中から四字以内で二つ書きぬきましょう。一つ5点(10点)
空の青・海のあお

考えを書こう
② この短歌は、白鳥のどんな心をよんでいますか。考えて書きましょう。10点
（れい）ひとりぼっちのさびしさ。

2 読みがなを書きましょう。　一つ3点(15点)
① 先生の 説明 を聞く。（せつめい）
② 名案 がうかぶ。（めいあん）
③ なつかしい 風景。（ふうけい）
④ 昼食を 持参 する。（じさん）
⑤ 長官 の会見。（ちょうかん）

3 □に漢字を、〔　〕に漢字と送りがなを書きましょう。　一つ3点(15点)
① 機械（きかい）を動かす。
② ご飯（はん）を食べる。
③ 衣服（いふく）をまとう。
④ 景色（けしき）をながめる。
⑤ 水を〔冷やす（ひやす）〕。

4 （　）にあてはまる言葉を□からえらんで書きましょう。　一つ5点(10点)
「リーフレット」とは、一まいの紙に、何かについての（説明）やしょうかいなどを書いたもの。わかりやすくするため、絵や（図表）などが入っている。

表紙　図表　メモ　説明

5 音を表す部分が共通する次の漢字の組み合わせのうち、同じ読み方のものには○を、ちがう読み方のものには×を書きましょう。　一つ5点(20点)
① 皮・波（×）
② 官・館（○）
③ 毎・海（×）
④ 陽・場（×）

じゅんび　32~33ページ

落語　ぞろぞろ／ひろがる読書の世界

かきトリ　新しい漢字

末	結	置
教科書78ページ　マツ・すえ　5画	78ページ　ケツ・むすぶ　12画	84ページ　チ・おく　13画

残	失	借
84ページ　ザン・のこる・のこす　10画	90ページ　シツ・うしなう　5画	94ページ　シャク・かりる　10画

1 □に読みがなを書きましょう。
① 残念 な結果。（ざんねん）
② カバンを 置 く。（お）
③ 週末 の予定。（しゅうまつ）
④ ひもを 結 ぶ。（むす）

2 □に漢字を、〔　〕に漢字と送りがなを書きましょう。
① 家具の 配置（はいち）。
② 小説の 結末（けつまつ）。
③ 失礼（しつれい）をわびる。
④ 毎朝（まいあさ）の体そう。
⑤ 一文（いちもん）のぜに。
⑥ 寺に〔参る（まいる）〕。
⑦ 金を〔失う（うしなう）〕。
⑧ 心に〔残る（のこる）〕話。
⑨ ペンを〔借りる（かりる）〕。
⑩ 食事を〔残す（のこす）〕。

落語　ぞろぞろ

3 正しい意味に○をつけましょう。
① おいなりさんにお参りする。
ア（　）油あげの中にすし飯をつめた食べ物。
イ（○）神をまつった神社。
② 店のあるじと話をする。
ア（○）主人。
イ（　）おじいさん。
③ きのう、みょうなことがあった。
ア（○）ふしぎな。
イ（　）いやな。
④ 雨で道がぬかる。
ア（○）どろどろになる。
イ（　）つやつや光る。
⑤ 一人で何人もえんじる。
ア（　）さがしてくる。
イ（○）役をつとめる。

3分でワンポイント　落語のおもしろさを考えよう。

★①～③の（　）に合う言葉を□の中からえらんで、記号を書きましょう。

茶店のじいさん・ばあさん	とこ屋の親方
・①（イ）にのぼりをとどける。 ・てんじょうからぞろぞろ②（ウ）が出てくる。 ↓話題になり、店がはんじょうする。	・茶店の人だかりを見て①にお参りする。 ・ひさしぶりに客が来たが、ぞろぞろ出てきたのは客ではなくて、③（ア）だった。

←「ぞろぞろ」のおもしろさ
・ごりやくによって、ぞろぞろと物が出てくるところ。
・とこ屋の親方が①のごりやくは店がはんじょうすることだとかんちがいしているところ。

ア ひげ　イ おいなりさん
ウ わらじ

---

1 (1)①この短歌の「いちょうちるなり夕日のおかに」は、語順がふつうと反対になっています。ふつうの語順の文に直すと、「金色（こんじき）のちいさき鳥のかたちして夕日のおかにいちょうちるなり」となります。句点（くてん）がつけられるところで切れます。②作者には、いちょうの葉っぱが、金色の小さな鳥のように見えたのです。

(2)①「白鳥」の「白」と対照的（たいしょうてき）にえがかれているのは「青（あお）」です。

②「ひとりぼっちのさびしさとさびしさにたえる心」でも正かいです。
「そまずただよう」は、白鳥が、周りの青い色にとけこまないで一人でいることを言い表そうとしています。また、「悲しくないのだろうか」と書かれているので、「悲しさ」なども正かいです。

3 ①「機会」も「機械」と同じ読み方をします。注意しましょう。

5 ①「皮」の音読みは「ヒ」、「波」は「ハ」です。②「官」は「カン」、「館」も「カン」です。③「毎」は「マイ」、「海」は「カイ」です。④「陽」は「ヨウ」、「場」は「ジョウ」です。

1 ③「末」は、物のはしの部分や、物事の終わりを表す字です。また、大切でない部分を表すこともあります。

2 ②「末」の一・二画目の横画に気をつけましょう。一画目が長く、二画目は短く書きます。
③「失」は「矢」とまちがえないようにしましょう。「失」は四画目を上につき出すように書きます。

3 ①「おいなりさん」とは、ここでは「いなり神社」のことです。
④「ぬかる」は、雨や雪などで土がどろどろになることです。そのようになったところを「ぬかるみ」と言います。

3分でワンポイント
落語「ぞろぞろ」(三遊亭（さんゆうてい） 円窓（えんそう）)では、題名にもなっている、茶店のじいさん・ばあさんに起こった「ぞろぞろ」と、とこ屋の親方に起こった「ぞろぞろ」で、意味がちがいます。そこにこの落語のおもしろさがあります。

落語　ぞろぞろ

文章を読んで、答えましょう。

登場人物（年れい）
○茶店のじいさん（七十さい）
●茶店のばあさん（六十五さい）
客2（三十さい）　客3（六十さい）

（するとまた、客が来て）
客2「わらじ、あったらもらいてえんだが。」
○「わらじですか？　あいすみません。今、売り切れてしまいまして。」
客2「弱ったなあ。（てんじょうを見て）お？　あるじゃないか。」
○「えっ？　あっ！　ある……。一足ぶら下がってる。一ひく一は、なしだよ。それが、一ひく一は一、ということは……。」
客2「何ぶつぶつ言ってんだい。売るのかい、売らないのかい？」
○「売ります、売ります。八文です。引っぱってくださいまし。ぬけるようになってますので。はい……、ありがとうございます。お気をつけなすって。」（また、客が来て）
客3「わらじ、ねえかな！」
○「また、わらじですか……？　もう、本当にありませんでっ。」
客3「ねえのかい……。（てんじょうを見て）何を言ってるんだ。あるじゃねえか。」
○「は？　ありますね……。気味が悪い……。」
客3「いくらだい？」
○「八文でございます。引っぱってくださいまし。（おくへ）ばあさん。おまえも見てろ。ちゃんと、見てるんだぞ。客が八文を置いて……、わらじを引っぱって……、足ごしらえをして……、出てったな……。な、もう、わらじはねえはずだろう。なっ。（てんじょうを見て）あっ！」
おどろくのは当然で、てんじょううらから、新しいわらじがぞろぞろっ！
○「ばあさん……。見たか……。見たかっ。」
●「見ました。おいなりさんのごりやくですよ。」

三遊亭円窓「落語　ぞろぞろ」より

❶「弱ったなあ。」「えっ？　あっ！」「一ひく一は一、ということは……。」「売るのかい、売らないのかい？」の部分に、あとの音読記号を一つずつえらんでつけましょう。
客2「弱ったなあ。」
○「えっ？　あっ！」
・強く読む　＝＝　・弱く読む　‥‥
○「一ひく一は一、ということは……。」
客2「売るのかい、売らないのかい？」
・速く読む　――　・ゆっくり読む　～～

❷「売ります、売ります。」「何を言ってるんだ。あるじゃねえか。」「ばあさん。」「あっ！」の部分は、どのように音読するとよいですか。ア～エの中からえらびましょう。
①「売ります、売ります。」（イ）
②「何を言ってるんだ。あるじゃねえか。」（ウ）
③「ばあさん。」（エ）
④「あっ！」（ア）
ア　おどろいたように。　イ　間をあけず、すぐに。
ウ　おこったように。　エ　大声でよびかけるように。

❸「見たか……。見たかっ。」とありますが、何を「見たか」と言っているのですか。一つに○をつけましょう。
ア（　）客が次々に来て、わらじを買っていったこと。

イ（○）わらじが売れると、またわらじが出てくること。

ウ（　）わらじが売れると、もうてんじょうにわらじはないこと。

ヒント　じいさんの言葉の前の一文に注目しよう。

❹ないはずのわらじがてんじょうにぶら下がっていることを、①茶店のじいさんと、②茶店のばあさんは、どう思っていますか。①は五字で、②は十一字で書きぬきましょう。
①気味が悪い
②おいなりさんのごりやく

ヒント　登場人物の会話文の中から見つけよう。

❶「弱ったなあ。」は、こまったなあという気持ちなので弱く読みます。
「えっ？　あっ！」は、おどろきを表すように強く読みます。

「ということは……。」は、考えているのでゆっくり読みます。

「売るのかい、売らないのかい？」は、客2がじれったく思っているので速く読みます。

❷①客2にあわてて返事をしているので、間をあけずに読みます。
②客3は、てんじょうにわらじがあるのに、じいさんがもうないと言うので、おこっています。
③店のおくにいるばあさんに声をかけているので、大声で読みます。
④直後に「おどろくのは当然で」とあるので、おどろいたように読みます。

❹茶店のじいさんとばあさんのそれぞれの会話の中から、気持ちや考えを表す言葉をさがします。二人の感じ方がちがっていることにも注意しましょう。

たしかめのテスト①　36〜37ページ

落語　ぞろぞろ
読書の広場②　ひろがる読書の世界

おうちのかたへ

物語の場面の分かれ目を見つけるポイントは、「日にち」「時間」「場所」「登場人物」などが変わる部分です。これらに注意して読み進めると問題も解きやすいでしょう。

文章を読んで、答えましょう。　思考・判断・表現

登場人物（年れい）
□とこ屋の親方（三十五さい）
客4（三十五さい）

親方は、じいさん、ばあさんから、「ぞろぞろわらじ」のことを聞かされて、おいなりさんへすっとんできました。

□「（ポンポンとかしわ手を打って）おいなりさん、おいなりさん。初めまして。あっしは茶店の前のとこ屋でござんす。このところ、まるっきり客が来ませんで、こまっております。店にあるだけのぜにを持ってきまして、さいせん箱に入れました。どうか、とこ屋も茶店のわらじ同様、ぞろぞろはんじょういたしますように！　（ポンポンとかしわ手）」

親方、自分の店にもどってみると、

客4「親方、どこへ行ってたんだい！」
□「は？　（辺りを見回して）ここはおれの店だよなあ……。（客に向かって）失礼ですが、あなた様はどちら様……？」
客4「よせやい。おれは客だよ。」
□「客……？　ああ……、おなつかしい……。（思わずだきつく）」
客4「おいおい、だきつくなよ。」
□「ありがてえ！　ごりやくはてきめんだ。この客の頭が仕上がって帰ると、あとから新しい客がぞろぞろっ。帰ると、ぞろぞろっ。ぞろぞろっ。」
客4「何なきながら、ぞろぞろ言ってんだよ。」
□「ついうれしいもんで、ないてしまいました。もうといをはじきますんで。」
客4「おっと、頭はいいんだ。おれはひげだけやってもらいてえんだが。」
□「かしこまりましたっ。」

親方が、うでによりをかけて客の顔をつうっとあたると、なんと、あとから新しいひげが、ぞろぞろ！

三遊亭円窓「落語　ぞろぞろ」より

1 この文章の前半と後半の場面は、それぞれどこですか。文章から書きぬきましょう。　一つ15点(30点)

前半場面　おいなりさん

後半場面　茶店の前のとこ屋

2 「おいなりさんへすっとんできました」とありますが、何のために来たのですか。一つに○をつけましょう。　10点

ア（　）客が来なくてこまっていることを伝えるため。
イ（　）茶店がはんじょうするようおねがいするため。
ウ（○）とこ屋がはんじょうするようおねがいするため。
エ（　）あるだけのぜにをさいせん箱に入れるため。

よく出る

3 短く間をあける音読記号「＜」を入れる場合、どこがよいですか。一つに○をつけましょう。　15点

ア（　）「親方、＜どこへ行ってたんだい！」
イ（○）「は？　＜（辺りを見回して）ここはおれの店だよなあ……。」
ウ（　）「よせやい。＜おれは客だよ。」

4 「失礼ですが、あなた様はどちら様……？」と親方が客にきいたのは、なぜですか。一つに○をつけましょう。　15点

ア（○）店に客が来たことが信じられなかったから。
イ（　）今まで会ったことがない人だったから。
ウ（　）ここが自分の店かどうかわからなかったから。

5 「思わずだきつく」とありますが、ここから親方のどんな気持ちがわかりますか。文章から四字で書きぬきましょう。　15点

うれしい

6 この話のおもしろさは、どんなところですか。　一つ5点(15点)

とこ屋の親方は、おいなりさんのごりやくで（新しい客）がぞろぞろ来て、店が（はんじょう）すると思っていたが、客に（新しいひげ）が生えてきただけだったところ。

---

1 前半場面は、親方が「おいなりさん」へ来て、おがんでいるところです。
後半場面は、おいなりさんから「自分の店」にもどってきたところです。「自分の店」をくわしく言いかえた言葉が初めの親方の会話文の中にあります。

2 親方のねがいごとの会話文を読み取りましょう。10行目に「ぞろぞろはんじょういたしますように！」とあります。

3 信じられない気持ちで考えているところです。
「（辺りを見回して）」と親方が動いている様子も書かれている、イがあてはまります。

4 親方は自分の店に来た人が客だと信じられなかったので、「どちら様……？」と問いかけています。
客が来たのがひさしぶりだということを表しています。

5 ――線の直前で「おなつかしい」、――線の直後に「ありがてえ」とも言っています。また、25行目で客が「なきながら」とも言っています。どれも親方がうれしかったことの表現だと読み取りましょう。

6 題名の「ぞろぞろ」をとこ屋の親方は「ぞろぞろ客がくる」だと思っていたのに、「ぞろぞろひげがのびる」という意味でした。親方のかんちがいしているところがおもしろさです。

落語　ぞろぞろ／読書の広場②　ひろがる読書の世界

1 読みがなを書きましょう。 一つ3点(12点)
① 借用書(しゃくようしょ)を書く。 ② 家具を置(お)きかえる。
③ れきしに名を残(のこ)す。 ④ 気を失(うしな)う。

2 漢字を書きましょう。 一つ3点(12点)
① 借家(しゃくや)に住む。 ② 末(すえ)の妹は一年生です。
③ 結局(けっきょく)おくれた。 ④ 残雪(ざんせつ)がとける。

3 正しい使い方のほうに○をつけましょう。 一つ3点(12点)
① ア(○)人がいなくなり、町がさびれる。 イ( )大ぜいの客で店がさびれる。
② ア( )子どもが細々と走り回る。 イ(○)親子二人で細々とくらしている。
③ ア( )兄が弟にかぜをこじらす。 イ(○)外出して、かぜをこじらす。
④ ア(○)うでによりをかけてりょう理する。 イ( )うでによりをかけて荷物を持つ。

4 (　)にあてはまる言葉を□からえらんで、記号を書きましょう。 一つ4点(16点)
① 町を一人で(ア)歩き回る。
② 雪道がこおって、(エ)すべる。
③ 妹が、(ウ)もんくを言う。
④ とつぜん、雨が(イ)ふってきた。
ア ぶらぶら　イ ぽつぽつ　ウ ぶつぶつ　エ つるつる

5 昔から使われている言葉とその意味をそれぞれ結びましょう。 一つ4点(24点)
① 足ごしらえ　② ごりやく　③ あたる　④ 用足し　⑤ かしわ手　⑥ 近郷近在
・近くの村々。・トイレに行くこと。・神やほとけの人間へのめぐみ。・はき物をきちんとはくこと。・かみの毛やひげをそること。・神をおがむときのはく手。

6 文にあてはまる道具をえらびましょう。 一つ3点(15点)
① (ざぶとん)の上にすわる。
② (せんす)であおぐとすずしい。
③ 神社の名前が書かれた(のぼり)が立っている。
④ (手ぬぐい)でぬれた手をふく。
⑤ (かつら)は時代げきにかかせない。
せんす　手ぬぐい　ざぶとん　のぼり　かつら

7 正しい意味をえらびましょう。 一つ3点(9点)
① ぼんを返したような雨がふる。
ア かさがなくても平気なくらいの　イ はげしいいきおいの　ウ ほとんど雪のようなつめたい　(イ)
② しゃくにさわるような言い方をしてはいけない。
ア 相手がよろこぶ　イ まちがってものごとが伝わる　ウ はらが立つ　(ウ)
③ この薬はてきめんにきく。
ア ゆっくりだが、かく実に　イ はっきりと、すぐに　ウ 結果がわからないほどささいに　(イ)

写真から読み取る

おさらい 新しい漢字
教科書100ページ 季 8画
100ページ 節 13画

1 □に読みがなを書きましょう。
① 季節(きせつ)の変化。 ② 春の景色(けしき)。
③ 発表に注目(ちゅうもく)する。 ④ あわただしい様子(ようす)。

「節」という漢字には、①ふし。②くぎり。文章の切れ目。③音楽の調子。④気候の変わり目。⑤とき。おり。などの意味があるよ。

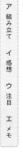

2 □に漢字を、□に漢字と送りがなを書きましょう。
① 四季(しき)折々の自然。 ② 節分(せつぶん)の日。
③ 感想(かんそう)を伝える。 ④ たなを整理(せいり)する。
⑤ 景色(けしき)をえがく。 ⑥ サッカーの練習(れんしゅう)。
⑦ 校庭(こうてい)で遊ぶ。 ⑧ 話を組み立てる(くみたてる)。
⑨ 写真から読み取る(よみとる)。

②「せつぶん」は、きせつが変わる前の日のことだよ。豆まきをする「せつぶん」は春になる前の日なんだ!

3 正しい意味に○をつけましょう。
① 場面をいきいきと伝える。 ア(○)活気があふれた様子。 イ( )静かに落ち着いた様子。
② もけいの船を組み立てる。 ア( )めずらしくて、人気があるもの。 イ(○)本物の形をまねてつくったもの。
③ 鳥が、まさにとびたとうとする。 ア(○)ちょうど。今にも。 イ( )力がなく、やっと。

4 写真から読み取ったことを発表するときの手順について、(　)にあてはまる言葉を□からえらんで、記号を書きましょう。
① 写真から読み取ったことを(エ)にまとめる。
② 発表の(ア)を考え、練習をする。
③ 発表する。
④ 友達の発表や、自分の発表をふり返り、(イ)を伝え合う。
ア 組み立て　イ 感想　ウ 注目　エ メモ

5 次の発表の――の部分は、気づいたことと想像したことのどちらですか。正しいほうに○をつけましょう。

ぼくは、この写真から、①この人たちが運動会でゆう勝した様子を想像しました。

　写真の中央でだき合っている二人を見てください。とてもうれしそうな表情をしています。②二人の左がわにいる人が手で一番をしめしています。そのことから、スポーツで一番になってゆう勝したのだと思いました。

　写真に写っている人はみな体そう服を着ており、右がわにボールを持った人がいるので、③ボールを使ったスポーツをしていたのでしょう。

① この人たちが運動会でゆう勝した。 ア( )気づいたこと イ(○)想像したこと
② 二人の左がわにいる人が手で一番をしめしています。 ア(○)気づいたこと イ( )想像したこと
③ ボールを使ったスポーツをしていた。 ア(○)気づいたこと イ( )想像したこと

---

2 ②「末の」とは、いちばん年下の、という意味です。
④「残雪」とは、春になってもとけずに残っている雪のことです。

3 ③「こじらす」とは、病気を悪くする、という意味です。「こじらせる」ともいいます。
④「うでによりをかける」とは、実力を出そうとはりきる、という意味です。

4 ①「ぶらぶら」は、あてもなく気楽に歩き回る様子を表す言葉です。
②「つるつる」は、よくすべる様子を表す言葉です。
③「ぶつぶつ」は、小声で何か言う様子を表す言葉です。
④「ぽつぽつ」は、雨が少しずつふり始める様子を表す言葉です。

5 「ごりやく」、「かしわ手」、「近郷近在」などは今でも使われることがあります。

6 落語は①「ざぶとん」にすわってえんじられます。また、落語では、②「せんす」、④「手ぬぐい」を使って、さまざまな物を表現します。
⑤「かつら」は、歌舞伎などで使われます。

7 ②同じ意味で「かんにさわる」という言い方もあります。
③ききめが目に見えてすぐにあらわれることをいいます。

2 ②「節分」は、季節が変わる前日のことです。今では、ふつう、春になる日(立春)の前の日をさします。二月三日になることが多く、「おには外、福は内」と言いながら豆をまいたり、年の数の豆を食べたりします。

5 ①――線のあとに「想像しました」とあるので、イが正かいです。写真からは、本当に運動会でゆう勝したかどうかは分かりません。
②「……います。」という形で、写真に写っている人の説明をしています。写真に写っていることなので、アが正かいです。
③写真に写っている人がみな体そう服を着て、ボールを持った人がいることからも、気づいたことだと分かります。アが正かいです。

たしかめのテスト 42~43ページ
写真から読み取る

1 読みがなを書きましょう。（一つ2点(20点)）

① 四季がめぐる。（しき）
② 節分の豆まき。（せつぶん）
③ 景色をながめる。（けしき）
④ 本だなを整理する。（せいり）
⑤ 気持ちを伝える。（つた）
⑥ 様子をうかがう。（ようす）
⑦ まちがいに注意する。（ちゅうい）
⑧ 人生の節目。（ふしめ）
⑨ ノートを写す。（うつ）
⑩ 切手を集める。（あつ）

2 □に漢字を、〔　〕に漢字と送りがなを書きましょう。（一つ4点(32点)）

① 発表する。
② 練習に参加する。
③ 校庭を一周する。
④ 季節はずれの花。
⑤ 気持ちを想像する。
⑥ 〔細かい〕もけい。
⑦ 案を〔練る〕。
⑧ すばやく〔動く〕。

3 写真から読み取ったことを発表するときについて、答えましょう。（一つ4点(20点)）

① 写真を見て、どんなことをメモにまとめるとよいですか。二つえらんで、○をつけましょう。
ア（　）写真をとった人が考えていること。

イ（○）写真を見たときに気づいたこと。

ウ（　）いつ、どこでとった写真かということ。

エ（○）写っているものについて想像したこと。

② 発表の組み立てを考えるとき、何を中心にするとよいですか。一つに○をつけましょう。
ア（　）写真をとった人が考えていること。

イ（○）写真を見たときに気づいたこと。

ウ（　）いつ、どこでとった写真かということ。

③ 発表を聞くときに、どんなことに気をつけるとよいですか。二つえらんで、○をつけましょう。
ア（○）発表している人が、何に注目しているのか、ということ。

イ（　）発表している人が、写真に写っていないことを言っていないかどうか、ということ。

ウ（　）発表している間に、自分の感想を言うこと。

エ（○）他の人と自分の感じ方で同じところ、ちがうところはどこか、ということ。

4 思考・判断・表現　次の【写真】について、気づいたことや想像したことを発表することにしました。【発表】の　にあてはまる言葉を【メモ】から書きぬきましょう。（一つ7点(28点)）

【写真】

【メモ】
●気づいたこと
・おおかみがまっすぐ前を向いている。
・白黒の写真で、冷たい感じを受ける。
●想像したこと
・おなかをすかせて、えものをねらっている。
・むれからはぐれて、一ぴきで生きている。→決意・さびしさ。

【発表】

わたしは、この写真から、一ぴきのおおかみが①えものをねらっている様子を想像しました。まず、おおかみが②まっすぐ前を向いています。おなかをすかせたおおかみが、しんけんにえものをにらんでいるようです。また、この写真は③白黒で、冷たい感じを受けます。むれをはなれて、一ぴきで生きているさびしさや、強い④決意を感じました。

じゅんび 44~45ページ
作ろう学級新聞／送りがなのつけ方

がきトリ　新しい漢字

果　的　給　栄　養　老　固
働　希　望　唱　挙　覚

1 読みがなを書きましょう。

① 栄養士を目指す。（えいよう）
② 漢字を覚える。（おぼ）
③ 手を挙げる。（あ）
④ 反対を唱える。（とな）

2 □に漢字を、〔　〕に漢字と送りがなを書きましょう。

① 給食の時間。
② 希望がかなう。
③ 子どもを〔養う〕。
④ 外国で〔働く〕。
⑤ ゼリーが〔固まる〕。
⑥ 目を〔覚ます〕。

作ろう学級新聞

3 正しい意味に○をつけましょう。

① グラフを効果的に使う。
ア（　）あっという間に。

イ（○）よい結果を生むように。

② 友達の興味をひく。
ア（　）いやだと思うこと。

イ（○）おもしろいと思うこと。

③ 作文をせいしょする。
ア（○）読み返して直した文章を、きれいに書き直すこと。

イ（　）文章の大まかな内容を決めて、メモすること。

④ わりつけを考える。
ア（　）新聞の見出しを決めること。

イ（○）記事、写真などの大きさや配置を決めること。


わりつけによって、新聞の読みやすさは大きくかわるよ。

4 新聞のわりつけをする場合、①新聞の題名、②大見出し、③トップ記事は、どこにするとよいですか。記号を書きましょう。

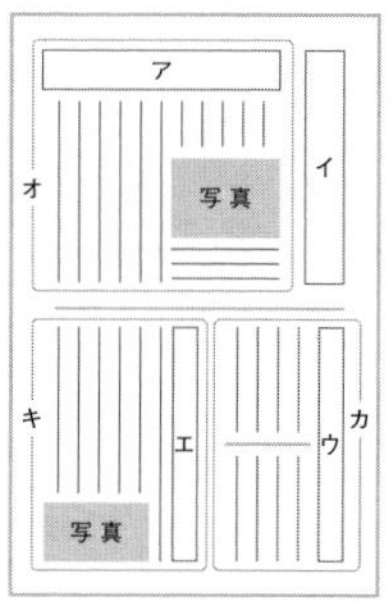

①（イ）　②（ア）　③（オ）

送りがなのつけ方

5 次の言葉を、〔　〕の言い方に変えて書きましょう。

① 開ける→〔ていねいな言い方〕
部屋のまどを〔開けます〕。
② 終わる→〔打ち消す言い方〕
話し合いは、なかなか〔終わらない〕。
③ 話す→〔動作がすんだ言い方〕
教室で、友達と〔話した〕。

---

3 ①自分が写真から読み取ったことを発表するために、写真を見て気づいたことや想像したことをメモしましょう。
②写真をとった人の考えや情報ではなく、自分が気づいたことを発表の中心にしましょう。
③他の人の発表を聞くときは、発表している人が何に注目しているのか、自分の感じ方とくらべてどうかについて考えるとよいです。

4 ①は、あとに「想像しました」とあるので、【メモ】の「想像したこと」を見ましょう。おおかみが「えもの」をねらっていると想像しています。
②は、「気づいたこと」です。写真からおおかみがまっすぐ前を向いていることが分かります。
③は、「気づいたこと」です。
④は、あとに「感じました」とあるので「想像したこと」です。

1 ①「栄養士」は、学校や病院などで、栄養を計算して、こん立てを考えたり、アドバイスをしたりする仕事です。
②「覚」は、送りがなによって、読み方がちがうので、注意しましょう。「覚える」は「おぼえる」、「覚める」は「さめる」と読みます。

2 ③「養う」は、めんどうを見て、育てるという意味です。

4 新聞名は右上に、大見出しは他の記事よりも目立つように書きます。

5 ①ていねいな言い方にするときは、言葉の後ろに「ます」をつけます。「開ける」に「ます」をつけると、「開けます」となり、送りがなが変わります。
②打ち消す言い方にするときは、言葉の後ろに「ない」をつけます。「終わる」に「ない」をつけると、「終わらない」となり、送りがなが変わります。
③動作がすんだ言い方にするときは、言葉の後ろに「た(だ)」をつけます。「話す」に「た」をつけると、「話した」となり、送りがなが変わります。

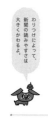

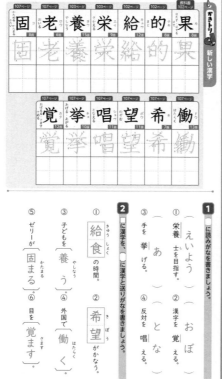

たしかめのテスト 46~47ページ
作ろう学級新聞／漢字の広場③ 送りがなのつけ方

1 読みがなを書きましょう。（一つ2点〔20点〕）

① 光栄に思う。（こうえい） ② 希少かちがある。（きしょう） ③ 合唱の練習をする。（がっしょう） ④ 人はみんな老いる。（お） ⑤ 果実を食べる。（かじつ） ⑥ 有望なサッカー選手。（ゆうぼう） ⑦ つくえを固定する。（こてい） ⑧ 的に当たる。（まと） ⑨ 目が覚める。（さ） ⑩ 土が固まる。（かた）

2 □に漢字を、（ ）に漢字と送りがなを書きましょう。（一つ2点〔20点〕）

① 希望する。 ② 車に給油する。 ③ 例を挙げる。 ④ 感覚が残る。 ⑤ 養分を取りこむ。 ⑥ 栄光を手にする。 ⑦ 新説を（唱える）。 ⑧ 町が（栄える）。 ⑨ 言葉を（覚える）。 ⑩ 水を使い（果たす）。

3 新聞を作るときのポイントについて、正しければ○、まちがっていれば×を（ ）に書きましょう。（一つ4点〔20点〕）

(1)（○）とくに伝えたいことは大きな記事にする。
(2)（×）伝えたいことをたくさんのせるため、見出しを書かない。
(3)（○）下書きをしてから、せいしょする。
(4)（○）内容がわかりやすくなるように、写真や図表を入れる。
(5)（×）興味をひく新聞にするため、事実を正確に書く必要はない。

4 送りがなに気をつけて、次の言葉の読みがなを書きましょう。（一つ5点〔20点〕）

① 生きる（い） ② 生まれる（う） ③ 生える（は） ④ 生かす（い）

5 次の言葉を〔 〕の言い方に変えて書きましょう。（一つ5点〔20点〕）

① 返す〔ていねいな言い方〕 図書館に本を返（します）。
② 覚える〔打ち消す言い方〕 漢字をなかなか覚（えない）。
③ 遊ぶ〔動作がすんだ言い方〕 弟と、よく公園で遊（んだ）。
④ 始まる〔ていねいで、動作がすんだ言い方〕 いよいよ試合が始（まりました）。

じゅんび 48~49ページ
一つの花／修飾語

かきトリ 新しい漢字

戦 争 飛 焼 包 帯 泣
勇 軍 隊 輪 旗 牧

1 に読みがなを書きましょう。

① 包帯をまく。（ほうたい） ② 一輪のカーネーション。（いちりん） ③ 兵隊になる。（へいたい） ④ 大声で軍歌を歌う。（ぐんか） ⑤ 勇気ある行動。（ゆうき） ⑥ 旗手をつとめる。（きしゅ）

2 □に漢字を、（ ）に漢字と送りがなを書きましょう。

① 戦争が終わる。 ② 風船を（飛ばす）。 ③ 牧場の子牛。 ④（勇ましい）かけ声。

修飾語

3 □にあてはまる言葉を、①・②の文の中から書きぬきましょう。

① 元気な 子どもが 走る。
② 元気に 子どもが 走る。

①の文の「元気な」は、（子ども）の様子をくわしく表していますが、②の文の「元気に」は、（走る）様子をくわしく表しています。

4 □に言葉を入れて、文の組み立てを図にしましょう。

・白い風船がふわふわと飛んでいく。

① どんな（白い） 風船が → 飛んでいく。
② どのように（ふわふわと）

一つの花

3分でワンポイント ゆみ子とゆみ子の家族の気持ちを読み取ろう。

★①～④の□に合う気持ちを□の中からえらんで記号を書きましょう。

イ①	いつもおなかをすかしていて、「もっと、もっと。」と食べ物をほしがるゆみ子の気持ち。
エ②	しらずしらずのうちに、お母さんの「一つだけ」という口ぐせを覚えてしまったゆみ子に対するお父さんやお母さんの気持ち。
ア③	お父さんが戦争に行く日、かばんの中のおにぎりをみんな食べてしまったのに、まだほしがるゆみ子に対するお母さんの気持ち。
ウ④	おにぎりをほしがって泣きだしたゆみ子が、お父さんからコスモスの花をもらったときの気持ち。

ア こまった　イ かなしい　ウ うれしい　エ かわいそう

1 ②「希少」とは、少なくてめずらしい、という意味です。

2 ②「給油」とは、機械に油を入れること、という意味です。車にガソリンを入れることをさすことが多いです。

3 (2)記事の内容がすぐわかるように、見出しを入れましょう。そのために、伝えたいことはしぼりましょう。
(5)新聞の記事は、事実を正確に書いたものにしましょう。説得力を増すためにアンケートなどを入れると効果的です。

4 「生」は、送りがなによって、漢字の読み方が変わります。気をつけましょう。

5 ①ていねいな言い方にするときは、言葉の後ろに「ます」をつけます。
②打ち消す言い方にするときは、言葉の後ろに「ない」をつけます。
③動作がすんだ言い方にするときは、言葉の後ろに「た（だ）」をつけます。
④ていねいで、動作がすんだ言い方にするときは、言葉の後ろに「ました」をつけます。

1 ②「輪（りん）」は、花を数えるときに使います。

2 ③「牧場」は、「まきば」とも読みます。
④「勇ましい」は、「勇しい」と書きまちがえることが多いので注意しましょう。

3 「元気な」は「人の様子」を表し、「元気に」は「動きの様子」を表しています。

4 「どんな」を表す「白い」、「どのように」を表す「ふわふわと」という言葉があることで、様子がくわしく伝わります。

3分でワンポイント

「一つの花」（今西祐行）では、場面ごとに、「ゆみ子」「お父さん」「お母さん」の行動や会話に注目し、登場人物の様子から気持ちを考えましょう。

また、物語全体を通して、題名の「一つの花」にどのような意味がこめられているか考えましょう。

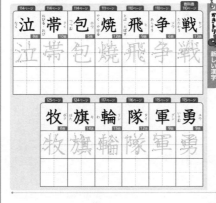

練習② 52~53ページ

一つの花

文章を読んで、答えましょう。

　ところが、いよいよ汽車が入ってくるという時になって、また、ゆみ子の「一つだけちょうだい。」が始まったのです。

「みんなおやりよ、母さん。おにぎりを……。」

お父さんが言いました。

「ええ、もう食べちゃったんですの……。ゆみちゃんいいわねえ、お父ちゃん、兵隊ちゃんになるんだって、ばんざあいって……。」

お母さんはそう言って、ゆみ子をあやしましたが、ゆみ子はとうとう泣きだしてしまいました。

「一つだけ……。一つだけ……。」

と言って。

お母さんが、ゆみ子を一生けんめいあやしているうちに、お父さんが、ぷいといなくなってしまいました。

お父さんは、プラットホームのはしっぽの、ごみすて場のような所に、わすれられたようにさいていたコスモスの花を見つけたのです。あわてて帰ってきたお父さんの手には、一輪のコスモスの花がありました。

「ゆみ。さあ、一つだけあげよう。一つだけのお花、大事にするんだよう……。」

ゆみ子は、お父さんに花をもらうと、キャッキャッと、足をばたつかせてよろこびました。

お父さんは、それを見て、にっこり笑うと、何も言わずに汽車に乗って行ってしまいました。ゆみ子のにぎっている一つの花を見つめながら……。

今西祐行「一つの花」より

❶「みんなおやりよ、母さん。おにぎりを……。」とお父さんが言ったのはなぜですか。一つに○をつけましょう。

ア（ ）ゆみ子が駅で泣きだしたら、みんなのめいわくになると思ったから。
イ（ ）お母さんがおにぎりを大事に持っていて、ゆみ子になかなかあげないから。
ウ（○）ゆみ子との最後の別れになるかもしれない時に、泣き顔を見たくなかったから。
エ（ ）おにぎりを食べてしまったのにまだほしがるゆみ子にあきれたから。

ヒント 兵隊になるお父さんの気持ちを考えよう。

❷「お父さんが、ぷいといなくなってしまいました。」とありますが、お父さんは、①どこへ、②何をしに行ったのですか。

①（プラットホームのはしっぽ）
②（れい コスモスの花を取りに行った。）

❸「さあ、一つだけあげよう。」とお父さんがゆみ子に花をあげたのは、何のためですか。一つに○をつけましょう。

ア（ ）きれいな花を思い出にするため。
イ（ ）こまっているお母さんを助けるため。
ウ（○）泣いているゆみ子をあやすため。
エ（ ）花を大事にすることを教えるため。

❹「それを見て」の「それ」は、何をさしていますか。一つに○をつけましょう。

ア（ ）一輪のコスモスの花。
イ（○）よろこんでいるゆみ子のすがた。
ウ（ ）お父さんが乗っていく汽車。
エ（ ）ゆみ子をだいているお母さん。

ヒント 「それ」は前に出てきたことがらをさすよ。

❺「にっこり笑うと、何も言わずに」とありますが、ここからお父さんのどのような気持ちがわかりますか。一つに○をつけましょう。

ア（○）ああ、よかった、とほっとする気持ち。
イ（ ）さあ、戦争に行くぞ、とはりきる気持ち。
ウ（ ）まあ、いいや、とあきらめる気持ち。
エ（ ）一輪しかあげられなくて、残念な気持ち。

練習① 50~51ページ

一つの花

文章を読んで、答えましょう。

　ゆみ子は、いつもおなかをすかしていたのでしょうか。ご飯の時でも、おやつの時でも、「もっと、もっと。」と言って、いくらでもほしがるのでした。

すると、ゆみ子のお母さんは、

「じゃあね、一つだけよ。」

と言って、自分の分から一つ、ゆみ子に分けてくれるのでした。

「一つだけ……。一つだけ……。」

と、これが、お母さんの口ぐせになってしまいました。ゆみ子はしらずしらずのうちに、お母さんの、この口ぐせを覚えてしまったのです。

「なんてかわいそうな子でしょうね。一つだけちょうだいと言えば、なんでももらえると思ってるのね。」

ある時、お母さんが言いました。

すると、お父さんが、深いため息をついて言いました。

「この子は一生、みんなちょうだい、山ほどちょうだいと言って、両手を出すことを知らずにすごすかもしれないね。……一つだけのいも、一つだけのにぎり飯、一つだけのかぼちゃのにつけ……。みんな一つだけ。一つだけのよろこびさ。いや、よろこびなんて、一つだってもらえないかもしれないんだね。いったい、大きくなって、どんな子に育つだろう。」

そんな時、お父さんはきまって、ゆみ子をめちゃくちゃに高い高いするのでした。

今西祐行「一つの花」より

❶「ゆみ子のお母さんは……分けてくれるのでした。」とありますが、なぜ、お母さんは「一つだけ」と言ったのですか。一つに○をつけましょう。

ア（ ）いくらでもほしがるゆみ子をだまそうとしたから。
イ（ ）お母さんもおなかがすいていて食べたかったから。
ウ（○）ゆみ子にもっとあげたくても、食べ物が十分にないから。
エ（ ）「一つだけ」というのがお母さんの口ぐせだったから。

❷お母さんは、「一つだけちょうだい」と言うゆみ子を、どのように思っていますか。七字で書きぬきましょう。

かわいそうな子

ヒント お母さんの直前の言葉に注目しよう。

❸「深いため息をついて」とありますが、このとき、お父さんはどのような気持ちでしたか。一つに○をつけましょう。

ア（○）一つだけのよろこびももらえないかもしれない、と、ゆみ子のしょうらいを心配する気持ち。
イ（ ）ちょうだいと言えば、なんでももらえると思っているゆみ子にあきれている気持ち。
ウ（ ）ちゃんとした大人にするために、ゆみ子をどう育てればよいかわからず、なやむ気持ち。
エ（ ）なんでもほしがるゆみ子のくせがいつまでも直らないのでは、と不安に思う気持ち。

❹「ゆみ子をめちゃくちゃに高い高いする」とありますが、なぜ、お父さんは「高い高い」をしたのですか。一つに○をつけましょう。

ア（ ）ゆみ子と遊ぶことで、自分の不安な気持ちをまぎらすため。
イ（ ）ゆみ子が大きくなってしまうと、もう「高い高い」ができなくなるから。
ウ（ ）「ちょうだい」と言って一つだけもらうゆみ子の悪いところを直そうと思ったから。
エ（○）よろこびを十分もらえないゆみ子を「高い高い」することで、よろこばせたいと思ったから。

ヒント お父さんが言った言葉に注目しよう。

❶戦争中なので、食べ物が十分になく、「お母さん」はゆみ子にたくさんあげることができません。それで「お母さん」は、自分の分からせめてもう一つだけ「ゆみ子」に分けてあげるのです。

❷「お母さん」の会話文に注目しましょう。13行目で「なんてかわいそうな子でしょうね。」と言っています。

❸「お父さん」の会話文（17行目「この子は一生、……」）にあるように、ゆみ子の「一生」がどのようになるのか考えています。「よろこびなんて、一つだってもらえないかもしれない」という言葉に着目します。

❹「お父さん」の会話文に注目しましょう。「お父さん」も「お母さん」と同じように、戦争中で満足にご飯を食べることができないゆみ子を「かわいそう」に思い、よろこばせるために「高い高い」をしています。

❶「いよいよ汽車が入ってくるという時になって」とあります。別れの場面であることに注意しましょう。ゆみ子は「一つだけちょうだい」がかなわないと、泣いてしまうのです。

❷――線のすぐ後ろに、「お父さん」の行動がくわしく書かれています。この中から、①「どこへ」と②「何をしに」に当たる部分をさがしましょう。①は「プラットホームのはしっぽの、ごみすて場のような所」でも正かいです。

❸「お父さん」は、泣いているゆみ子をあやすために、プラットホームのはしっぽにさいていたコスモスを取りに行って、ゆみ子にあげたのです。

❹「それ」の直前の文をさしています。

❺別れのまぎわに、ゆみ子のよろこぶすがたを見ることができたお父さんの気持ちを想像しましょう。

一つの花
言葉の広場②　修飾語

おうちのかたへ
物語の受け取り方は、人それぞれ多様です。一緒に読んで話し合うと、読みを広げたり、深めたりすることにつながります。それが、読む力や国語力を身につけさせてくれます。

文章を読んで、答えましょう。　思考・判断・表現

「ゆみ。さあ、一つだけあげよう。一つだけのお花、大事にするんだよう……。」

ゆみ子は、お父さんに花をもらうと、キャッキャッと、足をばたつかせてよろこびました。

お父さんは、それを見て、にっこり笑うと、何も言わずに汽車に乗って行ってしまいました。ゆみ子のにぎっている一つの花を見つめながら……。


それから、十年の年月がすぎました。

ゆみ子は、お父さんの顔を覚えていません。自分にお父さんがあったことも、あるいは知らないのかもしれません。

でも、今、ゆみ子のとんとんぶきの小さな家は、コスモスの花でいっぱいに包まれています。

そこからミシンの音が、たえず、速くなったりおそくなったり、まるで何かお話をしているかのように聞こえてきます。それはあのお母さんでしょうか。

「母さん、お肉とお魚と、どっちがいいの。」

と、ゆみ子の高い声が、コスモスの中から聞こえてきました。

すると、ミシンの音がしばらくやみました。

やがて、ミシンの音がまたいそがしく始まった時、買い物かごをさげたゆみ子が、スキップをしながら、コスモスのトンネルをくぐって出てきました。そして、町の方へ行きました。

今日は日曜日、ゆみ子が、小さなお母さんになって、お昼を作る日です。

今西祐行「一つの花」より

1 （よく読んで答えよう）「ゆみ。さあ、……大事にするんだよう……。」というお父さんの言葉には、どんなねがいがこめられていますか。一つに○をつけましょう。　20点
ア（　）よくばらない人間になってほしい。

イ（○）大きくなって幸せにくらしてほしい。

ウ（　）一本のコスモスを大切に育ててほしい。

エ（　）お父さんのことはもうわすれてほしい。

2 「ゆみ子は、……知らないのかもしれません。」とありますが、ここからどのようなことがわかりますか。一つに○をつけましょう。　20点
ア（　）ゆみ子がお父さんと別れた時、ゆみ子がしっかりと話せる年れいだったこと。

イ（　）お父さんと別れてから十年がすぎ、ゆみ子が大きくなったこと。

ウ（○）お父さんが戦争に行ったきり、帰ってこないこと。

エ（　）お母さんがゆみ子に、お父さんの話をよくしていたこと。

3 「コスモスの花でいっぱいに包まれています。」とありますが、この様子をたとえを使って表しているところを九字で書きぬきましょう。　20点
コスモスのトンネル

4 （よく出る）この文章の後半の場面から、ゆみ子がどのようにくらしていることがわかりますか。一つに○をつけましょう。　20点
ア（　）お母さんと二人でまずしくくらしている。

イ（○）お母さんを助けながら明るくくらしている。

ウ（　）お父さんの帰りを待ちながらくらしている。

エ（　）お金持ちになって、ぜいたくにくらしている。

5 （考える力）「ミシンの音がしばらくやみました。」とありますが、ミシンの音がやんでいる間、何をしていたと思いますか。「お母さん」「ゆみ子」の二つの言葉を使って書きましょう。　20点
れい　お母さんがミシンを止めて、ゆみ子と買い物について話していた。

1 戦争に行ってもう帰ってくることはできないかもしれない、という思いで、お父さんがゆみ子に最後にかけた言葉です。ゆみ子の幸せを願っていることがわかります。

2 お父さんとの別れから十年たった今、ゆみ子が顔を覚えていないということはお父さんがいないことを表しています。

3 コスモスについて書かれている部分をさがしましょう。23行目の「コスモスのトンネルをくぐって出てきました」はゆみ子の家がコスモスにかこまれている様子を「トンネル」にたとえています。

4 「お肉とお魚と、どっちがいいの」がえらべるようになったこと、ゆみ子が「とんとんぶきの小さな家」に住んでいること、「ミシン」で作業をしているお母さんに代わって、ゆみ子が「お昼を作る」ことなどから考えましょう。

5 ゆみ子が「お母さん」に話しかけた場面であることをふまえて、「お母さん」「ゆみ子」の二つの言葉を使って、考えたことが書いてあればよいでしょう。
れい2　お母さんとゆみ子が、お肉とお魚のどちらを買うのか相談していた。

たしかめのテスト② 56~57ページ

一つの花／言葉の広場② 修飾語

1 読みがなを書きましょう。 一つ2点〔20点〕

① 大きな 旗 をふる。（はた）
② 広い 牧場 を歩く。（ぼくじょう）
③ 作戦 を立てる。（さくせん）
④ 勇 ましい行動。（いさ）
⑤ 飛行機 に乗る。（ひこうき）
⑥ 友人と言い 争 う。（あらそ）
⑦ 帯 をしめる。（おび）
⑧ 輪 になっておどる。（わ）
⑨ 日に 焼 ける。（や）
⑩ うれし 泣 きをする。（な）

2 □に漢字を、〔 〕に漢字と送りがなを書きましょう。 一つ3点〔30点〕

① 軍歌 を聞く。
② 包帯 をまいた足。
③ 日本の 国旗。
④ 兵隊 の行進。
⑤ 一輪 車に乗る。
⑥ 妹が〔泣く〕。
⑦ 空を〔飛ぶ〕。
⑧ てきと〔戦う〕。
⑨ ねつを〔帯びる〕。
⑩ 新聞紙で〔包む〕。

3 （ ）にあてはまる言葉を▭からえらんで、記号を書きましょう。 一つ4点〔12点〕

① 来月、（ウ）オリンピックが始まる。
② （イ）辺りはうすぐらい。（ア）、太陽がのぼり明るくなってきた。

ア やがて　イ まだ　ウ いよいよ

4 ――線の言葉は、ア「どんな」、イ「どのように」のどちらを表していますか。ア、イで答えましょう。 一つ3点〔12点〕

① かわいい赤ちゃんがすやすやとねむっている。（ア）（イ）
② 大つぶの雨が、はげしくふり出した。（ア）（イ）

「どんな」や、「どのように」にあたる言葉を「修飾語」というよ。

5 ――線の修飾語がくわしくしている言葉を書きぬきましょう。 一つ5点〔20点〕

① 毎朝、ぼくは パンを 食べる。（食べる）
② やっと むずかしい 問題が とけた。（問題（が））
③ 親友に 心をこめて 手紙を 書いた。（書いた）
④ 今日、学校で 先生に ほめられた。（ほめられた）

6 （ ）に言葉を入れて、文の組み立てを図にしましょう。 一つ2点〔6点〕

・駅前に おいしい ケーキの 店が できた。

①（おいしい）→②（ケーキの）→ 店が
③（駅前に）→ できた。

2 ①「軍歌」とは、兵隊の気持ちをふる
たたせるための歌です。
⑨「帯びる」とは、何かのせいしつや特
ちょうをふくんでいるという意味です。

3 時の経過を表す言葉です。「やがて」は「も
うすぐ」、「いよいよ」は「とうとう、つ
いに」という意味があります。

4 「どんな」は「何が」、「どのように」は
「どうする」という言葉を修飾します。

5 ①「毎朝」は「いつ」を表し、いつ「食
べる」のかという動きをくわしくしてい
ます。
②「むずかしい」は「どのくらい」を表し、
「問題」の様子をくわしくしています。
③「心をこめて」は「どのように」を表
し、どのように「書いた」のかという動
きをくわしくしています。
④「学校で」は「どこで」を表し、ど
で「ほめられた」のかという動きをくわ
しくしています。

6 ①「おいしい」は②「ケーキ」をくわ
くしています。③は「できた」をくわし
くする「駅前に」があてはまります。

じゅんび 58~59ページ

作ろう！「ショートショート」／「月」のつく言葉

新しい漢字

不（フ・ブ）4画　教科書126ページ
議（ギ）20画　126ページ
博（ハク）12画　127ページ
欠（ケツ／かける・かく）4画　132ページ

「議」の二十画めの「、」、「博」の九画めの「、」をわすれないようにしよう。

1 ▭に読みがなを書きましょう。

① 不思議 な話を聞く。（ふしぎ）
② 月の満ち 欠 け。（か）
③ 友達 と出かける。（ともだち）

2 □に漢字を書きましょう。

① 博物館
② 会議 を開く。
③ 学校を 欠席 する。
④ 不安 な気持ち。
⑤ 友達 と遊ぶ。
⑥ 物語の 結末。
⑦ 感想 を伝える。
⑧ 三日月
⑨ たんすを〔置く〕。

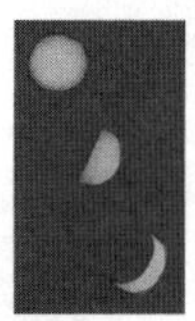

3 正しい意味に○をつけましょう。

① ショートショートを読む。
ア（○）短くて不思議な物語。
イ（ ）長くておもしろい話。
② みんなでアイデアを出し合う。
ア（ ）くわしく調べたこと。
イ（○）思いついたよい考え。
③ 二つの場面を設定する。
ア（○）新しく決めること。
イ（ ）ちがいをくらべること。
④ この物語は、てんかいが早い。
ア（ ）集まっていたものをばらばらにすること。
イ（○）物事を次に進めること。
⑤ 中秋の名月を見る。
ア（ ）今のこよみの八月十五日の夜の月。
イ（○）昔のこよみの八月十五日の夜の月。

作ろう！「ショートショート」

4 ショートショートの書き方について、▭にあてはまる言葉を▭からえらんで書きましょう。

①（不思議）な言葉を作り、想像を広げる。
②（登場人物）や場面を設定し、物語の（てんかい）を考える。
③ 想像を広げながら書く。

てんかい　おもしろい　登場人物　不思議　感想

「月」のつく言葉

5 次の月のことを表す言葉を▭からえらんで、記号を書きましょう。

① ぼんやりかすむ春の月。（エ）
② 美しくかがやく月。（ウ）
③ 夕方に見える月。（ア）
④ 夜明けの空にまだ残っている月。（イ）・（オ）

ア 夕月　イ 有明の月
ウ 名月　エ おぼろ月
オ 残月

※④は順番がちがっていてもよい。

2 ①「博」の九画目の「、」を書きわすれ
ないようにしましょう。
③「欠席」の反対の意味の言葉は「出席」
です。

3 ④「てんかい」は、「広がること」とい
う意味もあります。
⑤すすきをかざり、月見団子や里いもな
どをそなえて、「中秋の名月」を見て楽
しむ行事が「お月見」です。

4 ショートショートの書き方をふり返りま
しょう。「おもしろい」「感想」は、ショー
トショートの書き方をまとめた①②にあ
てはまりません。

5 ①ぼんやりとはっきりしない様子を「お
ぼろ」と言います。
②「名月」は、十五夜の丸い月をさすこ
ともあります。
③「夕月」の読みは「ゆうづき」です。
④「残月」の読みは「ざんげつ」です。

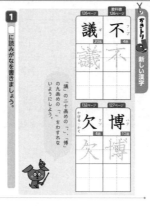

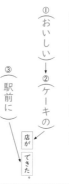

たしかめのテスト 60~61ページ
作ろう！「ショートショート」／言葉の文化② 「月」のつく言葉

1 文章を読んで、答えましょう。 思考・判断・表現

今年初めて雪がふった日、家族でリサイクルショップの前を歩いていると、店先に見なれないたんすが置かれていた。

「今年の冬は寒いですね。『ぽかたんす』はいかがですか。」

と、お店の人に声をかけられた。

「取っ手を左や右に回すと温かさを調節できます。中の服が温かくなって、冬にはもってこいですよ。」

わたしたちはぽかたんすを買うことにした。

次の日、わたしはごきげんだった。ぽかたんすから出した服はぽっかぽか。しかも長時間温かいままだ。今まで使っていたふつうのたんすはすぐにすて、楽しい毎日を送っていた。それが大きなまちがいだとは思いもせずに。

津久井 美千「ぽかたんす」（「作ろう！『ショートショート』」より）

(1) この「ショートショート」を書く前に、次のような組み立て表を書きました。□に合う言葉を、文章の中から書きぬきましょう。 一つ10点(30点)

中心人物	わたし
登場人物	わたしの家族・①〔お店の人〕
いつ	②今年の〔冬〕
どこで	リサイクルショップ
どんなことが	③店先に〔見なれない〕〔たんす〕が置かれていた。 それから…

(2) 文章を大きく二つの場面に分けるとき、二つ目の場面の初めの五字を書きぬきましょう。（「、」や「。」も一字に数えます。） 20点

〔次の日、わ〕

2 読みがなを書きましょう。 一つ4点(16点)

① 博物館（はくぶつかん）の入場けん。 ② 出欠（しゅっけつ）をとる。
③ 不気味（ぶきみ）な音。 ④ 議員（ぎいん）にえらばれる。

3 □に漢字を、〔 〕に漢字と送りがなを書きましょう。 一つ3点(18点)

① 〔会議〕を行う。 ② 〔博学〕な人と話す。
③ 持ち主が〔不明〕の本。 ④ 皿が〔欠ける〕。
⑤ 〔登場人物〕 ⑥ 物語の〔結末〕。

4 ショートショートを書くとき、どのような順で進めるとよいですか。（ ）に2〜5の番号を書きましょう。 全部できて10点

（1）ものの名前などを十個ぐらいさがして書く。
（4）不思議な言葉から想像を広げる。
（2）十個の言葉から一つえらび、その言葉から思いつくことを自由に書く。
（3）言葉を組み合わせて、不思議な言葉を作る。
（5）登場人物や場面を設定し、物語のてんかいを考える。
（6）想像を広げながら、「ショートショート」を書く。

5 次の言葉と同じ意味を表す言葉を、[ ]からえらんで書きましょう。 一つ3点(6点)

十五夜の月…十五日めの月。

（満月）（望月） ※順番はちがってもよい。

[新月　満月　望月　三日月]

じゅんび 62~63ページ
ごんぎつね

新しい漢字

松（まつ・ショウ） 19ページ 8画
続（つづく・つづける・ゾク） 9ページ 13画
散（ちる・ちらす・ちらかす・ちらかる・サン） 教科書9ページ 12画
巣（す） 28ページ 11画
側（がわ・ソク） 20ページ 11画

「散」の部首は「攵」（ぼくにょう）だよ。「側」の部首は「亻」（にんべん）だよ。

1 □に読みがなを書きましょう。

① 松（まつ）たけがとれる。 ② 散歩（さんぽ）をする。
③ かた側（がわ）を空ける。 ④ 巣（す）あなを見つける。

2 □に漢字を、〔 〕に漢字と送りがなを書きましょう。

① 意外な〔側面〕。 ② 大きなお〔城〕。
③ 〔松竹梅〕 ④ 〔不思議〕なこと。
⑤ お〔礼〕の言葉。 ⑥ 〔物置〕をかたづける。
⑦ 〔笛〕をふく。 ⑧ ゴミを〔拾う〕。
⑨ 〔散らかった〕部屋。 ⑩ 休みが〔続く〕。

3 正しい意味に○をつけましょう。

① じれったい
ア（○）思うようにならなくていらいらする。

イ（　）思うようにならなくて悲しい。

② かみしも
ア（　）おそう式のときに着る服。

イ（○）えど時代のぶしの礼服の一つ。

③ いはい
ア（　）おぼうさんの名前を書いた紙。

イ（○）死後の名前を書いた板。

④ しおれる
ア（○）元気がなくなる。

イ（　）しくしく泣く。

⑤ かげぼうし
ア（○）人などのかげ。
イ（　）人などのまぼろし。

⑥ 土間
ア（　）自分の家ととなりの家の間の地面。

イ（○）家の中の地面のままの所。

3分でワンポイント ごんと兵十の関わりの変化を読み取ろう。

★①〜③の（ ）に合う言葉を[ ]の中からえらんで記号を書きましょう。

場面	ごんと兵十の関わり
1	ごん ①（ウ）好き。 兵十 ごんに魚をぬすまれる。
2	兵十 おっかあが死ぬ。 ごん 自分のいたずらを②（ア）する。
5〜3	ごん ③（イ）のため、兵十の家にくりや松たけを置いていく。 兵十 ごんの③に気づかない。
6	兵十 ごんを火縄じゅうでうつ。くりや松たけをくれたのはごんだったと気づき、とり返しのつかないことをしたとこうかいする。

[ア こうかい　イ つぐない　ウ いたずら]

---

1 (2)物語において、場面の分かれ目をさがすときには、「時間（いつ）」や「場所（どこ）」の変わり目を手がかりにしましょう。

2 ③「不気味」とは、気味が悪く、不安な感じがすることです。

3 ①「議」の「言」を書きわすれないようにしましょう。
②「博学」とは、広くいろいろな知識を持っていることです。
④「欠ける」は「欠る」と書かないようにしましょう。

4 ショートショートを書くときは、不思議な言葉を考えてから、想像を広げるとてんかいを考えやすくなります。

5 「十五夜の月」は、「満月」「望月」のほかに、「名月」とも言います。
「新月」は、太陽と地球の間の一直線に入ったときの、見えない月のことです。

「三日月」は新月の前後の細い月のことです。

---

2 ①「側」の「亻」を書きわすれないようにしましょう。
⑦「笛」は「由」の部分を「田」と書かないようにしましょう。
⑨「散らかった」は「散かった」と書かないようにしましょう。

3 ②「かみしも」は和服の男子の正装の一つです。
④「しおれる」には、「草や木がかれそうになって弱る」という意味と、「人などが元気がなくなって、しょんぼりする」という意味があります。

3分でワンポイント

「ごんぎつね（新美南吉）」では、場面ごとのごんの様子や気持ちに注目しましょう。

景色や場面の様子からもごんの気持ちを想像することもできます。それから、ごんと兵十の関わりがどのように変化していくのかを考えてみましょう。

練習① 64~65ページ

ごんぎつね

文章を読んで、答えましょう。

「ああ、そうしきだ。」と、ごんは思いました。「兵十のうちのだれが死んだんだろう。」

お昼がすぎると、ごんは、村の墓地へ行って、六地蔵さんのかげにかくれていました。いいお天気で、遠く向こうには、お城の屋根がわらが光っています。墓地には、ひがん花が、赤いきれのようにさき続いていました。と、村の方から、カーン、カーンと、かねが鳴ってきました。そうしきの出る合図です。

やがて、白い着物を着たそうれつの者たちがやってくるのが、ちらちら見え始めました。話し声も近くなりました。そうれつは墓地へ入ってきました。人々が通ったあとには、ひがん花がふみ折られていました。

ごんは、のび上がって見ました。兵十が、白いかみしもを着けて、いはいをささげています。いつもは、赤いさつまいもみたいな元気のいい顔が、今日はなんだかしおれていました。

「ははん、死んだのは兵十のおっかあだ。」ごんは、そう思いながら、頭をひっこめました。

そのばん、ごんは、あなの中で考えました。

「兵十のおっかあは、とこについていて、うなぎが食べたいと言ったにちがいない。それで、兵十が、はりきりあみを持ち出したんだ。ところが、わしがいたずらをして、うなぎを取ってきてしまった。だから、兵十は、おっかあにうなぎを食べさせることができなかった。そのまま、おっかあは、死んじゃったにちがいない。ああ、うなぎが食べたい、うなぎが食べたいと思いながら、死んだんだろう。ちょっ、あんないたずらをしなけりゃよかった。」

新美南吉「ごんぎつね」より

❶ 文章の中に、たとえの表現が使われています。八字で書きぬきましょう。

赤いきれのように

❷ ごんは、どこで「そうれつ」を見ていましたか。書きぬきましょう。

（村の墓地（六地蔵さんのかげ））

❸ ごんは、なぜ、「そうれつ」を見に行ったのですか。十二字で書きぬきましょう。

兵十のうちのだれが死んだのか、知りたかったから。

❹ よく晴れた秋の日の美しい情景が表れている、ひと続きの二文をさがし、初めと終わりの五字を書きぬきましょう。（「、」や「。」も一字に数えます。）

ヒント ごんが見に行く前の文に注目しよう。

初め　いいお天気

終わり　いました。

❺ 「死んだのは兵十のおっかあだ。」と、ごんが思った理由を二つえらんで、○をつけましょう。

ア（　）兵十のおっかあが、とこについていたことを知っていたから。

イ（○）兵十が白いかみしもを着けて、いはいをささげていたから。

ウ（　）兵十がはりきりあみで、うなぎをつかまえようとしていたから。

エ（○）いつもは元気のいい兵十の顔が、今日はしおれていたから。

❻ 「あんないたずら」とは、どんなことですか。「こと。」に続くように十三字で書きぬきましょう。

ヒント ごんが見たものに注目しよう。

うなぎを取ってきてしまったこと。

練習② 66~67ページ

ごんぎつね

文章を読んで、答えましょう。

「いわしの安売りだあい。生きのいい、いわしだあい。」

ごんは、その、いせいのいい声のする方へ走っていきました。と、弥助のおかみさんが、うら戸口から、

「いわしをおくれ。」

と言いました。いわし売りは、いわしのかごをつんだ車を道ばたに置いて、ぴかぴか光るいわしを両手でつかんで、弥助のうちの中へ持って入りました。ごんは、そのすきまに、かごの中から五、六ぴきのいわしをつかみ出して、もと来た方へかけだしました。そして、兵十のうちのうら口から、うちの中へいわしを投げこんで、あなへ向かってかけもどりました。とちゅうの坂の上でふり返ってみますと、兵十がまだ、井戸の所で麦をといでいるのが小さく見えました。

ごんは、うなぎのつぐないに、まず一つ、いいことをしたと思いました。

次の日には、ごんは、山でくりをどっさり拾って、それをかかえて、兵十のうちへ行きました。うら口からのぞいてみますと、兵十は、昼飯を食べかけて、茶わんを持ったまま、ぼんやりと考えこんでいました。変なことには、兵十のほっぺたに、かすりきずがついています。どうしたんだろうと、ごんが思っていますと、兵十がひとり言を言いました。

「いったい、だれが、いわしなんかを、おれのうちへ放りこんでいったんだろう。おかげで、おれは、ぬすびとと思われて、いわし屋のやつに、ひどいめにあわされた。」

と、ぶつぶつ言っています。

ごんは、「これはしまった。」と思いました。「かわいそうに兵十は、いわし屋にぶんなぐられて、あんなきずまでつけられたのか。」

ごんは、こう思いながら、そっと物置の方へ回って、その入り口に、くりを置いて帰りました。

次の日も、その次の日も、ごんは、くりを拾っては、兵十のうちへ持ってきてやりました。その次の日には、くりばかりでなく、松たけも二、三本、持っていきました。

新美南吉「ごんぎつね」より

❶ この文章には何日間のできごとが書かれていますか。一つに○をつけましょう。

ア（　）二日間

イ（　）三日間

ウ（○）五日間

❷ 「まず一つ、いいことをした」とありますが、「いいこと」とはどんなことですか。書きぬきましょう。

兵十のうちの中へいわしを投げこんだこと。

❸ 「ごんは、山でくりを……行きました。」とありますが、ごんは何のためにこのようなことをしたのですか。八字で書きぬきましょう。

うなぎのつぐないのため。

❹ 「ぼんやりと考えこんでいました。」とありますが、兵十はどんなことを考えていたのですか。一つに○をつけましょう。

ア（○）うちへいわしを放りこんでいったのはだれなのかということ。

イ（　）いわし屋がおれをぬすびとと思ったのはなぜかということ。

ウ（　）いわし屋になぜ、おれがひどいめにあわされたのかということ。

❺ 「これはしまった。」と、ごんが思ったのはなぜですか。一つに○をつけましょう。

ヒント この文の前後にある兵十やごんの言葉に注目しよう。

ア（　）兵十がごんのことをうたがい始めたから。

イ（○）自分のせいで、兵十がひどいめにあったから。

ウ（　）いわしをぬすんだことがわかってしまったから。

❻ 兵十に対してもうしわけないというごんの気持ちが、ますます強まっていることがわかる一文をさがし、初めの五字を書きぬきましょう。

ヒント ごんが置いていくものの変化に注目しよう。

その次の日

---

❶ 「〜ように」という言葉はたとえを表しています。ここは「ひがん花」を「赤いきれ」にたとえています。他にも「赤いさつまいもみたいな」もたとえを表しています。

❷ ごんは「そうれつ」を見るために、「村の墓地へ行って、六地蔵さんのかげにかくれて」います。

❸ ごんが「そうれつ」を見に行った理由は、本文の最初の二文に書いてあります。

❹ 日が当たって屋根がわらが光り、ひがん花が赤くさき続いている情景が、二つの文で表現されています。

❺ ――線直前の「兵十が、白いかみしもを……いはいをささげています。」「いつもは、……しおれていました。」という二つの点からわかったのです。

❻ ごんがあなの中で考えた、「兵十のおっかあは、……しなけりゃよかった。」の部分に、いたずらの内容が書いてあります。

❶ 一日めは、ごんが兵十のうちにいわしを投げこんだ日で、二日めは、兵十がぶんなぐられたことを知った日です。そして、最後のだん落に「次の日も、その次の日も……」とあり、さらに「その次の日には……」とあるので、全部で五日間です。

❷ 兵十のうなぎを取ってきてしまったいたずらをつぐなうために、いわしを兵十にあげたかったのです。

❸ 前日の「いわし」と同様に、つぐなう気持ちから「くり」を兵十にあげようと思ったのです。

❹ 兵十の「いったい、だれが……」というひとり言に着目しましょう。

❺ ごんがいわしを放りこんだせいで、兵十がぬすびとと思われてなぐられたことがわかり、「これはしまった」と反省しています。

❻ 「くりばかりでなく、松たけも……」というところに、ごんが一生けん命につぐなおうとしている気持ちが表れています。

「読書発表会」をしよう／言葉が表す感じ、言葉から受ける感じ

かきトリ　新しい漢字

連（レン）教科書30ページ 10画　録（ロク）31ページ 16画　料（リョウ）33ページ 10画

陸（リク）33ページ 11画　極（キョク）33ページ 12画

「連」は、読み方と送りがなに注意しよう。「山が連なる」「バスを連ねる」「犬を連れる」となるよ。

1 □に読みがなを書きましょう。

① 北極（ほっきょく）たんけん　② 島に上陸（じょうりく）する。

③ 花に関連（かんれん）した本。　④ 温（あたた）かい心。

⑤ 発表の仕方（しかた）。　⑥ 自分の部屋（へや）。

2 □に漢字を、□に漢字と送りがなを書きましょう。

① おいしい［料理］（りょうり）。　② ［記録］（きろく）をのばす。

③ 山々が［連なる］（つらなる）。　④ 心に［残る］（のこる）。

〔「読書発表会」をしよう〕

3 正しい意味に○をつけましょう。

① 分類　ア（○）種類ごとに分けること。　イ（　）種類にかかわらず集めること。

② 野外　ア（　）家の中。　イ（○）家の外。

4 ブックトークをするときの進め方になるように、□にあてはまるものを□からえらんで、記号を書きましょう。

① テーマを決める。
②（ウ）
③ しょうかいする本の順番を決める。
④ 発表のタイトルを決める。
⑤（イ）
⑥ 読書発表会をする。

ア　発表した感想を話し合う。
イ　組み立てメモを作る。
ウ　テーマにそった本を集める。

〔言葉が表す感じ、言葉から受ける感じ〕

5 □に合う言葉を□からえらんで書きましょう。

① 山道を大きな岩が、（ごろごろ）転がってきた。
② 板の上をビー玉が、（ころころ）転がる。
③ ドアをらんぼうに（ばたん）としめた。
④ 本を静かに（ぱたん）ととじた。
⑤ 夜空に星が、（きらきら）光っている。
⑥ 真夏の太陽が、（ぎらぎら）照りつける。

きらきら　ごろごろ　ばたん
ころころ　ぱたん　ぎらぎら

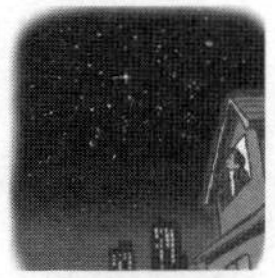

2 ①「料理」の「料」は、同じ音読みの「量」とまちがえないようにしましょう。
②「録」は「緑」とにているので、書きまちがえないように注意しましょう。
③「連なる」とは、列になって続いているという意味です。「連らなる」と書かないようにしましょう。

4 テーマを決めた本のしょうかいの仕方を「ブックトーク」と言います。発表のタイトルは、テーマをもとに考えましょう。発表のタイトルが決まったら、組み立てメモを作ります。

5 ①「ごろごろ」とは、大きな物が転がる様子を表します。
②「ころころ」とは、小さな物が転がる様子を表します。
⑤「きらきら」とは、美しく光りかがやいている様子を表します。
⑥「ぎらぎら」とは、強く光りかがやく様子を表します。

たしかめのテスト①

70〜71ページ

ごんぎつね 〜
言葉が表す感じ、言葉から受ける感じ

おうちのかたへ

物語は、まず、登場人物はだれで、どのような関係なのかといった、基礎となる情報を確認することが必要です。

そして、話の展開をおさえ、登場人物の気持ちの変化や関係の変化をとらえましょう。


文章を読んで、答えましょう。　思考・判断・表現

「えっ？」

と、兵十はびっくりして、加助の顔を見ました。

「おれは、あれからずっと考えていたが、どうも、そりゃ、人間じゃない、神様だ。神様が、おまえがたった一人になったのを、あわれに思わっしゃって、いろんな物をめぐんでくださるんだよ。」

「そうかなあ。」

「そうだとも。だから、毎日、神様にお礼を言うがいいよ。」

「うん。」

ごんは、「へえ、こいつはつまらないな。」と思いました。「おれが、くりや松たけを持っていってやるのに、そのおれにはお礼を言わないで、神様にお礼を言うんじゃあ、おれは、ひきあわないなあ。」

6

その明くる日も、ごんは、くりを持って、兵十のうちへ出かけました。兵十は、物置で縄をなっていました。それで、ごんは、うちのうら口から、こっそり中へ入りました。

その時、兵十は、ふと顔を上げました。と、きつねがうちの中へ入ったではありませんか。こないだ、うなぎをぬすみやがったあのごんぎつねめが、またいたずらをしに来たな。

「ようし。」

兵十は、立ち上がって、なやにかけてある火縄じゅうを取って、火薬をつめました。そして、足音をしのばせて近よって、今戸口を出ようとするごんを、ドンと、うちました。ごんは、ばたりとたおれました。

兵十はかけよってきました。うちの中を見ると、土間にくりがかためて置いてあるのが、目につきました。

「おや。」

と、兵十は、びっくりして、ごんに目を落としました。

「ごん、おまえだったのか。いつも、くりをくれたのは。」

ごんは、ぐったりと目をつぶったまま、うなずきました。
兵十は、火縄じゅうをばたりと、取り落としました。青いけむりが、まだ、つつ口から細く出ていました。

新美南吉「ごんぎつね」より

1 加助は兵十にどんなことを言いましたか。書きぬきましょう。　一つ5点(20点)

神様が、たった一人になった兵十をあわれに思って、いろんな物をめぐんでくれているので、神様にお礼を言うのがよい、ということ。

2 加助の話を聞いて、ごんはどう思いましたか。五字と六字で二つ書きぬきましょう。　一つ10点(20点)

・つまらない
・ひきあわない

3 （すきたらスゴイ！）「その明くる日」の場面で、兵十が心の中で思ったことが書かれている一文が、地の文（会話文でない部分）にあります。その文の初めの五字を書きぬきましょう。　10点

こないだ、

4 「ようし。」とありますが、このときの兵十はどんな気持ちでしたか。一つに○をつけましょう。　10点

ア（　）どんないたずらをするのか見てやろう。

イ（　）そうっと行って、おどかしてやろう。

ウ（○）うなぎをぬすんだ仕返しをしてやろう。

5 「兵十は、びっくりして」とありますが、兵十はこのとき初めて、どんなことに気がついたのですか。二字で書きぬきましょう。　15点

いつもくりをくれたのは、ごんだったこと。

6 （よく出る）「ごんは、……うなずきました。」とありますが、このときのごんはどんな気持ちでしたか。一つに○をつけましょう。　10点

ア（　）火縄じゅうでうつなんて、ひどすぎるよ。

イ（○）兵十にやっとわかってもらえて、よかった。

ウ（　）今まで悪いことをいっぱいして、ごめんなさい。

7 （考えて書こう）「兵十は、……取り落としました。」とありますが、このときの兵十の気持ちを書きましょう。　15点

ごんがくりや松たけをくれたにもかかわらず、ごんをうってしまったという、とり返しのつかない自分の行動を（れい　後かいしている）。

2 ごんが心の中で思っている言葉である「　」の部分からさがしましょう。13行目「おれにはお礼を言わないで」とあるので、お礼を言ってもらいたいという気持ちがあるのです。

3 22行目「ぬすみやがったあのごんぎつねめが……」という言葉づかいから、兵十のごんをうらむ気持ちが読み取れます。

4 この後、兵十がごんを火縄じゅうでうったことから考えましょう。兵十は、ごんがくりや松たけをくれたということを知りません。

5 この後の兵十の言葉から、どんなことに気がついたのか考えましょう。

6 34行目兵十の「おまえだったのか」に対し、ごんはうなずいています。前日に、自分がしていることをわかってもらえず、お礼を言われないことを「ひきあわない」と思っていたこととあわせて考えましょう。

7 とんでもないことをしてしまったと後かいの気持ちを書いていれば正かいです。
例2 申しわけないと思っている

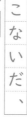

ごんぎつね ～ 言葉の広場③ 言葉が表す感じ、言葉から受ける感じ

1 読みがなを書きましょう。 一つ3点(15点)

① 台風が 上陸（じょうりく） する。 ② 料理（りょうり） を作る。
③ りっぱな 松（まつ） の木。 ④ 犬を 連（つ） れる。
⑤ 台風に 関連（かんれん） するニュース。

2 漢字を書きましょう。 一つ3点(15点)

① 雨の日が 続（つづ） く。 ② 記録（きろく） する。
③ 右側（みぎがわ） を歩く。 ④ 南極（なんきょく） の氷。

3 ――線の言葉から受ける感じを、それぞれ□からえらんで、記号を書きましょう。 一つ5点(30点)

(1) ① かえるが、ぴょんぴょんとはねた。（ア） ② かえるが、ぴょーんとはねた。（イ）
ア 一回、大きくはねる感じ。 イ 小さく、何回もはねる感じ。

(2) ① 本の表面はざらざらとした手ざわりだ。（イ） ② さらさらのさとうをふりかける。（ア）
ア しめり気がなく、かわいている感じ。 イ でこぼこがあり、なめらかでない感じ。

(3) ① ひみつをぺらぺらとしゃべる。（ア） ② 英語をぺらぺらと話す。（イ）
ア なんでもよく話す感じ。 イ 自由に、上手に話す感じ。

4 思考・判断・表現 次の「東野さんの発表」の一部を読んで、答えましょう。

ぼくは、「冒険」と聞くとなんだかわくわくします。「冒険大すき」というテーマで、三さつの本をしょうかいします。

さとうち藍さんの『冒険図鑑――野外で生活するために』は、歩く、食べる、ねる、作って遊ぶ、動植物との出会い、きけんへの対応などについて書いてある、野外生活の案内書です。地図の使い方や火のおこし方、野外での料理の仕方など、役立つことがたくさんのっています。ぼくもこの本を持って、冒険に出かけたくなります。

次にしょうかいする本は、ルドミラ＝ゼーマンさんの『シンドバッドの冒険』です。「アラビアン・ナイト」の中でも有名な話です。船乗りシンドバッドが、くじらの島に上陸したり、きょだいなロック鳥のあしに体をくくりつけて空を飛んだりします。シンドバッドは、大蛇がたくさんいるたにぞこに連れていかれてしまいます。さあ、どうやってだっしゅつするのでしょうか。

『読書発表会』をしようより

(1) 東野さんの発表のタイトルはどれがよいですか。一つに○をつけましょう。 10点
ア（ ）「アラビアン・ナイト」について
イ（○）冒険大すき
ウ（ ）動植物との出会い

(2) 「この本」の題名を書きましょう。 10点
『冒険図鑑――野外で生活するために』

(3) よく出る 一さつめから二さつめの本をしょうかいするとき、どんな言葉でつないでいますか。発表の中から二字で書きぬきましょう。 10点
次に

(4) できたらスゴイ！ 東野さんは、本をしょうかいするとき、どんなくふうをしていますか。一つに○をつけましょう。 10点
ア（ ）本のおもしろい部分を読み聞かせている。
イ（ ）本の中の印象的な絵を見せながら説明している。
ウ（○）本の内容の一部を話して、問いかけている。

みんなが楽しめる新スポーツ／いろいろな意味を表す漢字

かきトリ 新しい漢字

仲（なか）6画 教科書38ページ　司（シ）5画 39ページ　願（ガン）19画 40ページ　共（とも）6画 41ページ　試（こころみる）13画 42ページ　協（キョウ）8画 42ページ　選（えらぶ）15画 44ページ
灯（トウ）6画 44ページ　民（ミン）5画 45ページ　副（フク）11画 45ページ　夫（おっと）4画 45ページ　札（サツ）5画 45ページ

1 □に読みがなを書きましょう。 ＊は新しい読み方の漢字

① 灯台（とうだい） の明かり。 ② 千円 札（さつ） を出す。
③ 院長と 副（ふく） 院長。 ④ 夫（おっと） と出かける。
⑤ ＊川原（かわら） で遊ぶ。 ⑥ みんなで 協力（きょうりょく） する。
⑦ サッカー 選手（せんしゅ） ⑧ 仲（なか） のよい兄弟。
⑨ 市民（しみん） の代表。 ⑩ 必要（ひつよう） な道具。

2 □に漢字を、〇に漢字と送りがなを書きましょう。

① 司会（しかい） をつとめる。 ② 二人の 共通（きょうつう） 点。
③ 野球の 試合（しあい）。 ④ 合かくを 願う（ねがう）。

みんなが楽しめる新スポーツ

3 学級会では、どのような順で話し合いを進めるとよいですか。記号を書きましょう。

ア 提案に対してクラスのみんなで質問や意見を出し合う。
イ 提案者が提案内容と提案理由を話す。
ウ クラス全体で話し合って、内容を決定する。
エ 提案の課題や、よりよくするためのアイデアについて、グループで話し合う。

（イ）→（ア）→（エ）→（ウ）

いろいろな意味を表す漢字

4 次の漢字が、ア、イの意味で使われている言葉を、□から選んで書きましょう。 ※順番はちがっていてもよい。

① 家　ア 人の住むたて物（生家）（家屋）　イ 人（作家）（画家）
作家　生家　画家　家屋

② 口　ア 出入りするところ（戸口）（火口）　イ 言うこと（口数）（悪口）
戸口　口数　火口　悪口

2 ①「続」は、形がにている「読」とまちがえないようにしましょう。

3 (2)①「ざらざら」とは、なめらかではない様子を表します。

②「さらさら」とは、しめり気やねばり気がなく、かわいている様子を表します。

(3)①「べらべら」とは、よくしゃべる様子を表します。

②「ぺらぺら」とは、外国語をなめらかに話す様子を表します。

4 (1)東野さんは、発表の最初に『冒険大すき』というテーマで、三さつの本をしょうかいします。」と言っています。

(2)「この本」の題名については、同じだん落内の最初でしょうかいされています。

(3)東野さんの発表では、「さとうち藍さんの……」から始まるだん落で一さつめの本をしょうかいしています。次のだん落で二さつめの本の『シンドバッドの冒険』をしょうかいしています。

(4)二さつめの本のしょうかいのときに、「さあ、どうやってだっしゅつするのでしょうか。」と問いかけています。聞いている人は、気になって読んでみたくなります。

2 ①「司会」の「司」は、形のにている「同」とまちがえないようにしましょう。

②「共通」の「共」は、同じ音読みの「協」とまちがえないようにしましょう。

③「試合」の「試」は十三画目の「、」をわすれないように書きましょう。

3 学級会では、最初に提案者が提案内容と提案理由を話し、それに対する質問や意見を出し合いながら進めていきます。提案の課題や、よりよくするためのアイデアについて、グループで話し合う時間をもうけて、最後にクラス全体で話し合って、内容を決めていきます。

4 ②ア「火口」は、火山のマグマなどが出るあなのことです。

イ「口数」は、言葉の多さのことです。「口数が多い人」は、「おしゃべりな人」という意味です。

たしかめのテスト　76～77ページ

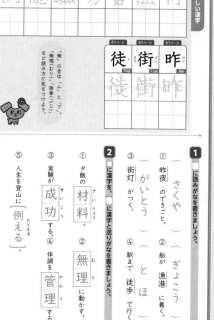

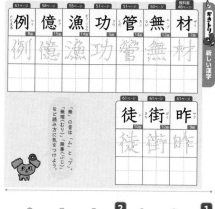

みんなが楽しめる新スポーツ／漢字の広場④　いろいろな意味を表す漢字

1 思考・判断・表現　次の「クラスの話し合い」の一部を読んで、答えましょう。

司会　今日は、夏川さんたちが考えた新スポーツがよりよくなるように話し合います。夏川さん、新スポーツの提案をお願いします。

夏川　わたしたちは、新スポーツに「風船テニス」を提案します。……

司会　提案について、質問や意見はありますか。

……（質問や意見、それに対する答え。）

司会　それでは、提案のよいところと課題について考えます。グループで話し合ってください。時間は十分です。

……

司会　時間になりました。意見のある人はいますか。

中西　風船を使うのは、安全だし、いいと思います。ちいきのかたとペアになるというルールはいいと思いますが、何点で勝ちなのかがわかりません。

司会　他にルールのことで意見のある人はいますか。

東野　反則や注意することも、わかりやすくまとめるといいと思います。

司会　勝つために必要な点数と注意することについて意見が出ました。他にも課題について意見はありますか。

「みんなが楽しめる新スポーツ」より

よく出る

(1) 話し合いの目的は何ですか。　10点

（れい 新スポーツがよりよくなるようにすること。）

(2) 夏川さんは、新スポーツとして、何を提案しましたか。　10点

（風船テニス）

(3) ①「勝つために必要な点数」と②「注意すること」についての意見は、だれが出した意見ですか。　一つ5点（10点）

①（中西（さん））　②（東野（さん））

できたらスゴイ！

(4) 司会が「他にも課題について意見はありますか。」と言っているのはなぜですか。一つに○をつけましょう。　5点

ア（　）他に意見がないことをたしかめるため。

イ（○）できるだけ多くの意見を出すため。

ウ（　）みんなの意見を一つにまとめるため。

考えを書こう

(5) この司会のよいところは、どのような点ですか。最後の二行に注目して、考えて書きましょう。　10点

（れい 意見をまとめている点。）

2 読みがなを書きましょう。　一つ5点（20点）

① 名札（なふだ）をつける。　② 共通（きょうつう）点をさがす。

③ 市民（しみん）病院　④ 試合（しあい）に勝つ。

3 □に漢字を、〔　〕に漢字と送りがなを書きましょう。　一つ5点（20点）

① 係に［協力］する。　② ［副］キャプテン

③ 代表を〔選ぶ〕。　④ 〔願い〕がかなう。

4 ――線の漢字は、どのような意味で使われていますか。［　］から選んで、記号を書きましょう。　一つ3点（15点）

① 牧場に、馬が五頭いる。（オ）

② 教頭先生のお話を聞く。（イ）

③ 頭上にご注意ください。（ア）

④ 店頭で、安売りをしていた。（エ）

⑤ 列の先頭にキャプテンがいる。（ウ）

ア あたま。首から上の部分。
イ 上に立つ人。
ウ はじめ。一番前。
エ あたり。近く。
オ けものを数える言葉。

1 (1)話し合いの目的について、司会が最初に伝えています。

(2)夏川さんの「……を提案します」という言葉に注目しましょう。

(3)「何点で勝ちなのかがわかりません」という意見と、「反則や注意すること」についての意見を、だれが話しているのかさがしましょう。

(5)直前で、中西さんと東野さんの二人が意見を言っていますが、この二人の言ったことを短くまとめています。司会の役わりについて、意見をまとめる以外に、グループで話し合う時間を取ったり、質問や意見を求めたりしています。

3 ①「協」の字の左側を「木」にしないようにしましょう。

②「副」は、同じ音読みの「福」とまちがえないようにしましょう。

④「願い」は送りがなを「願がい」としないようにしましょう。

4 「頭」という漢字には、いろいろな意味があるので、文章を読んで、どのような意味で使われているのか考えましょう。

じゅんび　78～79ページ

ウミガメの命をつなぐ／二つのことがらをつなぐ言葉

かきトリ　新しい漢字

材	無	管	功	漁	億	例	昨	街	徒
教科書48ページ	50ページ	51ページ	51ページ	55ページ	58ページ	61ページ	61ページ	61ページ	61ページ
ザイ	ム・ブ／ない	カン／くだ	コウ	ギョ・リョウ	オク	レイ／たとえる	サク	ガイ／まち	ト
7画	12画	14画	5画	14画	15画	8画	9画	12画	10画

「無」の音は「ム」と「ブ」。「無理（むり）」「無事（ぶじ）」など読み方に気をつけよう。

1 □に読みがなを書きましょう。

① 昨夜（さくや）のできごと。　② 船が漁港（ぎょこう）に着く。

③ 街灯（がいとう）がつく。　④ 駅まで徒歩（とほ）で行く。

2 □に漢字を、〔　〕に漢字と送りがなを書きましょう。

① 夕飯の［材料］。　② ［無理］に動かす。

③ 実験が［成功］する。　④ 体調を［管理］する。

⑤ 人生を登山に〔例える〕。

ウミガメの命をつなぐ

3 正しい意味に○をつけましょう。

① 今から行っても、とうてい追いつかない。

ア（　）もしかすると。たぶん。

イ（○）どうしても。とても。

② 旅行の日数は、三十日にのぼる。

ア（○）たっする。～にもなる。

イ（　）足りない。～にとどかない。

二つのことがらをつなぐ言葉

4 □の言葉でつないである二つの文が一つの文になるように、（　）に合う言葉を［　］から選んで書きましょう。

① あせをかいた。［だから］、服を着がえた。
あせをかいた（ので）、服を着がえた。

② とても急いだ。［しかし］、間に合わなかった。
とても急いだ（のに）、間に合わなかった。

③ まどを開けた。［すると］、冷たい風が入ってきた。
まどを開ける（と）、冷たい風が入ってきた。

［のに　し　と　ので］

ウミガメの命をつなぐ

3分でワンポイント　文章の内容を整理しよう。

★次の図は、文章を流れにそってまとめたものです。①、②にあてはまる言葉を［　］の中から選んで、記号を書きましょう。

世界にいるウミガメの全てにぜつめつのおそれ → 世界中でさまざまな取り組み

← 名古屋港水族館によるウミガメの研究

← 水族館の役わり
○多くの人に、さまざまな生き物のすがたや①［イ］を見せる役わり。
○生き物の生活の様子を明らかにし、②［ア］に役立てる役わり。

［ア ほご　イ くらしぶり］

2 ④「管理」の「管」は、同じ音読みの「官」とまちがえないようにしましょう。

4 ①「だから」は、前の文を理由とする文や、前の文から予想される文が、次に来ることを表すときなどに使われる「つなぐ言葉」です。同じような働きをもつ「つなぐ言葉」として、「それで」や「そのため」などがあります。

②「しかし」は、前の文と反対の意味になるような文や、前の文から予想されない文が、次に来ることを表すときなどに使われる「つなぐ言葉」です。同じような働きをもつ「つなぐ言葉」として、「それでも」や「でも」、「けれども」などがあります。

3分でワンポイント

「ウミガメの命をつなぐ（松田乾）」で本文全体をまとめながら「水族館の役わり」について書いているのは、最終だん落です。この中から、水族館のもっている役わりを二つさがし、空らんに合うように記号を選びましょう。

練習① 80~81ページ

ウミガメの命をつなぐ

文章を読んで、答えましょう。

今、世界にいるウミガメは、全て、「ぜつめつのおそれがある動物」に指定されています。長い間に、日本でも、ウミガメは数がへってきたのです。つかまえられてそうしょく品の材料に使われたり、たまごを産むすなはまが開発によってさんらん場所として十分なかんきょうではなくなったりしたことなどが、主な原因と考えられます。

そこで、二十世紀半ばごろから、ウミガメをほごしようと、世界中でさまざまな取り組みが行われるようになりました。

名古屋港水族館は、一九九二（平成四）年に開館した当時から、ウミガメの研究を進めてきました。水族館がある愛知県内には、ウミガメがたまごを産みにくる海岸がたくさんあるからです。名古屋港水族館は、ウミガメのほごのために、どんな研究に取り組んできたのでしょうか。そこには、解決すべきどんな課題があったのでしょうか。

まず水族館が取り組んだのは、水族館の中に人工のすなはまをつくり、ウミガメにたまごを産ませてかえすことでした。また、これとほぼ同じころ、一九九三（平成五）年からは、近くの海岸で採取したたまごからかえした子ガメを、海に放流する研究にも取り組みました。ウミガメの行動を明らかにするためです。

ウミガメのさんらん研究がどうなったか、見ていきましょう。

この研究のむずかしさは、ウミガメが明るさや音にとてもびんかんで、少しでも気になると、たまごを産まないところにあります。水族館の中は、夜でもひじょう灯がついていたり、飼育員が見回りに歩いたりします。ですから、当時は、ウミガメが水族館の中でたまごを産むことなど、とうてい無理だと考えられていました。

そこで、少しでもウミガメがたまごを産みやすいように、人工のすなはまに周りの明かりが入らないようにし、たまごを産む時期には見回りも注意して行うようにしました。また、えさの種類や栄養、水温、すなの種類などをくふうしたり、ウミガメの血液を調べて体調を管理したりするなどの研究も重ねました。

こうした努力が実り、一九九五（平成七）年、ようやくウミガメが、館内の人工のすなはまでたまごを産みました。さらに、そのたまごから子ガメをかえすことにも成功しました。

松田乾「ウミガメの命をつなぐ」より

❶ 「世界にいるウミガメ」とありますが、日本では、とくにどこにたくさんいるのですか。文章から書きぬきましょう。

ウミガメが［たまご］を産みにくる海岸がたくさんある［愛知県］。

❷ 「ウミガメをほごしよう」とありますが、なぜほごしなければならないのですか。文章から七字で書きぬきましょう。

つかまえられたり、さんらんしやすいかんきょうが少なくなったりして、［数がへってきた］から。

ヒント 直前のだん落に注目しよう。

❸ 「近くの海岸で採取したたまごからかえした子ガメを、海に放流する」とありますが、なぜ放流してしまうのですか。文章から九字で書きぬきましょう。

ウミガメの［行動を明らかに］［する］ため。

❹ 「ウミガメのさんらん研究がどうなったか」とありますが、どうなったのですか。文章から書きぬきましょう。

館内の［人工のすなはま］でたまごを産み、さらに［子ガメをかえす］ことにも成功した。

❺ 「人工のすなはまに周りの明かりが入らないようにし、たまごを産む時期には見回りも注意して行うようにしました。」とありますが、なぜこのようにするのですか。文章から書きぬきましょう。

ウミガメは［明るさや音］にびんかんだから。

ヒント ――線の前のだん落に注目しよう。

練習② 82~83ページ

ウミガメの命をつなぐ

文章を読んで、答えましょう。

今、世界にいるウミガメは、全て、「ぜつめつのおそれがある動物」に指定されています。長い間に、日本でも、ウミガメは数がへってきたのです。つかまえられてそうしょく品の材料に使われたり、たまごを産むすなはまが開発によってさんらん場所として十分なかんきょうではなくなったりしたことなどが、主な原因と考えられます。

そこで、二十世紀半ばごろから、ウミガメをほごしようと、世界中でさまざまな取り組みが行われるようになりました。

名古屋港水族館は、一九九二（平成四）年に開館した当時から、ウミガメの研究を進めてきました。水族館がある愛知県内には、ウミガメがたまごを産みにくる海岸がたくさんあるからです。名古屋港水族館は、ウミガメのほごのために、どんな研究に取り組んできたのでしょうか。そこには、解決すべきどんな課題があったのでしょうか。

まず水族館が取り組んだのは、水族館の中に人工のすなはまをつくり、ウミガメにたまごを産ませてかえすことでした。また、これとほぼ同じころ、一九九三（平成五）年からは、近くの海岸で採取したたまごからかえした子ガメを、海に放流する研究にも取り組みました。ウミガメの行動を明らかにするためです。

ウミガメのさんらん研究がどうなったか、見ていきましょう。

この研究のむずかしさは、ウミガメが明るさや音にとてもびんかんで、少しでも気になると、たまごを産まないところにあります。水族館の中は、夜でもひじょう灯がついていたり、飼育員が見回りに歩いたりします。ですから、当時は、ウミガメが水族館の中でたまごを産むことなど、とうてい無理だと考えられていました。

そこで、少しでもウミガメがたまごを産みやすいように、人工のすなはまに周りの明かりが入らないようにし、たまごを産む時期には見回りも注意して行うようにしました。また、えさの種類や栄養、水温、すなの種類などをくふうしたり、ウミガメの血液を調べて体調を管理したりするなどの研究も重ねました。

こうした努力が実り、一九九五（平成七）年、ようやくウミガメが、館内の人工のすなはまでたまごを産みました。さらに、そのたまごから子ガメをかえすことにも成功しました。

松田乾「ウミガメの命をつなぐ」より

❶ ウミガメの「数がへってきた」のはなぜですか。理由を二つさがし、言葉を書きぬきましょう。

・［そうしょく品］の［材料］に使われるために［つかまえられ］たから。
・［すなはま］が［開発］によってさんらん場所として十分なかんきょうではなくなり、［たまご］を産めなくなったから。

❷ ウミガメをほごする研究が世界中でさかんになったのは、いつごろからですか。書きぬきましょう。

（二十世紀半ば）ごろから。

❸ 名古屋港水族館が取り組んだ研究を、二つ書きぬきましょう。

（水族館の中に人工のすなはまをつくり、ウミガメにたまごを産ませてかえすこと）
（近くの海岸で採取したたまごからかえした子ガメを、海に放流する研究）

※❸❹それぞれ順番はちがっていてもよい。

❹ 「ウミガメが……考えられていました。」とありますが、「無理だと考えられ」たのは、水族館がどんな所だからですか。二つに分けて書きましょう。

（例 夜でもひじょう灯がついている明るい所だから。）
（例 飼育員が見回りに歩く音のする所だから。）

ヒント 直前の「～たり、～たり」と書かれた文に注目しよう。

❺ 「こうした努力」の内容がくわしく書かれているだん落を一つ選び、初めの八字を書きぬきましょう。

［そこで、少しでも］

ヒント 「こうした」の「こう」は前に書いてあることをさすよ。

練習①

❶ 日本におけるウミガメについての話は、三つめのだん落から書かれています。

❷ 直前のだん落に注目しましょう。ウミガメをほごしなければならない理由がくわしく書かれています。

❸ 問題で「なぜ」と問われているので、「～ため」や「～から」と答えます。ここでは、――線の直後に「～ためです。」という文末につながる形で、理由が書かれています。文末表現もヒントになるので、見のがさないようにしましょう。

❹ 最後のだん落で、「こうした努力が実り」という言葉でウミガメのさんらん研究のまとめに入っています。このだん落の中からあてはまる文をさがしましょう。

❺ 「明かり」と「見回り」という言葉に注目しましょう。直前のだん落でも、同じことについて書かれています。

練習②

❶ 直後の文に「……たり、……たりした」とあることに注目しましょう。文章とはちがう語順で言葉をあてはめるので、字数をよく数えましょう。

❷ 7行目に「二十世紀半ばごろから」と書かれています。

❸ 四つめのだん落から書きぬきましょう。16行目「まず水族館が取り組んだのは、……。また、……にも取り組みました。」とあります。

❹ ウミガメは、「明るさや音にとてもびんかん」で、気になるとたまごを産まないとあります。その後の26行目から水族館の「明るさ」と「音」について説明しているので、その内容をまとめましょう。

❺ 「こうした努力」の「こう」は、前に書いてあることをさします。一つ前のだん落に、ウミガメがたまごを産みやすいようにくふうをしていることが書かれています。

たしかめのテスト①　84〜85ページ

ウミガメの命をつなぐ
言葉の広場④　二つのことがらをつなぐ言葉

おうちのかたへ

説明文には、専門用語や数字が書いてあることも多くあります。

専門用語は語注などで意味を確かめ、数字はどのような意味をもつのかをしっかり読み取ることが必要です。

文章を読んで、答えましょう。　思考・判断・表現

ウミガメの行動を調べてみると、ほとんどのウミガメが海流に乗ってハワイの北西まで行き、しばらく①そこにとどまって成長することがわかってきました。アメリカの近くまで行ったウミガメも、②そこにもどってきます。ハワイの北西の海は、ウミガメの成長にちょうどよい水温がたもたれていて、えさもゆたかなのでしょう。そして、成長すると海流には乗らず、自分の力で泳いで日本にもどってくるのです（図３）。

こうした二つの研究によって、ウミガメのさんらんや成長の様子が少しずつ明らかになってきました。

しかし、日本にもどってきたウミガメが、その後、どこで成長して何さいくらいでたまごを産むのかは、まだなぞです。

二〇一一（平成二十三）年、長崎の海で、一ぴきのウミガメが見つかりました。このウミガメは、タグから、一九九六（平成八）年、名古屋港水族館で生まれ、二さいの時に愛知県田原市の海岸で放流したものとわかりました。十三年もの長い旅をして、日本にもどってきたのです。ウミガメを水族館に運んで調べると、体の中にたまごはありませんでした。このまま、日本の近くにとどまって、いずれたまごを産むのでしょうか。また、日本の近くの海にもどってきてからたまごを産むまでに、どのような生活をするのでしょうか。

これらのぎもんをとき明かすために、今度は、送信機をつけて、つかまえた海の近くからもう一度放流し、生活の様子をさぐることになりました。この研究は、名古屋港水族館にとって、新たな取り組みとなりました。

二〇一二（平成二十四）年六月、このウミガメは、長崎の新三重漁港に運ばれ、放流されました。ここから、また一つ、ウミガメの生活の様子が明らかになるでしょう。

水族館は、多くの人に、さまざまな生き物のすがたやくらしぶりを見せています。これは、わたしたちの目にふれやすい、水族館の役わりです。一方で、水族館は、生き物の生活の様子を明らかにし、ほごに役立てる取り組みもしています。これは、水族館の、もう一つの大事な役わりといえるのです。

※図３は省略。

松田 乾「ウミガメの命をつなぐ」より

1 「そこ①」、「そこ②」は、同じ所をさしていますが、どこですか。文章から八字で書きぬきましょう。　10点

ハワイの北西の海

2 よく出る ① 1で答えた場所にウミガメがとどまるのはなぜですか。二つに○をつけましょう。　一つ10点(20点)

ア（○）水温が、ウミガメの成長にちょうどよいから。
イ（　）海流が、そこでとぎれているから。
ウ（　）そこにはウミガメがたくさんいるから。
エ（○）そこにはえさがたくさんあるから。
オ（　）たまごを産むのにてきしているから。

3 できたらスゴイ! 「一ぴきのウミガメ」について、答えましょう。

① このウミガメは、いつ、どこで生まれたのですか。　5点

（一九九六（平成八）年、名古屋港水族館）

② このウミガメについて、合うものはどれですか。二つに○をつけましょう。　一つ10点(20点)

ア（　）ハワイの海で見つかった。年れいは二さい。
イ（　）ハワイからたまごを産むためにもどってきた。
ウ（○）年れいは十五さい。愛知県の海岸で放流された。
エ（　）年れいは二さい。愛知県の海にもどってきた。
オ（○）見つかったとき、たまごはもっていなかった。

4 「これらのぎもん」とありますが、「ぎもん」が書かれている文を二つさがし、それぞれ初めの五字を書きぬきましょう。　一つ10点(20点)

・このまま、
・また、日本

※順番はちがっていてもよい。

5 最後のだん落は何について書かれていますか。一つに○をつけましょう。　5点

ア（○）水族館の二つの役わり。
イ（　）名古屋港水族館の二つの取り組み。
ウ（　）水族館にいるさまざまな生き物。

6 最後のだん落を要約しましょう。　20点

例 水族館には、多くの人に、さまざまな生き物のすがたやくらしぶりを見せるという役わりと、生き物の生活の様子を明らかにし、ほごに役立てるという役わりがある。

---

1 「そこ①」は、そのか所よりも前に出てきた言葉をさすので、「そこ①」の直前の２行目「ハワイの北西」をさしています。

これを八字で表した言葉が、「そこ②」の後の５行目「ハワイの北西の海」です。

2 ５行目「ハワイの北西の海は、……ゆたかなのでしょう。」の文に、「水温」と「えさ」について書かれています。

3 ①問われているのは「生まれた」年です。見つけられた年ではないので、気をつけましょう。

②このウミガメは、「二さいの時に」放流されて、「十三年もの長い旅をして」きたので、十五さいです。

4 「これら」とあるので、前の文章からさがします。「ぎもん」を表す文末表現の「……でしょうか」という文が、二つならんでいることに注目しましょう。

5 「……水族館の役わりです。一方で、……水族館の、もう一つの大事な役わりといえるのです。」と役わりが書かれています。

6 要約は、水族館の「役わり」二つをそれぞれかんけつにまとめましょう。

例2 水族館には、生き物のすがたやくらしぶりを多くの人に見せることと、生き物の生活の様子を明らかにしてほごに役立てるという、二つの役わりがある。

たしかめのテスト② 86～87ページ

ウミガメの命をつなぐ／言葉の広場④ 二つのことがらをつなぐ言葉

1 読みがなを書きましょう。 一つ3点(24点)

① 例を挙げる。（れい）
② 今日は大漁だ。（たいりょう）
③ 無事に帰る。（ぶじ）
④ ゴムの管をつなぐ。（くだ）
⑤ 街を歩き回る。（まち）
⑥ 材木を用意する。（ざいもく）
⑦ 時間が無い。（な）
⑧ 文学の研究。（けんきゅう）

2 □に漢字を、（ ）に漢字と送りがなを書きましょう。 一つ3点(30点)

① 商店街（しょうてんがい）
② 徒歩（とほ）で行く。
③ 一億人（いちおくにん）
④ 無理（むり）をしない。
⑤ 海辺の漁港（ぎょこう）。
⑥ 商品を管理（かんり）する。
⑦ 昨夜（さくや）は雨だった。
⑧ 水族館（すいぞくかん）に行く。
⑨ 花に（例える）。
⑩ たまごを（産む）。

3 ――線の言葉の意味を［ ］から一つずつ選んで、記号を書きましょう。 一つ4点(20点)

① 実験は、順調に進んでいる。（ウ）
② サケを、川に放流する。（オ）
③ 宿題は、今日中にはとうてい終わらない。（ア）
④ 雨がはげしいので、その場にとどまる。（エ）
⑤ 会場に集まった人は、千人にのぼる。（イ）

ア どうしても。とても。
イ たっする。～にもなる。
ウ 問題がなく調子がよい様子。
エ 動かないで、そこにいる。
オ 数をふやすために、放すこと。

4 ――線の修飾語がくわしくしている言葉を、□に書きましょう。 一つ3点(6点)

① 衣類は全て、きれいにせんたくがすんでいる。［すんでいる］
② 先週、ようやく新しい計画ができあがった。［できあがった］

5 （ ）にあてはまる、つなぐ言葉を、［ ］から選んで書きましょう。 一つ4点(20点)

① 友達に手紙を出した（のに）、返事が来ない。
② ねつが高かった（ので）、学校を休んだ。
③ ケーキを食べますか。（それとも）、ドーナツにしますか。
④ 約束をやぶった。（だから）、しかられたのだ。
⑤ 明日は海に行く。（ただし）、晴れたらの話だ。

［ので のに ただし だから それに それとも］

じゅんび 88～89ページ

クラスの「不思議ずかん」を作ろう／故事成語

かきトリ 新しい漢字

特	利
トク 10画 教科書65ページ	リ 7画 70ページ

労	器
ロウ 7画 70ページ	キ 15画 73ページ

1 □に読みがなを書きましょう。

① 苦労を思いやる。（くろう）
② 特長のあるカメラ。（とくちょう）
③ 利害がぶつかる。（りがい）
④ 機器をあつかう。（きき）
⑤ 最新のじょうほう。（さいしん）
⑥ えんぴつを置く。（お）

2 □に漢字を書きましょう。

① バスを利用（りよう）する。
② 特（とく）に目立つ色。
③ 徒労（とろう）に終わる。
④ 手先が器用（きよう）だ。

3 正しい意味に○をつけましょう。

① 急ににげ出すなんて、おくびょうだ。
ア（ ）自分勝手で、わがままなこと。
イ（○）こわがって、びくびくすること。
② あなたの話は、つじつまが合わない。
ア（○）物事のすじみち。
イ（ ）意見や考え方。

クラスの「不思議ずかん」を作ろう

4 「不思議ずかん」を作るとき、どのように進めていくとよいですか。進める順に記号を書きましょう。

ア 取材をする。
イ ずかんの原稿を書き、読み返す。
ウ 表紙や目次をつけて、一さつのずかんにまとめる。
エ ずかんにのせるものを決めて、調べる。
オ 組み立て表を作る。
カ 友だちやおうちの人に発表する。

（エ）→（ア）→（オ）→（イ）→（カ）→（ウ）

5 次は、じょうほうを集めて活用するときに注意することです。［ ］にあてはまる言葉を［ ］から選んで書きましょう。

・「いつ」「（だれが）」発信したじょうほうかに気をつける。
・文章や写真、絵などは、作者がもつ（ちょさくけん）に注意する。
・引用したものは必ず（出典）をしめす。

［出典 どこで だれが ちょさくけん］

故事成語

6 次の話から生まれた故事成語と、その意味を［ ］から選んで、記号を書きましょう。

① どんな盾でもつき通せるという矛と、どんな矛でもつき通さないという盾を売る者が、「その矛でその盾をついたらどうなるか」と聞かれ、返事にこまった。
故事成語（ウ）意味（エ）
② 昔、中国の詩人が、「僧は推す月下の門」と書いたあと、「推す」がよいか、「敲く」がよいかまよっていて、「敲く」に決めた。
故事成語（イ）意味（カ）
③ 昔、中国のまずしい人が、蛍の光や、雪の明かりで夜も勉強した。
故事成語（ア）意味（オ）

ア 蛍雪の功　イ 推敲　ウ 矛盾
エ 前に言ったことと、後に言ったことが合わないこと。
オ 苦労して、学問にはげむこと。
カ 文章などの言葉を、よりよくすること。

1 ④訓読みは「くだ」です。「ゴム管」「水道管」などは「かん」と読みます。

3 ③「とうてい」は、あとに打ち消しの言葉が続きます。

4 ①「全て―すんでいる」、②「ようやく―できあがった」と、それぞれくわしくしています。

5 （ ）の前と後の内容の関係がどうなっているのかに注意して、つなぐ言葉を選びましょう。

①「のに」は、前の文と反対の事がらが後ろの文に続くときに使います。

②「ので」は、前の文が後ろの文の理由や原いんになるときに使います。

③「それとも」は、前の文と後ろの文をくらべたり、どちらかを選んだりすることを表すときなどに使われます。同じような働きをもつ「つなぐ言葉」として、「または」や「あるいは」などがあります。

④「だから」は、前にのべたことが後ろにのべたことの理由になるときに使われます。

⑤「ただし」は、前にのべたことに対して、説明やじょうけん、例外などを付け加えるときに使われます。

2 ②同じ音をもつ「徳」とまちがえないように気をつけましょう。

③「徒労」とは、「むだな苦労」という意味です。

4 「不思議ずかん」をつくるときの手順をふり返りましょう。

5 「ちょさくけん」は漢字では「著作権」と書きます。作品をつくった人にあたえられた、作品の利用についての権利です。

「引用」は、説明をわかりやすくするために、他の人の文章などを借りて使うことです。「出典」は、引用した文章やしりょうなどの出どころとなった書物のことです。

6 故事成語は、話の中で使われている漢字をもとにしてできたものが多いです。それぞれの成り立ちを知ることで、意味や正しい使い方がわかりやすくなります。

たしかめのテスト　90~91ページ
クラスの「不思議ずかん」を作ろう／言葉の文化③　故事成語

1 文章を読んで、答えましょう。　思考・判断・表現

昔、ある人が王様にたずねました。

「戦場で、ある兵士がにげ出して、百歩走ったところでにげるのをやめました。別の兵士もにげ出しましたが、五十歩のところで立ち止まりました。そして、百歩にげた兵士に向かって、『君は百歩もにげて、なんておくびょうなんだ。わたしは、五十歩しかにげなかったぞ。』と笑ったら、どう思いますか。」

王様は、

「五十歩と百歩のちがいはあっても、戦場からにげたことには変わりはない。」

と答えました。

「故事成語」より

よく出る

(1) この話からできた故事成語を漢字で書きましょう。　10点
（五十歩百歩）

(2) この故事成語の意味を書きましょう。　10点
（例 少しのちがいはあっても、大きなちがいはないという意味。）

(3) 故事成語は、どこの国の古い時代のできごとから生まれた言葉ですか。一つに○をつけましょう。　10点
ア（　）日本
イ（　）インド
ウ（○）中国

(4) 故事成語の使い方として正しくないものはどれですか。一つに○をつけましょう。　10点
ア（　）「蛇足ですが…」と言ってつけ足す。

イ（○）矛盾があるのでわかってもらえた。

ウ（　）背水の陣で試合にのぞむ。

エ（　）推敲を重ねて詩集をつくった。

2 読みがなを書きましょう。　一つ4点（16点）

① 特（とく）にすきな歌。
② 時間と労力（ろうりょく）を使う。
③ バスを利用（りよう）する。
④ 特急（とっきゅう）列車に乗る。

3 □に漢字を書きましょう。　一つ4点（20点）

① ガラスの［器具］。
② ［労働］者
③ ［特別］な日。
④ ［利口］な犬。
⑤ チームを［勝利］へとみちびく。

4 ずかんの原稿を書くときに気をつけることとして、（　）にあてはまる言葉を□から選んで、記号を書きましょう。　一つ4点（16点）

① 読む人の（ウ）がわきそうなものを選ぶ。
② （ア）や写真を効果的に使う。
③ 題名や、文章の（イ）をくふうする。
④ むずかしい言葉などは、くわしい（エ）を加えたり、わかりやすい言葉に言いかえたりする。

ア 図表　イ 書き出し　ウ 興味　エ 説明

5 次の故事成語の意味を□から選んで、記号を書きましょう。　一つ4点（8点）

① 他山の石（イ）
② 漁夫の利（ウ）

ア 取りこし苦労をすること。
イ どんなものでも自分をみがくのに役立つこと。
ウ 関係のない人がとくをすること。

じゅんび　92~93ページ
いろいろな詩

1 詩を読んで、答えましょう。

ニンジン
おふろあがり

ケムシ
さんぱつは　きらい

ミミズ
シャツは　ちきゅうです
ようふくは　うちゅうです
――どちらも
一まいきりですが

まど・みちお

「いろいろな詩」より

(1) ニンジンのどのような様子を「おふろあがり」と言ったのですか。□に漢字一字を書きましょう。
ニンジンの色が［赤］い様子。

(2) 「さんぱつ」の正しい意味に○をつけましょう。
ア（　）かみの毛をブラシなどで、とかすこと。

イ（○）かみの毛を切ったり、かったりすること。

(3) ケムシのどのような様子を「さんぱつは　きらい」と言ったのですか。□に漢字一字を書きましょう。
体中に［毛］がはえている様子。

(4) 「ミミズ」の「シャツは　ちきゅうです」とは、どういう意味ですか。一つに○をつけましょう。
ア（　）ミミズの体はとても長くて大きいこと。

イ（　）ミミズがちきゅうのどこにでもいること。

ウ（○）ミミズが土の中で、体に土をつけていること。

(5) 「どちらも」は、何と何をさしていますか。
（シャツ）と（ようふく）
※順番はちがっていてもよい。

2 詩を読んで、答えましょう。

ヘビ
こいつは長すぎる。

ミドリカナヘビ
ペンキ塗り立て！

ジュール＝ルナール
佃 裕文 やく

「いろいろな詩」より

(1) 「長すぎる」というところから、作者のどんな気持ちがわかりますか。一つに○をつけましょう。
ア（　）ヘビはこわい、とおそれる気持ち。

イ（○）ヘビの長さにおどろく気持ち。

ウ（　）ヘビの生活を心配する気持ち。

(2) 「ペンキ塗り立て！」とは、どういうことを表していますか。一つに○をつけましょう。
ア（　）ミドリカナヘビに、「そこは、ペンキ塗り立てだよ！」と注意していること。

イ（○）ミドリカナヘビの体が、ペンキ塗り立てのように色あざやかであること。

ウ（　）ミドリカナヘビが、ペンキを塗っているかのように、かべを動き回っていること。

(3) 生き物一つを題名として、そこから思いうかべる言葉を書きましょう。
題名（例 ネコ）
言葉（例 かわいいけどひっかく。）

自分のすきな生き物や
気になる生き物をよく見て
考えてみよう。

---

1 (2)「少しのちがいはあっても、たいして変わりがない」「大きなちがいはない」ということが書かれていれば正かいです。
(4)イ「矛盾」は、「言うことのつじつまが合わないこと」なので、文が成り立っていません。
ア「蛇足」は「あっても役に立たない、よけいなもの。むだなこと」という意味です。

ウ「背水の陣」は「にげられない場所に身を置き、全力を出し切ること」という意味です。

エ「推敲」は、「文章や詩などの言葉をよりよくするためにいろいろ考えて、何度も直すこと」という意味です。
ア、ウ、エは文が成り立ちます。

5 アの「取りこし苦労をすること」を表す故事成語は、「杞憂」です。

1 (1)「おふろあがり」は体が温まって赤くなります。赤いニンジンを、おふろあがりだから赤いと言っているのです。
(3)ケムシは体中に毛が生えています。それは、「さんぱつ」が「きらい」だから、毛を切らずにいるからだ、と言っています。
(4)土の中にいるミミズは、体の表面に土をつけているので、ミミズにとっての「シャツ」は土＝「ちきゅう」ということです。

2 (2)ミドリカナヘビの緑色の体そのものの様子を言い表しています。
(3)題名に生き物の名前を書き、それについて思うことが書いてあれば正かいとします。

おうちのかたへ

詩は、まず形式を確認します。「連」がある詩もない詩もあります。

くり返しや倒置、比喩といった表現技法に関する問題も多いので、その効果も確認しておく必要があります。

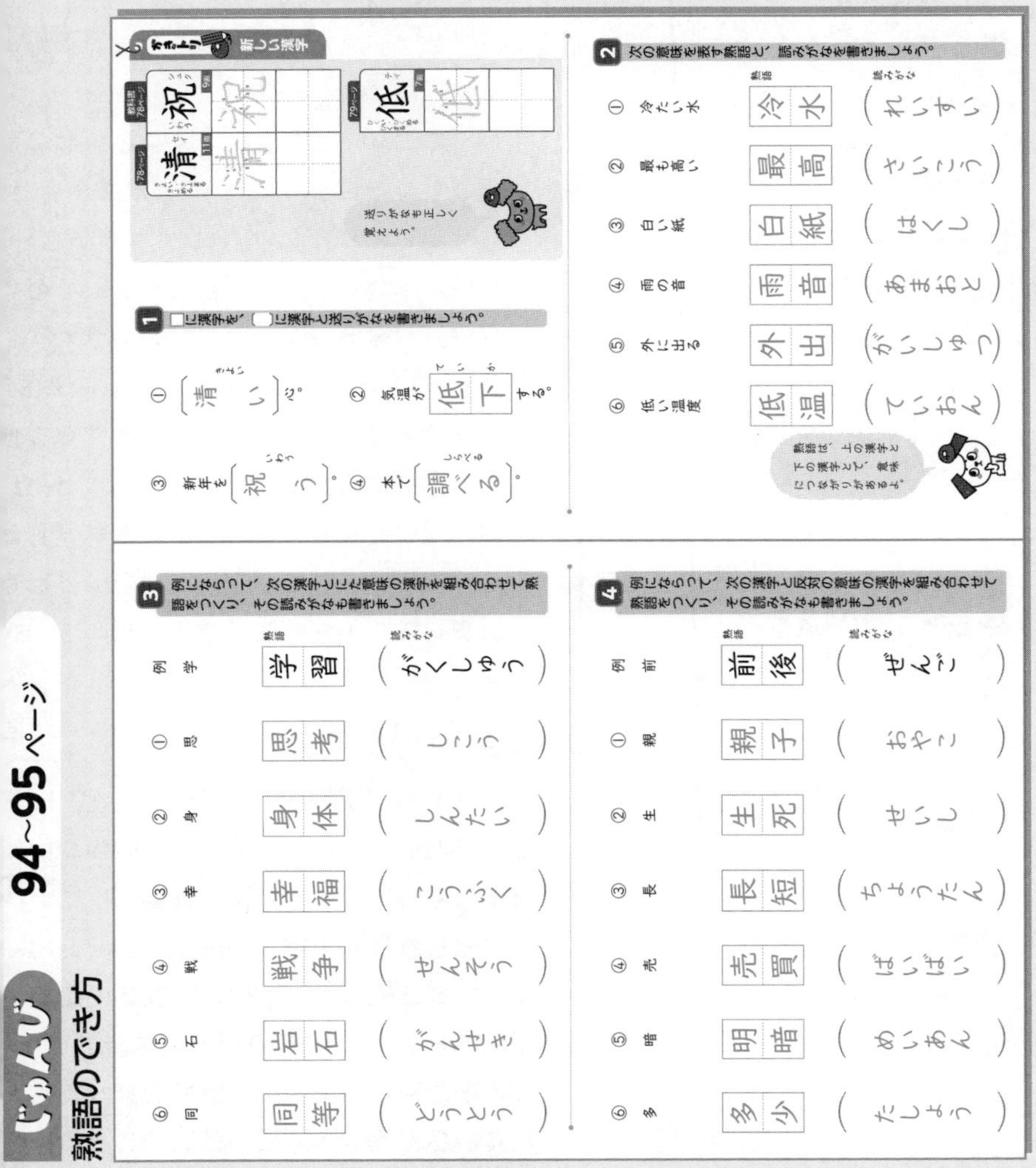
じゅんび 熟語のでき方 94~95ページ

1 □に漢字を、（　）に漢字と送りがなを書きましょう。
① 清い　② 気温が低下する。　③ 新年を祝う。　④ 本で調べる。

2 次の意味を表す熟語と、読みがなを書きましょう。
① 冷たい水　冷水（れいすい）
② 最も高い　最高（さいこう）
③ 白い紙　白紙（はくし）
④ 雨の音　雨音（あまおと）
⑤ 外に出る　外出（がいしゅつ）
⑥ 低い温度　低温（ていおん）

3 例にならって、次の漢字とにた意味の漢字を組み合わせて熟語をつくり、その読みがなも書きましょう。
例 学　学習（がくしゅう）
① 思　思考（しこう）
② 身　身体（しんたい）
③ 幸　幸福（こうふく）
④ 戦　戦争（せんそう）
⑤ 石　岩石（がんせき）
⑥ 同　同等（どうとう）

4 例にならって、次の漢字と反対の意味の漢字を組み合わせて熟語をつくり、その読みがなも書きましょう。
例 前　前後（ぜんご）
① 親　親子（おやこ）
② 生　生死（せいし）
③ 長　長短（ちょうたん）
④ 売　売買（ばいばい）
⑤ 明　明暗（めいあん）
⑥ 多　多少（たしょう）

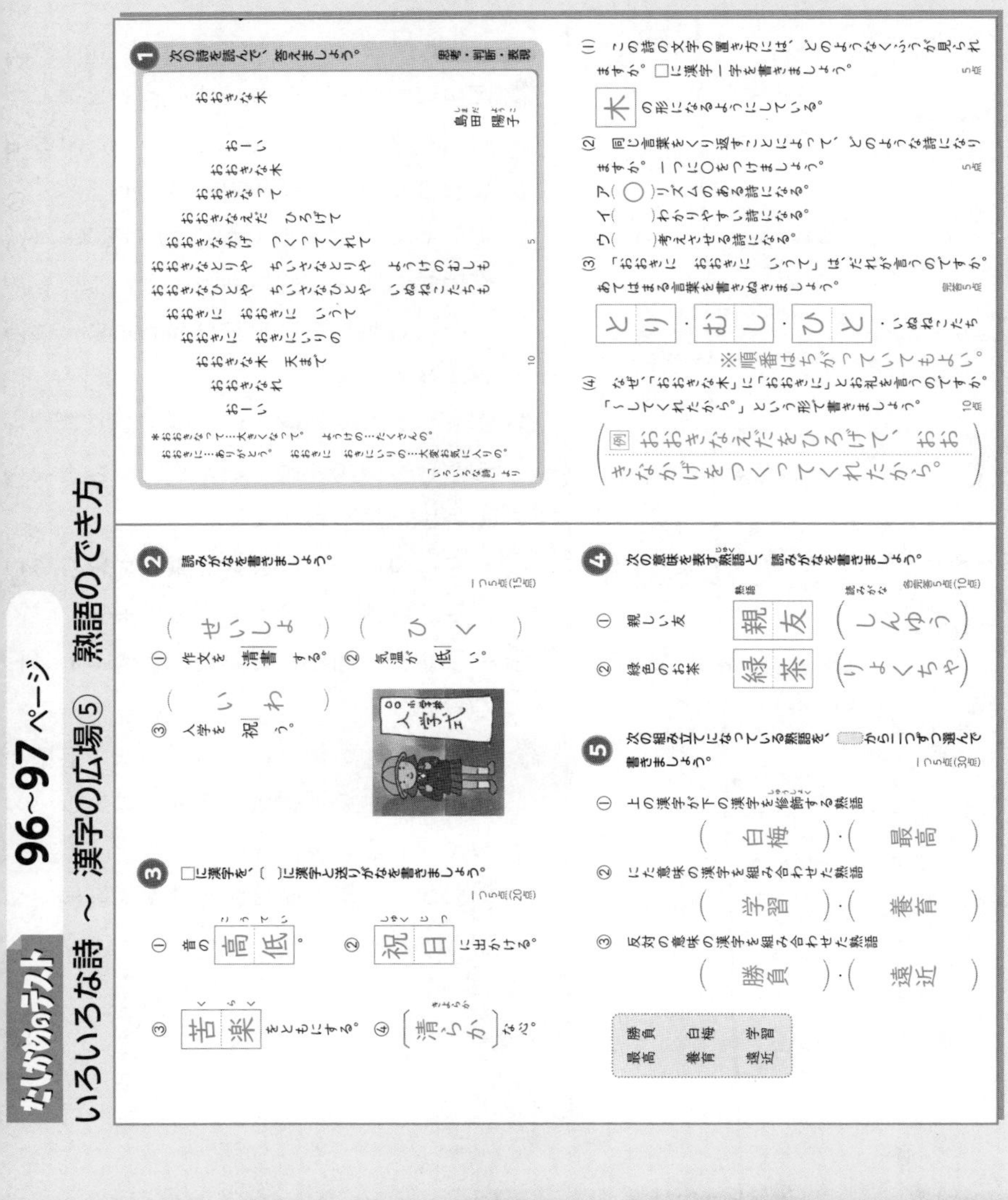
たしかめのテスト いろいろな詩 ～ 漢字の広場⑤ 熟語のでき方 96~97ページ

1 次の詩を読んで、答えましょう。
(1) 木
(2) ア ○
(3) とり・むし・ひと
(4) 例 おおきなえだをひろげて、おおきなかげをつくってくれたから。

2 読みがなを書きましょう。
① 作文を清書する。（せいしょ）　② 気温が低い。（ひく）　③ 入学を祝う。（いわ）

3 □に漢字を、（　）に漢字と送りがなを書きましょう。
① 音の高低。　② 祝日に出かける。　③ 苦楽をともにする。　④ 清らかな心。

4 次の意味を表す熟語と、読みがなを書きましょう。
① 親しい友　親友（しんゆう）
② 緑色のお茶　緑茶（りょくちゃ）

5 次の組み立てになっている熟語を、□から二つずつ選んで書きましょう。
① 上の漢字が下の漢字を修飾する熟語　白梅・最高
② にた意味の漢字を組み合わせた熟語　学習・養育
③ 反対の意味の漢字を組み合わせた熟語　勝負・遠近

1 ③「祝」の「ネ」を、「衤」と書かないように気をつけましょう。

2 ①「冷たい」、②「最も」、③「白い」、④「雨の」、⑤「外に」、⑥「低い」という上の言葉が、下の漢字を修飾しています。

3 ①は「思う」と「考える」、②は「身」と「体」、③は「幸せ」と「福」、④は「戦う」と「争う」、⑤は「石」と「岩」、⑥は「同じ」と「等しい」です。これらを組み合わせて熟語をつくりますが、⑤を「石岩」としてしまわないように気をつけましょう。

4 ①は「親」と「子」、②は「生きる」と「死ぬ」、③は「長い」と「短い」、④は「売る」と「買う」、⑤は「暗い」と「明るい」、⑥は「多い」と「少ない」です。これらを組み合わせて熟語をつくりますが、⑤を「暗明」としてしまわないように気をつけましょう。

---

1 (1)詩の文字の形を木の形にしています。
(2)「おおきな」が最も多い言葉ですが、「おおきに」「おきにいりの」など、「お」のつく言葉によってリズムを出しています。
(3)「～や～や～も」とならんでいるところに注目しましょう。
(4)「おおきな木」が「おおきなえだ　ひろげて」「おおきなかげ　つくってくれて」、それでそのかげの中で休むことができるのです。

3 ④「清らか」を「清か」と書かないように気をつけましょう。

4 ①「親しい」、②「緑色の」という上の言葉が、下の漢字「友」「茶」を修飾しています。漢字を合わせて熟語を作りましょう。

5 ①「白い梅」「最も高い」と読むことのできる「白梅」と「最高」があてはまります。
②「学習」は「学ぶ」と「習う」、「養育」は「養う」と「育てる」がにた意味です。
③「勝負」は「勝つ」と「負ける」、「遠近」は「遠い」と「近い」が反対の意味です。

じゅんび　98~99ページ

くらしを便利にするために／手話であいさつをしよう

かきトリ　新しい漢字

便	付	改
教科書82ページ　ベン・ビン　たより　9画	82ページ　フ　つける・つく　5画	83ページ　カイ　あらためる　あらたまる　7画

差	票	郡
90ページ　サ　さす　10画	90ページ　ヒョウ　11画	90ページ　グン　10画

1 □に読みがなを書きましょう。

① 便りがとどく。（たよ）　② 大差がついた試合。（たいさ）
③ 機械を改良する。（かいりょう）　④ 郡部にある村。（ぐんぶ）

2 □に漢字を、〔　〕に漢字と送りがなを書きましょう。

① 投票（とうひょう）所に行く。　② 便利（べんり）な工具。
③ 名札を〔付ける〕（つける）。　④ 行いを〔改める〕（あらためる）。

くらしを便利にするために

3 正しい意味に○をつけましょう。

① 出口が見つからず、とまどう。
ア（○）どうしたらよいかわからず、まよう。
イ（　）どうしたらよいか、人にたずねる。

② なにげなく言った言葉で、妹をおこらせてしまった。
ア（　）だれに対してということもなく。
イ（○）特にこれといった考えもなく。

4 それぞれの立場の人にとって「便利」といえる物を、□から選んで、記号を書きましょう。

① 目の不自由な人（オ）
② 耳の不自由な人（キ）
③ 料理をする子ども（イ）
④ 車いすを使う人（カ）
⑤ 左ききの人（ア）

ア　きき手に合わせたはさみ
イ　子ども用の包丁
ウ　歩道橋
エ　ふつうの包丁
オ　音で知らせるチャイム
カ　エレベーターの付いた歩道橋
キ　光で知らせるチャイム

3分でワンポイント　事実と、筆者の意見とを読み分けよう。

★次の表は、友人の体験談を聞いた筆者が考えたことをまとめたものです。①～③の（　）に合う言葉を□の中から選んで記号を書きましょう。

筆者が考えたこと (1)	一人一人が使う道具の「便利」について ← 使う人の①（ウ）によって、道具の②（ア）を変えなければいけない場合がある。
筆者が考えたこと (2)	たくさんの人が使うせつびの「便利」について ← ○どんな①の人が、どんなときに利用するかを考えてつくる。○③（イ）を強く感じる人が少なくなるようにする必要がある。

ア　仕組み　イ　不便　ウ　立場

練習　100~101ページ

くらしを便利にするために

文章を読んで、答えましょう。

少し前の時代まで、道具は、ある程度多くの人にとって便利に使えれば、それでよいと考えられてきました。

今では、そのような考え方が変わってきています。同じ目的を果たす道具が、さまざまな立場の人に合わせて何種類も作られるようになり、一人一人が、その中から最も使いやすい物を選べるようになってきたのです。きき手に合わせたはさみなどが、その例です。

一人一人が使う道具とちがい、たくさんの人が使うせつびについては、そのような解決方法をとれないこともあります。

歩道橋について考えてみましょう。歩道橋は、交通量の多い道路を安全に横断することができるので、大変便利であるといえます。しかし、体の不自由な人やお年寄りにとっては、かいだんを上り下りしなくてはならないので利用できないこともあります。

こうしたせつびは、小さな道具のように、いろいろな立場の人に合った物を別々に用意するというわけにはいきません。したがって、そのせつびを、どのような立場の人が、どのようなときに利用するのかをよく考えなければなりません。そして、不便を強く感じる人が少なくなるようにつくったり、改良したりしていくことが必要です。

最近では、エレベーターが付いた歩道橋も見られるようになってきています。また、かいだんの横にゆるやかなスロープを設置していることもあたりまえのようになっています。このような歩道橋がつくられることによって、車いすやベビーカーを使う人、自転車に乗る人、重い荷物を持った人など、さまざまな立場の人が、安全で便利に道路を利用することができるようになるのです。

太田正己「くらしを便利にするために」より

❶「同じ目的を果たす道具が、さまざまな立場の人に合わせて何種類も作られるようになり」とありますが、例えば「はさみ」の場合、どのような人に合わせて作られますか。考えて書きましょう。

右きき の人と、左きき の人
※順番はちがっていてもよい。

❷「たくさんの人が使うせつびについては、そのような解決方法をとれないこともあります。」とありますが、こう考えるのはなぜですか。一つに○をつけましょう。

ア（　）せつびは、とても小さい上に、作ってももうけることができず、何種類も用意する必要がないから。
イ（　）せつびは、作ってもだれも使わないかもしれず、多くのお金や時間をかけて用意するものではないから。
ウ（○）せつびは、とても大きい上に、作るのにお金も時間もかかり、何種類も用意することができないから。

❸「しかし、体の不自由な人やお年寄りにとっては、かいだんを上り下りしなくてはならないので利用できないこともあります。」の文は、「事実」ですか、「意見」ですか。一つに○をつけましょう。

（○）事実　（　）意見

ヒント　事実か筆者の考えなのかを見分けよう。

❹「こうしたせつび」とありますが、具体的には何をさしていますか。文章から三字で書きぬきましょう。

歩道橋

❺「エレベーターが付いた歩道橋」とありますが、このせつびは、どのような考え方によって用意されるようになったのですか。文章から書きぬきましょう。

歩道橋を、（どのような立場の人）が、どのようなときに（利用）するのかをよく考えることと、（不便を強く感じる人）が少なくなるようにつくったり、（改良）したりしていくことが必要である、という考え方。

---

1 ①「便り」は「手紙」という意味を表し
ます。

2 ③「付ける」は、「二つのものを合わせ
てはなれないようにする」という意味なので
「洋服を身につける」「着ける」は
注意が必要です。④「改める」は「改た
める」と書かないようにしましょう。

4 「くらしを便利にするために」の中で
いくつかの道具がしょうかいされていま
す。①「目の不自由な人」にとっては、
目で見る以外の方法を用いる道具、②「耳
の不自由な人」にとって耳で聞く以外の
方法を用いる道具が「便利」だといえま
す。

3分でワンポイント

「くらしを便利にするために（太田正己）」では、いくつかの具体例を通して筆者の考えがのべられています。友人の体験談を聞いた筆者が考えたことは、教科書83ページの9行目から書かれています。ここから先を読みながら、例を挙げている部分と、筆者の考えが書かれている部分を区別しながらさがしてみましょう。

❶ 同じだん落の11行目に「きき手に合わせ
たはさみなどが、その例です。」と書か
れていることから考えましょう。

❷ 18行目から歩道橋が挙げられています。
たくさんの人が使うせつびの例として、
こうしたせつびの説明に合うものを選び
ましょう。

❸ 例えば車いすを使っている人や、つえを
使っているお年寄りなどは、かいだんを
上り下りできません。
このことから、この文に書かれているこ
とが「事実」であるとわかります。

❹ ——線は、直前のだん落の内容をさして
います。

❺ 「どのような考え方」かを答える問題な
ので、筆者の「意見」が書かれていると
ころをさがしましょう。
25行目から29行目に筆者の意見が書かれ
ています。

たしかめのテスト①　102～103ページ

くらしを便利にするために
手話であいさつをしよう

おうちのかたへ

説明文を読むときには、「事実」と「意見」の違いに注意しましょう。それによって、筆者の考えをつかむことができます。そのうえで、自分が経験したこととそのとき感じたこと、考えたことを、筆者の考えと比べてみるとよいでしょう。

文章を読んで、答えましょう。　思考・判断・表現

「便利」とは「都合がよく、役に立つこと」です。でも、それは、だれにとって都合がよく、だれの役に立つことなのでしょうか。

わたしたちの家の中を見わたしてみましょう。ぶんぼう具のような小さな物から、家具のような大きな物まで、わたしたちの身のまわりには、たくさんの道具があることに気づかされます。これらの道具はどれも、わたしたちのくらしを便利でかいてきにするために、生み出されてきた物です。しかし、光で知らせるチャイムの話のように、使う人の立場によっては、道具の仕組みを変えなければ役に立たない場合もあります。

このように、ある人にとっては便利だと思われている物でも、立場を変えてみると、その仕組みのままでは不便であることがわかります。

少し前の時代まで、道具は、ある程度多くの人にとって便利に使えれば、それでよいと考えられてきました。今では、そのような考え方が変わってきています。同じ目的を果たす道具が、さまざまな立場の人に合わせて何種類も作られるようになり、一人一人が、その中から最も使いやすい物を選べるようになってきたのです。きき手に合わせたはさみなどが、その例です。

一人一人が使う道具とちがい、たくさんの人が使うせつびについては、そのような解決方法をとれないこともあります。

歩道橋について考えてみましょう。歩道橋は、交通量の多い道路を安全に横断することができるので、大変便利であるといえます。しかし、体の不自由な人やお年寄りにとっては、かいだんを上り下りしなくてはならないので利用できないこともあります。

こうしたせつびは、小さな道具のように、いろいろな立場の人に合った物を別々に用意するというわけにはいきません。したがって、そのせつびを、どのような立場の人が、どのようなときに利用するのかをよく考えなければなりません。そして、不便を強く感じる人が少なくなるようにくふうしたり、改良したりしていくことが必要です。

太田正己「くらしを便利にするために」より

よく出る

1 「『便利』とは……だれの役に立つことなのでしょうか。」とありますが、筆者は「便利」ということをどのように考えていますか。一つに○をつけましょう。　20点

ア（　）ある程度多くの人が便利に使えれば、それは便利な物といえる。
イ（○）ある人にとって便利な物でも、使う人の立場によっては不便なこともある。
ウ（　）どんな人にとっても便利な物はないので、全ての物は不便だといえる。

2 「これらの道具」とは、何をさしていますか。具体的に挙げられているものを五字と二字で書きぬきましょう。　両方できて20点

・ぶんぼう具　・家具

てきたらスゴイ!

3 「今では、そのような考え方が変わってきています。」とありますが、どのような考え方が、どのように変わってきたのですか。書きぬきましょう。　20点

道具は、ある程度多くの人にとって便利に使えればよい、という考え方から、さまざまな立場の人が便利に使える物を何種類も作る、という考え方に変わってきた。

4 文章の終わりの三つのだん落（「一人一人が～必要です。」）で話題になっていることは何ですか。一つに○をつけましょう。　20点

ア（　）一人一人が使う、小さな道具について。
イ（　）不便な歩道橋について。
ウ（○）たくさんの人が使うせつびについて。
エ（　）道路を使う、たくさんの人について。

考える力をつけよう

5 「不便を強く感じる人が……改良したりしていく」とありますが、例えば、どのような人のために作られた、どのようなせつびがありますか。考えて書きましょう。　20点

例 車いすの人のために、低い位置にボタンを付けたエレベーター。

---

1 三つ目のだん落に「このように、ある人にとっては……不便であることがわかります。」とあります。筆者は「ある程度多くの人が使えれば」よいとはのべていないので、アはあてはまりません。「どんな人にとっても便利な物はない」とはのべていないので、ウもあてはまりません。

2 4行目から5行目で、「小さな物」と「大きな物」の例が一つずつ挙げられています。

3 「そのような」は直前の文（15行目）をさしています。「変わってき」た「考え方」は、直後の文（17行目）に書いてあります。

4 この文章は、前半で「一人一人が使う道具」について、後半で「たくさんの人が使うせつび」についてのべています。

5 小さな道具ではなく、多くの人が使うせつびで考えましょう。「どのような人」と「どのようなせつび」が具体的に書かれていれば正かいです。
例2 目の不自由な人のために、音声で場所を知らせる駅のトイレ。
例3 外国の人にもわかりやすいように、いろいろな言語で書かれた駅の案内図。

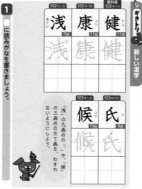

たしかめのテスト② 104~105ページ

くらしを便利にするために／手話であいさつをしよう

1 読みがなを書きましょう。（一つ5点〔30点〕）

① 郡部（ぐんぶ）に住む。 ② 足あとが付（つ）く。 ③ 外国との時差（じさ）。 ④ ゆう便（びん）で送る。 ⑤ 改札口（かいさつぐち）で待つ。 ⑥ 伝票（でんぴょう）に記入する。

2 □に漢字を、（　）に漢字と送りがなを書きましょう。（一つ4点〔24点〕）

① 受験票（じゅけんひょう） ② 駅付近（ふきん）の商店街。 ③ 交差点（こうさてん）を通る。 ④ 不便（ふべん）を感じる。 ⑤ 悪人が改心（かいしん）する。 ⑥ 印を（付ける）。

3 正しい意味に○をつけましょう。（一つ3点〔6点〕）

① 生活をもっとかいてきにしたい。
ア（　）おもしろい様子。

イ（○）気持ちのよい様子。

② この先は、ゆるやかなカーブになっている。
ア（○）なだらかな。急ではない。

イ（　）少し急な。

4 次の文の――線の言葉と反対の意味の言葉を、□から選んで、書きましょう。（一つ5点〔20点〕）

① 有料のちゅう輪場を利用する。 ⇔（無料）
② バスがゆっくり停車する。 ⇔（発車）
③ 重い荷物を運ぶのをてつだう。 ⇔（軽い）
④ きけんがないように気を配る。 ⇔（安全）

安全　軽い　自由　発車　借りる　無料

5 「引用」している文を一つ選んで、○をつけましょう。（5点）

ア（　）時代とともに、道具は少しずつ変化してきたのだと思います。

イ（○）『昔のくらし』という本には、「時代とともに、道具は変化してきました。」と書いてあります。

ウ（　）昔のくらしについて調べて、道具の変化について知りたいと考えます。

6 次は、手話について説明したものです。（　）にあてはまる言葉を□から選んで、書きましょう。（一つ5点〔15点〕）

・（声）を使わない、目で見る言語。
・手や（指）の動き、顔の（表情）で、物事や気持ちを表す。

表情　声　指

じゅんび 106~107ページ

「便利」をさがそう／点（、）を打つところ

かきトリ 新しい漢字

健（教科書102ページ） 康（102ページ） 浅（102ページ） 氏（103ページ） 候（103ページ）

「浅」の九画めの「、」や、「候」の三画めのたて画を、わすれないようにしよう。

1 □に読みがなを書きましょう。

① 氏名（しめい）を記入する。 ② 路面（ろめん）がこおる。 ③ 読点（とうてん）を打つ。

2 □に漢字を、（　）に漢字と送りがなを書きましょう。

① 天候（てんこう）がよくなる。 ② バスの乗客（じょうきゃく）。 ③ 健康（けんこう）に気をつける。 ④ 出典（しゅってん）をしめす。 ⑤ 文字の位置（いち）。 ⑥ 山本氏（し）が参加した。 ⑦ 商品を（選ぶ）。 ⑧ この池は（浅い）。

「便利」をさがそう

3 正しい意味に○をつけましょう。

① 学校の中にあるせつびを調べる。
ア（○）そなえつけてある物。

イ（　）動かすことのできる物。

② 雨の中、ていりゅう場まで歩く。
ア（　）自動車などをとめておく所。

イ（○）客が乗りおりするためにバスなどがとまる所。

③ 図書館で、点字の本をさがす。
ア（○）六つの点の組み合わせで五十音を表したもの。

イ（　）点や線が多くえがかれたもの。

④ バリアフリーの家をたてる。
ア（○）だれもが生活しやすいように、しょうがい物などを取りのぞくこと。

イ（　）てきのこうげきから守ること。

⑤ 使った道具の実物を見せる。
ア（　）よかったところ。

イ（○）実際のもの。

4 □にあてはまる言葉を□から一つずつえらんで、記号を書きましょう。

発表をするとき
・言葉に（ウ）をつけたり、間をとったりして話す。
・図など、（イ）を指ししめしながら話す。

発表を聞くとき
・伝えたいことは何かを考えながら聞く。
・わからないことを質問したり、自分の意見や（ア）を伝えたりする。

ア 感想　イ 資料　ウ 強弱　エ メモ

点（、）を打つところ

5 例にならって、読点（、）を一つ打ちましょう。

例 ごんは村の小川のつつみまで出てきました。
① はげしい雨がふったので運動会は中止になった。
② メンバーは二人山田さんと細川さんです。

---

1 ①「郡部」とは、行せい区画の一つであ
る「郡」の地いき全体のことです。

2 ⑤「改心」は、心を入れかえることとい
う意味です。
⑥送りがなに注意しましょう。

4 ①「有料」は料金がかかることで、反対
の意味の言葉は「無料」です。
②「停車」は車などが止まることで、反
対の意味の言葉は「発車」です。
③「重い」の反対の意味の言葉は「軽い」
です。
④「きけん」はあぶないことで、反対の
意味の言葉は「安全」です。

5 人の言葉や文章の一部などを自分の文章
で使うときは、自分の言葉と区別して書
きます。本の言葉を引用するときは書名
などをしめし、「　」に入れて書きます。

6 手話は、声を使わない、目で見る言語で、
手や指の動き、顔の表情で、物事や気持
ちを表します。

---

2 ①「候」は、三画目のたて画をわすれず
に書きましょう。
④「出典」は、引用した文章などの、も
とになる書物のことです。
⑦「選ぶ」、⑧「浅い」は送りがなにも
注意しましょう。

4 発表を聞くときは、話の内容を予想した
り、自分の経験と結びつけたりしながら
聞くことも大切です。

5 ①文と文をつなぐ言葉「ので」「たら」
などのあとに「、」を打ちます。
②言葉や意味の切れ目をはっきりとさせ
るために「メンバーは二人」のあとに「、」
を打ちます。
読点はほかにも、「ああ」などの感動や
「おい」などのよびかけや、「はい」な
どの返事といった言葉のあとにも打ちま
す。また、点を打つところによって、文
の意味が変わることもあるので注意しま
しょう。

たしかめのテスト 108~109ページ
「便利」をさがそう／言葉の広場⑤ 点（、）を打つところ

1 思考・判断・表現
次の東野さんたちの発表を読んで、答えましょう。

東野　これから発表を始めます。
　ぼくたちは、路面電車のどんなところに、だれもが使いやすくなるくふうがあるのか調べました（写真アを見せる）。なぜなら、ぼくのおじいさんから、路面電車が使いやすくて便利という話を聞いたからです。これから路面電車の便利さについて、図や写真を使って説明します。
中西　はじめに、このぼうグラフを見てください（グラフイをさす）。このグラフは、『数字でみる鉄道2020』という本から引用したものです。グラフのたてじくは、路面電車を利用した人の数です。横じくは、路面電車のある主な都市の名前です。どんな都市で路面電車が使われているかをしめしています。では、路面電車の利用者が多いのはどこの都市だと思いますか。（グラフイのシールをめくる）実は、東京と広島なんです。

「『便利』をさがそう」より

(1) 東野さんたちは、どのようなことについて発表していますか。文章から書きぬきましょう。　10点
（例 路面電車のどんなところに、だれもが使いやすくなるくふうがあるのか）について。

(2) 東野さんがこの発表をしようと思ったのは、どんなことを聞いたからですか。十三字でさがして、初めと終わりの三字を書きぬきましょう。　両方できて12点
路面電～て便利 という話。

(3) 中西さんが、ぼうグラフで最も伝えたかったことはなんですか。一つに○をつけましょう。　10点
ア（　）路面電車があるのは、東京と広島だけだ。
イ（○）路面電車の利用者が多いのは、東京と広島だ。
ウ（　）路面電車の利用者は、毎年へっている。

2 読みがなを書きましょう。　一つ5点(20点)
① 天候が回ふくする。（てんこう）
② 健全な体。（けんぜん）
③ 路面がこおる。（ろめん）
④ 読点を打つ。（とうてん）

3 □に漢字を、（　）に漢字と送りがなを書きましょう。　一つ4点(28点)
① 健康（けんこう）をたもつ。
② （浅い）（あさい）川。
③ 住所と氏名（しめい）。
④ 写真（しゃしん）をとる。
⑤ 栄養（えいよう）を取る。
⑥ 関係（かんけい）を調べる。
⑦ （便り）（たより）を送る。

4 次の文は、二通りの意味にとれます。それぞれの意味がはっきりわかるように、読点を一つずつ打ちましょう。　一つ5点(20点)
① 「急いでいる」のが「兄」
・兄は　急いで、走る　弟を　よんだ。
② 「急いでいる」のが「弟」
・兄は、急いで　走る　弟を　よんだ。
③ 「入院した」のが「きのう」
・きのう　入院した、山本さんの　お見まいに　行った。
④ 「お見まいに行った」のが「きのう」
・きのう、入院した　山本さんの　お見まいに　行った。

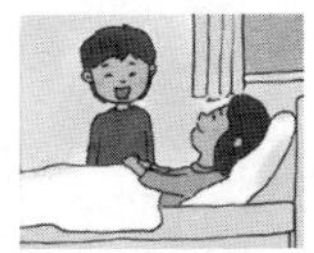

じゅんび 110~111ページ
自分の成長をふり返って／雪／同じ読み方の漢字の使い分け

かきトリ 新しい漢字

教科書105ページ	107ページ	107ページ	110ページ	112ページ	112ページ	113ページ
敗（ハイ／やぶれる）11画	好（コウ／このむ・すく）6画	標（ヒョウ）15画	積（セキ／つむ・つもる）16画	倉（ソウ／くら）10画	競（キョウ・ケイ）20画	熱（ネツ／あつい）15画

113ページ	113ページ	113ページ
建（ケン／たてる・たつ）9画	卒（ソツ）8画	求（キュウ／もとめる）7画

「競」は、右側と左側で形がちがうから気をつけよう。

1 □に読みがなを書きましょう。　◆特別な読み方の言葉
① 倉庫に入れる。（そうこ）
② 幸せを追求する。（ついきゅう）
③ 競馬の馬。（けいば）
④ 熱湯を注ぐ。（ねっとう）
⑤ 好きな番組。（す）
⑥ 兄を手伝う。（てつだ）
⑦ ビルが建つ。（た）
⑧ スープが熱い。（あつ）
⑨ 利えきを求める。（もと）

2 □に漢字を、（　）に漢字と送りがなを書きましょう。
① 目標（もくひょう）を持つ。
② 卒業式（そつぎょうしき）
③ 試合に（敗れる）（やぶれる）。
④ 雪が（積もる）（つもる）。

自分の成長をふり返って

3 自分の成長を感じたできごとを文章に書くとき、どのような順で進めるとよいですか。記号を書きましょう。
ア　自分の成長を感じたできごとをメモに書きだす。
イ　組み立て表をもとに、友達と意見をこうかんする。
ウ　文章を書く。
エ　組み立て表を作る。
オ　書いた文章を読み返す。
カ　友達と文章を読み合い、感想を伝え合う。
（ア）→（エ）→（イ）→（ウ）→（オ）→（カ）

雪

4 次のような雪を表す言葉を□から選んで書きましょう。
① 風にふかれてまばらに飛んでくる雪。（風花）
② 細かくふる雪。（細雪）
細雪（ささめゆき）　雪明かり　風花（かざばな）

同じ読み方の漢字の使い分け

5 文の意味を考えて、正しい言葉を□から選んで書きましょう。
① ア　荷物の重さを（量る）。
　イ　百メートル走のタイムを（計る）。
② ア　ぼくは、泳ぎに（自信）がある。
　イ　自分（自身）の考えを話す。
計る　量る　自身　自信

---

1 (1)発表で話すことは、話の初めにあります。2行目に注目しましょう。
(2)おじいさんから話を聞いたことが理由です。「なぜなら〜から」が、理由を書くときに使う言葉であることも考えましょう。
(3)中西さんの最後の言葉に注目しましょう。

3 ⑦「便り」とは、知らせや手紙がとどくことです。

4 読点を打つところによって、文の意味が変わってしまいます。注意しましょう。
①「急いでいる」のが「兄」なので、「兄は急いで」をひとまとめにします。
②「急いでいる」のが「弟」なので、「兄は」の後に「、」を打ちます。
③「入院した」のが「きのう」なので、「きのう入院した」をひとまとめにします。
④「お見まいに行った」のが「きのう」なので、「きのう」の後に「、」を打ちます。

1 ②「追求」は、「目的や目標を達成するために、追い求めること」という意味です。同じ読み方をする言葉に「追究」があります。「追究」は、「わからないことをいろいろと調べて、明らかにすること」という意味です。
⑦同じ読み方の「立つ」、⑧同じ読み方の「暑い」とまちがえないように、気をつけましょう。

3 どのようにすれば読み手に伝わりやすい内容になるか、考えながらふり返りましょう。

4 「雪明かり」は、積もった雪のために明るく見えることです。

5 ①ものの重さやかさをはかるときは「量る」、時間や数などをはかるときには「計る」と書きます。
②「自信」は「自分の力やねうち、正しさなどを、自分で信じること」という意味です。「自身」は、「自分」という意味です。

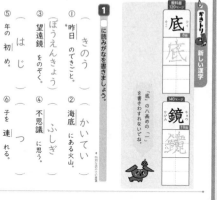

たしかめのテスト　112~113ページ
自分の成長をふり返って ～ 漢字の広場⑥　同じ読み方の漢字の使い分け

1 文章を読んで、答えましょう。　思考・判断・表現

　もう練習してもできないと思ってあきらめようとした時、父が言った。

「もっと足を頭の方にふり上げると、回れるようになるんじゃないか。」

父のアドバイスを聞いて、もう一度チャレンジしてみた。すると、

「できた！」

思わずさけんでしまった。まだ、かんぺきでもきれいでもないけれど、後転ができたのだ。

「やった。できた！」

うれしくて、ふとんの上でジャンプした。父も母も、

「すごいね。がんばったね。」

とほめてくれた。すごくうれしかった。何度か続けてやってみたら、だんだん上手になってきて、ますますうれしくなった。

　わたしは、マット運動の学習がきらいだったけれど、できるわざがふえて、少し好きになった。「今年こそ、後転ができるようになるぞ。」という目標を達成することができた。

羽田 爽良「あきらめない気持ち」より

(1) 羽田さんは、後転ができたよろこびを、どのように表していますか。最もよく表れている、会話文ではない一文を書きぬきましょう。　10点
（うれしくて、ふとんの上でジャンプした。）

(2) 自分の成長したところをふり返りながら書いているだんらくの、最初の五字を書きぬきましょう。　10点
わたしは、

(3) この文章にあてはまるもの一つに○をつけましょう。　10点
ア（　）後転の練習方法をくわしく書いている。

イ（○）後転が成功した時の様子をくわしく書いている。

ウ（　）マット運動のことだけを書いている。

考えを書こう
(4) 羽田さんは、どうして後転ができるようになったと思いますか。考えて書きましょう。　10点
例 お父さんのアドバイスを受けて、あきらめずに練習したから。

2 読みがなを書きましょう。　一つ3点(15点)
① 大きな 目標。（もくひょう）
② 友だちと 競争 する。（きょうそう）
③ 手伝 いをたのむ。（てつだ）
④ ほこりが 積 もる。（つ）
⑤ 卒業式 をむかえる。（そつぎょうしき）

3 □に漢字を、（　）に漢字と送りがなを書きましょう。　一つ3点(15点)
① 理想を 追求（ついきゅう） する。
② 失敗（しっぱい） をくやむ。
③ 倉庫（そうこ） から出す。
④ 家を（建てる）（たてる）。
⑤（熱い）（あつい） お茶をいれる。

4 次のような雪を表す言葉を□から選んで、記号を書きましょう。　一つ5点(10点)
① 雪が辺り一面にふり積もって、白くかがやく美しい景色。（ウ）
② 積もった雪で明るく見えること。（ア）

ア 雪明かり　イ こな雪　ウ 銀世界

5 □にあてはまる同じ読み方の言葉を、漢字で書きましょう。　一つ5点(20点)
① ア 国語 辞典（じてん） で調べる。
　 イ 百科 事典（じてん） で調べる。
② ア 強力（きょうりょく） な味方があらわれる。
　 イ クラス全員で 協力（きょうりょく） する。

じゅんび　114~115ページ
人形げき　木竜うるし

かきトリ 新しい漢字

教科書120ページ　底（テイ・そこ）8画

140ページ　鏡（キョウ・かがみ）19画

「底」の八画めの「一」を書きわすれないでね。

1 □に読みがなを書きましょう。　◆特別な読み方の言葉
① ◆昨日 のできごと。（きのう）
② 海底 にある火山。（かいてい）
③ 望遠鏡 をのぞく。（ぼうえんきょう）
④ 不思議 に思う。（ふしぎ）
⑤ 年の 初 め。（はじ）
⑥ 子を 連 れる。（つ）

2 □に漢字を、（　）に漢字と送りがなを書きましょう。
① 深い川の 底（そこ）。
② 鏡（かがみ） を見る。
③ 苦労（くろう） をかける。
④ 具体 的（てき） な意見。
⑤ おかずを（残す）（のこす）。
⑥ 工場で（働く）（はたらく）。
⑦ 気持ちが（変わる）（かわる）。
⑧ ひもを（結ぶ）（むすぶ）。
⑨ ほこりが（積もる）（つもる）。
⑩ 服を（選ぶ）（えらぶ）。

3 正しい意味に○をつけましょう。
① ばか正直 に言うことはない。
ア（○）正直すぎて気がきかないこと。

イ（　）心を開いて正直になること。
② あの子は 気だてがいい ので、好かれている。
ア（　）元気がよい。

イ（○）せいかくがよい。

4 ――線の部分と、それ以外の部分を何といいますか。□から選んで、記号を書きましょう。

きゃく本（台本）
　二人が大木のえだにまたがってズイコズイコと切っている。
　ピーチクピーチク。
権八（ごんぱち）　もうそろそろみんな来そうなもんだな。（ズイコズイコ。）

木下 順二「人形げき　木竜うるし」より

① ――線の部分（ウ）
② それ以外の部分（イ）

ア 地（じ）の文　イ ト書（とが）き　ウ せりふ

3分でワンポイント　権八の気持ちの変化を読み取ろう。

★①～②にあてはまる言葉を□の中から選んで、記号を書きましょう。

竜（りゅう）が生きていないと分かった権八が、うるしを ① イ とする。
↓
藤六（とうろく）は、権八がうるしを全部ほしいのなら、一人で全部取ればいいと言う。
↓
藤六の人がらに心を動かされ、藤六の言うとおりに ② ア とする。

ア 村のみんなで分けよう
イ 藤六と二人で山分けしよう

1
(1)「会話文ではない一文」とあることに注意しましょう。「ふとんの上でジャンプ」するくらいうれしかったのです。
(2) 最後のだん落で、成長したところをふり返っています。
(3) 羽田さんは、後転が成功した時の様子をくわしく書いています。
(4)「あきらめなかったから」ということが書いてあれば正かいです。

4「こな雪」は、「こなのようにさらさらした、細かい雪」のことをいいます。

5 ①「辞典」は、言葉の意味や使い方を説明した本のことです。
「事典」は、ことがらを説明した本のことです。
②「強力」は「力が強い様子」を表すときに使います。
「協力」は、「同じ目的や目標に向かって、全員で力を合わせること」という意味を表すときに使います。

1 ①「昨日」の特別な読み方は「きのう」ですが、「さくじつ」と読んでもまちがいではありません。

2 ⑦「変わる」を「代わる」と書かないように気をつけましょう。
⑨「積もる」の送りがなは「もる」です。「積る」と書かないように気をつけましょう。

4 役者が、げきの中の登場人物として話す言葉を「せりふ」といいます。また、登場人物の動きや気持ち、場面の様子などを説明する言葉を「ト書（とが）き」といいます。

3分でワンポイント

「人形げき　木竜うるし（木下（きのした） 順二（じゅんじ））」は、人形げきのおしばいの内容（よう）を書きおこしたものです。権八（ごんぱち）は、竜（りゅう）が生きていないとわかったとき、藤六（とうろく）と二人でうるしを山分けしようとします。しかし、うるしをいらないと言う藤六の気だてのよさにえいきょうされ、権八は村のみんなでうるしを分けようと気持ちが変化します。

人形げき　木竜うるし

きゃく本を読んで、答えましょう。

藤六がうかび上がる。

権八　（首だけ出して）ご、権八よ。

藤六　なんだ なんだ。

権八　（てのひらにすくった物を見せて）見や、こ、これ。

藤六　なんだ？　……ほう、こら おめえ、うるしでないか。

権八　そ、そうだ。う、うるしだ。

藤六　どこにあった？　こんなもんが。

権八　い、いっぱい、一面、こ、このふちの底に。

藤六　ふちの底に？　うるしがか？

権八　うん。こら ほんに上等の上うるしだ。

藤六　うん。上うるしだ。たいしたもんだ。……ふうん、こら、大昔から山々のうるしの木のしるが、雨に流されてたまったもんにちがいないわ。

権八　それにちがいないわ。

藤六　（しばらく考えているが、とつぜんどなる。）やい藤六。

藤六　へっ？

権八　おめえ、このうるしのこと、だれにもつげちゃならんぞ。

藤六　……

権八　つげたら おめえ、どえらいめにあわすぞ。

藤六　へ、へい。

権八　このうるしのことを知っとるもんは、近郷近在、おらと おめえの二人きりだ。ええか こら。

藤六　へ、へい。い、言わん。だれにも言わん。

権八　よし。さあ、そんなら はよう木を切らんか。

藤六　あっ、のこぎり。（ブクブクブクブク。）

権八　（ふちをのぞきこんで大笑い。）あっはっは。うるしにびっくりしてのこぎりをわすれてきよった。……ううん、けど、こらあ大金もうけだ。ただ藤六のやつがじゃまもんだな。あいつさえこなんだら、このふちの底のうるしは、おらがそっくりひとりじめだ。うん、藤六が決して取りにこんようにせにゃならん。こいつは、家に帰ってひと思案だ。（考えながら行ってしまう。）

木下順二「人形げき　木竜うるし」より

❶ 藤六が、①「ご、権八よ。」、「こ、これ。」②「へ、へい。」、「へ、へい。い、言わん。」と、言葉がつっかえているのは、それぞれなぜですか。ア～エの中から一つずつ選び、記号を書きましょう。

①（ウ）　②（ア）

ア　権八におどされて、こわかったから。
イ　わけがわからず、考えていたから。
ウ　うるしを発見して、おどろいたから。
エ　何を言えばよいか、まよったから。

ヒント　藤六はこのあともつっかえていることに注目しよう。

❷ ふちの底にうるしがいっぱいあったのはなぜだと、権八は考えましたか。書きましょう。

（大昔から山々のうるしの木のしるが、雨に流されて（ふちの底に）たまったから。）

❸「しばらく考えている」とありますが、権八はこのとき、どんなことを考えていましたか。一つに○をつけましょう。

ア（　）うるしがふちの底にあるのは、どうしてかということ。
イ（　）藤六がうるしのことをだれかにつげたら、どうしようかということ。
ウ（○）うるしをひとりじめして、大金もうけをしようということ。

ヒント　権八の後半の言葉に注目しよう。

❹「ブクブクブクブク。」とは、何の音を表していますか。「～が～音。」という形で書きましょう。

（藤六が、ふちの底にもぐっていく音。）

❺「ひと思案だ。」とありますが、権八はどんなことについて「思案」しようとしていますか。

（例 藤六がふちの底のうるしを決して取りにこないようにすること。）

❻ この場面からわかる権八と藤六のせいかくをア～ウの中から一つずつ選び、記号を書きましょう。

権八（ウ）　藤六（イ）

ア　親切
イ　すなお
ウ　よくばり

❶ ①このあとも藤六は「そ、そうだ。う、うるしだ。」「い、いっぱい……」と言っているところから、うるしにおどろいているとわかります。

②直前の権八のおこったような言い方に注目しましょう。

❷「……ふうん、こら、……にちがいないわ。」と権八は言っています。

❸ 最後に権八は「大金もうけだ。……ひとりじめだ」と言っています。

❺ 権八はうるしをひとりじめしたいので、藤六にうるしを取りにこさせないようにしたいと考えているのです。

❻ 藤六は、権八におどされても「へ、へい。」としたがっています。

たしかめのテスト 118～119ページ

人形げき　木竜うるし

おうちのかたへ

作品全体を通して、気に入った場面を選び、どのような理由で気に入ったのかを文章にしてみましょう。
自分の考えを文章として組み立てることで、作品をあじわう力が育まれます。

きゃく本を読んで、答えましょう。　思考・判断・表現

権八（ごんぱち）　だいじょうぶか？　おい。
藤六（とうろく）　だいじょうぶだ。さわってみい。（権八の手を引っぱってさわらせる。）
権八　な、なるほど。うん、うんうん。こらやっぱり木の竜だ。木竜だ。
藤六　だろうが？　けど、さっきはおらもおったまげたぞ。
権八　おらのほうがよっぽどおったまげただ。ふうん、やっぱり木竜かあ。（全身をなで回す。――はなれてみて）なあるほど、水がゆれるとゆらゆらっと見えるわ。あぁ安心した。……さっきはほんまに生きとると思うたが……やっぱり悪いことをしとると、気のせいでいろんなふうに見えるもんだ。
藤六　安心したろうが？　さあ行こう。
権八　けど、安心してみると、やっぱりうるしが気にかかるわ。藤六よ、こらどうするだ？
藤六　そうだなあ。村中みんなで取りに来るか。
権八　どうだ藤六、おらと二人で山分けせんか。
藤六　おら、こんなたくさん、こまるわ。それより、村のもん、連れてこう。
権八　……
藤六　おら、ばあ様と二人ぎりだで、今のままのきこりだけでけっこうおまんま食えるだでなあ。
権八　……
藤六　けど、おらどうでもええ。おめえがほしけりゃ、一人で取るさ。なら、おら帰るでよ。
権八　（考えていたが）藤六よ。
藤六　ん？
権八　おめえは気だてのええやつだなあ。
藤六　なんでやっ？
権八　（考えて）よし、村のもんを連れてこう。
藤六　そうか。ようこぶぞう、みんな。
権八　うん、一人残らず連れてこう。
藤六　ようし、おらがふれて回ってやるわ。

木下順二「人形げき　木竜うるし」より

1 「あぁ安心した。」とありますが、権八の気持ちはどのように変わりましたか。書きぬきましょう。　一つ10点（30点）

さっきは、木の竜が［ほんまに生き］とる と思い、［おったまげた］が、［水がゆれる］せいで動いたように見えたのだとわかって、安心した。

2 「うるしが気にかかるわ。」とありますが、権八と藤六はうるしをどうしようと考えましたか。それぞれの考えのうつり変わりを、ア～ウの中から順に選びましょう。同じものを選んでかまいません。　一つ8点（40点）

権八……（ウ）→（ア）
藤六……（ア）→（イ）→（ア）

ア　村中みんなで取る。
イ　権八が一人で取る。
ウ　権八と藤六の二人で取る。

3 藤六が、「けど、おらどうでもええ。」と言ったのはなぜですか。一つに○をつけましょう。　10点

ア（○）権八は、村中みんなでうるしを分けるのはいやなのだろうと思ったから。
イ（　）今のままのきこりだけで生活できるので、ばあ様がいやがると思ったから。
ウ（　）権八がだまっているので、勝手にすればいい、とはらを立てたから。

4 「気だてのええやつ」とありますが、権八は藤六のどんなところをそう思ったのですか。一つに○をつけましょう。　10点

ア（　）かしこいところ。
イ（○）よくばらないところ。
ウ（　）おとなしいところ。

5 「おらがふれて回ってやるわ。」とありますが、藤六は、村のみんなにどのように言うと思いますか。せりふの形で考えて書きましょう。　10点

例 うるしがたくさん見つかったから、みんなで取りに行こう。

---

1 この権八のせりふの中の、「さっき」の気持ちと今の気持ちが書いてあります。8行目「おらのほうが……」と11行目「ほんまに……」「さっき」の気持ちが、10行目「なあるほど……」で今の気持ちが書かれています。

2 権八は、この部分のきゃく本の中では、ひとりじめしようとは思っていません。「おらと二人で山分けせんか」という言葉に注目しましょう。

3 「村のもん、連れてこう」と藤六が言っても、権八は「……」と答えないので、反対していると思ったことを読み取りましょう。
イ「ばあ様がいやがる」とは書いてありません。

4 藤六がうるしを山分けすることにさんせいせず、村中みんなで分けようとしていることに対して、気だてがよいと感じたのです。

5 村のみんなは、うるしが見つかったことをまだ知りません。うるしのことを村のみんなに知らせるようなせりふを書きましょう。
例2 みんな、うるしがたくさんみつかったぞ。山に取りに行ってみんなでうるしを分けよう。

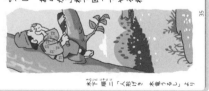

たしかめのテスト　120ページ

ひろがる言葉　これまで　これから

1 （　）に合う言葉を□から選んで書きましょう。　一つ10点（60点）

① まどを開けると、（ここちよい）風が入ってきた。
② 遠足の前の日は、うれしくて（わくわく）する。
③ こわそうな犬の前を、（びくびく）しながら通る。
④ 大会で優勝したチームが、（うらやましい）。
⑤ 悲しい話を聞き、（しんみり）する。
⑥ 弟にノートに落書きされて、（はら立たしい）。

うらやましい　ここちよい　しんみり
びくびく　はら立たしい　わくわく

2 次の言い方をしている言葉を□から選んで、記号を書きましょう。　一つ10点（40点）

① 人から聞いたことをのべる言い方　（エ）
② 理由をのべる言い方　（イ）
③ 自分の考えを強くのべる言い方　（ア）
④ 相手の言葉を受けて、自分の考えをのべる言い方　（ウ）

ア　その道は安全かどうか、考えなければなりません。
イ　なぜかというと、父から話を聞いたからです。
ウ　上野さんの読み聞かせをするというのはよいと思いますが、その本は、低学年の子にはむずかしいと思います。
エ　明日は晴れるそうです。

1
（　）の前後の文脈に注目して、場面を想像してみましょう。
①「ここちよい」とは、「気持ちがよい」「かいてき」という意味です。
⑤「しんみり」とは、「静かで落ち着いている様子」「さびしくて、心がしずむ様子」という意味です。
⑥「はら立たしい」とは、「はらが立つ。しゃくにさわる」という意味です。

2
①「……そう」は、人から聞いたことをのべるときに使う言い方です。にた意味をもつ言い方に「……らしい」などがあります。
②「なぜかというと」「……から」は、理由をのべるときに使う言い方です。にた意味をもつ言い方に「なぜなら」や「……ため」などがあります。
③「……なければなりません」は、自分の考えを強くのべるときに使う言い方です。にた意味をもつ言い方に、「……べきだ」などがあります。

夏のチャレンジテスト

教科書 上7〜97ページ

名前　　月　日

時間 40分

思考・判断・表現 ／50

ごうかく80点 ／100

答え38ページ

1 読みがなを書きましょう。 一つ1点(8点)

① 自治（じち）体の活動。
② 反省（はんせい）文を書く。
③ 記念（きねん）日をいわう。
④ 植物を観察（かんさつ）する。
⑤ 説明（せつめい）文を読む。
⑥ 食塩（しょくえん）水を作る。
⑦ 城（しろ）を守る。
⑧ 海辺（うみべ）の町。

2 漢字を書きましょう。 一つ2点(8点)

① 美しい こうけい（光景）が広がる。
② いろいろな しゅるい（種類）の花を買う。
③ 赤 しんごう（信号）で車がとまる。
④ はつまご（初孫）が生まれる。

3 次の漢字の部首の呼び方を書きましょう。 一つ2点(4点)

① 浴（さんずい）
② 葉（くさかんむり）

4 短歌の形式について、（　）に言葉を書きましょう。 一つ4点(8点)

短歌は、（① 五・七・五・七・七）の（② 三十一）音からなっている。

5 次のそれぞれの問題に答えましょう。

① 次の中から、漢字辞典にはふつうのっていないもの一つに○をつけましょう。 4点

ア（　）漢字の音や訓の読み方。

イ（　）漢字の成り立ち。

ウ（　）漢字を用いたさまざまな言葉の用例や意味。

エ（○）ことわざや慣用句の意味。

② 「達」を漢字辞典で調べるとき、どの部首の何画のところを見ればよいでしょう。 一つ4点(8点)

部首（しんにょう）　画数（九）画

6 次は運動会についての話の一部です。あとの「聞き取りメモ」はどのようにくふうして書かれていますか。あてはまるもの二つに○をつけましょう。 一つ5点(10点)

第三十回運動会は、五月八日の日曜日です。雨の場合は朝七時にれんらくがいきます。中止になったときは、九日月曜日に行います。持ち物は、おべん当、水とう、タオル、体育着です。体育着は家から着てこないで、学校で着がえてください。練習のせいかを発表しましょう。

［聞き取りメモ］
・運動会…五月八日（日）
・雨のとき…七時にれんらくがくる
　中止→九日(月)になる→九日も雨だったら？
・持ち物…おべん当・水とう・タオル
　体育着→学校で着がえる

ア（　）話を聞いた目的や感想を書いている。

イ（　）疑問に思うことだけをかじょう書きで書いている。

ウ（○）記号を使ってわかりやすく書いている。

エ（○）内容のまとまりごとにかじょう書きにしている。


うらにも問題があります。

7 思考・判断・表現　文章を読んで、答えましょう。

良子は春夫に、クレヨンをわたした。

「ごほうびのクレヨン、三十六色なんだ。あげるよ」

きまえよくいったつもりなのに、良子の声がかすれた。

春夫の目は、きりきりと見開かれて、目玉が落ちそうに大きくなった。ひとみにくっきりクレヨンが写っている。

「いいの？　良子ちゃん使ってないんだよ、いいの？」

春夫は、うれしそうに、クレヨンを胸にかかえて帰っていった。

良子は、ほっとした。気前よくできた自分に、満足だった。

春夫が、一時間もしないうちに返しにきた。

「ありがとう」

春夫は、絵をさしだした。色があふれている。金も銀も、黄色もみかん色も、ピンクも赤も……、緑も紫も灰色も……、色のシャワーだ。画面いっぱい、色が散らばっている。騒いでいる。

「きれい」

良子は、息を吸ってからいった。

「何描いたの？」

「うーんとねえ……、何って……色だらけ、かな」

「えっ？」

良子は、春夫の顔を見た。

「おれ、困っちゃったよ。こんなに色があるんだもの」

「だから、なんでも描けるじゃない」

「うん。だけど、ありすぎたら迷っちゃって、わかんなくなっちゃった」

春夫は、口ごもった。

「おれ、金と銀を使う時、どきどきしたよ。おもしろかった。ほんとにありがとう」

クレヨンをかえしてよこす春夫が、はれやかに笑っている。

「いつか、色じゃないもの描くよ、おれ。三十六色なくちゃ描けないもの、描くよ。きっと、きっとさ」

春夫は、目を高くあげている。良子は、春夫の笑顔がまぶしいと思った。

今関 信子「行きたいところへ行ける汽車」より

(1) 「良子の声がかすれた。」とありますが、このことから、どんなことがわかりますか。一つに○をつけましょう。 8点

ア（　）三十六色のクレヨンが、ほこらしいこと。

イ（○）本当はクレヨンをわたしたくないこと。

ウ（　）クレヨンを使ってほしくてたまらないこと。

エ（　）クレヨンは良子のものではないこと。

(2) 「目玉が落ちそうに大きくなった。」とありますが、ここには春夫のどんな気持ちが表れていますか。一つに○をつけましょう。 8点

ア（　）うたがいとおそれ。

イ（　）感しゃと安心。

ウ（　）とまどいと悲しみ。

エ（○）おどろきと喜び。

(3) 春夫が描いた絵を、何かにたとえて表している言葉があります。それを文章中から六字で書きぬきましょう。 8点

色のシャワー

(4) 良子が、春夫の絵に思わず見入ってしまったことがわかるところがあります。それを文章中から一文でさがし、そのはじめの五字を書きぬきましょう。 8点

良子は、息

(5) 「色だらけ」を描いたというのは、どういうことですか。一つに○をつけましょう。 8点

ア（○）何かのものを描いたのではなく、とにかく全部の色を使ったということ。

イ（　）たくさんの色が必要なものを描いたということ。

ウ（　）同じものを、いろんな色でたくさん描いたということ。

エ（　）名前を知らないものを描いたが、それを「色だらけ」と名付けたということ。

(6) 「良子は、春夫の笑顔がまぶしいと思った。」とありますが、良子は春夫のどんな様子をすばらしいと感じたのですか。考えて書きましょう。 10点

例 絵を描くことを心から楽しんでいる様子。

4 短歌の形式は、五・七・五・七・七の三十一音です。「三十一音」を「みそひともじ」ともいいます

5 ①漢字辞典には、漢字や、漢字を用いた言葉についてのことがらがのっています。エのようにことわざや慣用句の意味を調べるときは、国語辞典を使います。

②まずは部首の画数を数えて「部首さくいんを見ます。その部首のページを開くと、その部首の漢字が、部首以外の部分の画数順にならんでいます。ここで必要な画数は漢字全体の画数ではなく、部首をのぞいた部分の画数です。「（しんにょう）」は三画です。

6 「聞き取りメモ」は、目的や場面に合わせて、あとから何を聞き取ったのかがわかるように、くふうすることが大切です。

7 (1)すぐ前の「きまえよくいったつもりなのに」に注目しましょう。決して気前よくない気持が、良子の中にあったということです。

(2)目を大きく見開くというのは、おどろきを表します。ふつうは自分がまだ使ってもいない、しかも三十六色もある特別なクレヨンを、人にあげたりはしませんから、その気前のよさに、すぐには信じられないような気持ちなのですクレヨンを胸にかかえたときの「うれしそうに」にも注目しましょう。

(3)春夫の絵について書かれている部分から読み取りましょう。「(春夫の絵は)色のシャワーだ」とあります。

(4)「息を吸って」ということは、その前は息をしていなかったのです。おどろいて息をのんだ様子を表しています。

(5)あとのほうで、春夫は「いつか、色じゃないもの描くよ」と言っています。今回の絵は、色がありすぎて何を描いてよいのかわからなくなってしまい、「色」を描いたのです。

(6)春夫の様子を言い表した部分から読み取ります。「どきどきした」「おもしろかった」と言い、はれやかに笑っていることから、春夫がクレヨンを楽しみ、今は使いこなせないことを素直にみとめて、いつかは描くんだという希望をもっていることがわかります。

おうちのかたへ

場面を読み解く問題は、登場人物の様子をとらえることが大切です。人物の様子の描写や、気持ちを表した言葉、情景描写などにも注意しましょう。

冬のチャレンジテスト

教科書 上98～下73ページ

名前　　　月　日

時間 40分

思考・判断・表現 ／50　ごうかく80点 ／100

答え 39ページ

1 読みがなを書きましょう。　一つ1点(8点)

① 季節（きせつ）がめぐる。　② 国が栄（さか）える。

③ 包帯（ほうたい）をまく。　④ 勇（いさ）ましい歌。

⑤ 道の右側（みぎがわ）を歩く。　⑥ 考えが固（かた）まる。

⑦ 味覚（みかく）を調べる。　⑧ 選挙（せんきょ）を行う。

2 漢字を書きましょう。　一つ2点(12点)

① 店で［働］（はたら）く。　② 犬を［連］（つ）れる。

③ 新［記録］（きろく）を出す。　④ 平和を［願］（ねが）う。

⑤ ［北極］（ほっきょく）ぐま　⑥ ［希望］（きぼう）をもつ。

3 ――線の修飾語は、「ものの様子」と「動きの様子」のどちらの様子をくわしく表していますか。それぞれ答えましょう。　一つ4点(8点)

① 夜空の星が川のように見える。

（ものの様子）

② たくさんの星が夜空にかがやく。

（動きの様子）

4 次の□にあてはまる二つのことがらをつなぐ言葉をあとから選んで、記号で答えましょう。　一つ3点(6点)

① 雨がふってきた□、かさをささない。（エ）

② 青空が広がっている。□、うれしくなって外に飛び出した。（イ）

ア しかし　イ だから　ウ ので　エ のに

5 次の故事成語の意味の正しいものに、○をつけましょう。　一つ3点(6点)

① 矛盾（むじゅん）

ア（　）物事にためらうこと。

イ（　）取り返しのつかないこと。

ウ（○）つじつまが合わないこと。

② 五十歩百歩

ア（　）よけいなつけたしのこと。

イ（○）あまり差がないこと。

ウ（　）相手を出しぬくこと。

6 次の話し合いの様子について、あとの問題に答えましょう。

冬木　では、ドッジボールの新しいルールについて話し合います。提案のある春野さんお願いします。

春野　はい。時間を決めて、必ず一度はボールを取って投げる、というルールを加えたらどうですか。

夏川　賛成です。いつからそのルールでやりますか。

冬木　ちょっと待ってください。まず、新しいルールを加えるかどうかを決めましょう。いつから実行するかについては、決まってから話し合いましょう。

① 冬木さんは、話し合いを進めるにあたり、どんなことに気をつけていますか。　5点

（例 一つ一つ順番に話し合いを進めていくこと。）

② 夏川さんの発言にはよくないところがあります。どんなところですか。　5点

（例 話題からそれてしまったところ。）

裏にも問題があります。

7 思考・判断・表現　文章を読んで、答えましょう。

「おもしろい自転車があるから見に来なよ。」

そう言われ、ぼくは ある休みの日、友達のユウキの家に遊びに行った。と、げんかんわきに置かれていた自転車を見て、目をうたがった。そのタイヤが、大きな輪切りのレモンになっていたのだ。

「きょだいかぼちゃってあるだろう？　あれと同じで、きょだいなレモンもあるんだよ。それを輪切りにして、タイヤに使ってみたってわけ。ちょうど二台あるから、今からサイクリングに行ってみようよ。」

そうしてぼくたちは、黄色いタイヤの自転車に乗ってユウキの家を出発した。

レモンのタイヤからは、とてもすがすがしい香りがただよってきた。ふきぬける風といっしょになって、さわやかな気持ちになる。ぼくたちは町をぬけて川ぞいを走り、やがて公園にやってきた。

「さあ、お昼ご飯にしよう。」

ユウキは、リュックサックから二人分のお弁当箱を取り出して言った。

「このタイヤのよいところの一つが、食べられるってことなんだ。ほら、こうやると……。」

ユウキはお弁当箱を自転車のそばに置くと、うでと足でタイヤをはさみ、ぎゅっとしぼった。するとかじゅうが飛び出して、お弁当のからあげにかかった。

「すごい！」

食事を終えると、ぼくたちはさらにかじゅうをしぼり、すいとうに集めてレモンジュースを作った。すっぱいけれどおいしくて、ユウキと きそって夢中になってしぼりつづけた。

しかし、そのせいで、ぼくたちはいたいめにあうことになってしまった。あまりにしぼったものだから、気づいた時にはタイヤがぐにゃぐにゃのすかすかになっていたのだ。

ぼくたちは、ひどくゆれる自転車のサドルにおしりをぶつけながら家に帰った。

田丸雅智「レモン自転車」より

(1) 「おもしろい自転車」とは、どんな自転車でしたか。一つに○をつけましょう。　6点

ア（　）きょだいなレモンでできた自転車。

イ（　）あまずっぱい味のする自転車。

ウ（○）タイヤがレモンでできた自転車。

エ（　）レモンのように黄色い自転車。

(2) 「目をうたがった」に表れている「ぼく」の気持ちとして、適当なもの一つに○をつけましょう。　8点

ア（○）とてもおどろいた気持ち。

イ（　）あきれはてた気持ち。

ウ（　）ばからしく思う気持ち。

エ（　）楽しくおもしろい気持ち。

(3) 自転車に乗っているときの気持ちを、十字以内で書きぬきましょう。　8点

（さわやかな気持ち）

(4) 「よいところの一つ」とありますが、ほかのよいところはどのようなことだと考えられますか。「タイヤから」に続けて書きましょう。　8点

タイヤから（例 すがすがしい香りがただよってくること。）

(5) 「いたいめ」とは、どのようなことですか。なぜそうなったか、理由も合わせて書きましょう。　10点

（例 タイヤのレモンをしぼりすぎて、タイヤがぐにゃぐにゃのすかすかになってしまい、ゆれる自転車のサドルにおしりをぶつけながら家に帰ることになったこと。）

(6) 二人が、この自転車をとても楽しんでいることは、どのような様子からわかりますか。文章中の言葉を使って書きましょう。　10点

（例 レモンのかじゅうを夢中でしぼってジュースを作っている様子。）

---

4 ①一つの文の中でつなぐときに使うのは、ウかエです。前の部分から考えてあとの部分が当然（とうぜん）の内容（ないよう）であれば「ので」を、意外な内容であれば「のに」を使います。

②二つの文をつなぐときに使うのは、アかイです。前の文に対してあとの文が当然の内容であれば「だから」、意外な内容であれば「しかし」を使います。

5 ①「言っていることが、さっきと矛盾（むじゅん）しているよ」などと使います。

②「算数の教科書とノートをわすれてきちゃった」「それはまずいね。ぼくはノートだけだよ」「なによ、わすれたのなら五十歩百歩じゃない」というような場面で使います。

おうちのかたへ

故事成語とは、中国の古い話やできごとからとられ、決まった意味を表すようになった言葉です。有名なものは覚えておきましょう。

6 ①冬木さんは、この話し合いの司会者をつとめています。話し合うことをはっきりさせて、意見を整理しています。

②まだルールを加えることが決まっていないのに、もう決定しているかのように「いつから」と言っています。

7 (1)ユウキの家に遊びに行った「ぼく」が見たのは、「タイヤが、大きな輪切りのレモン」の自転車でした。

(2)「目をうたがう」は慣用句（かんようく）です。そのことが本当かどうかと思うぐらいおどろくときに使う言葉です。

(3)サイクリングをしているときの「ぼく」の気持ちをさがしましょう。

(4)「よいところの一つ」と言っているのは、ほかにも「よいところ」があるということです。タイヤがレモンでできていることに注目しましょう。「とてもすがすがしい香りがただよってきた」とあります。

(5)――部の前にある「そのせいで」が理由をさしています。「いたいめ」とは、ひどい体験や苦しいじょうきょうのことです。タイヤのレモンをしぼりすぎた→タイヤがぐにゃぐにゃのすかすかになった→自転車がゆれる→サドルにおしりをぶつけながら帰った、ということです。

(6)自転車をとても楽しんでいる様子は、ジュースを作る場面にあります。「きそって夢（む）中になって」という表現（げん）からも、楽しんでいることがわかります。

春のチャレンジテスト

教科書 下74〜142ページ

名前　　月　日

時間 40分

思考・判断・表現 ／50

ごうかく80点 ／100

答え 40ページ

1 読みがなを書きましょう。　一つ1点（4点）

① 荷物を積む。（つ）　② 健康に注意する。（けんこう）

③ ルールの改正。（かいせい）　④ 勝敗を決める。（しょうはい）

2 漢字を書きましょう。　一つ2点（6点）

① ビルが（た）つ。【建】つ。　② 温暖な（きこう）。【気候】。

③（せっきょくてき）に発言する。【積極的】に発言する。

3 次の□にあてはまる漢字を書きましょう。　一つ2点（10点）

① あける
ア ふたを【開】ける。
イ 中身を【空】ける。
ウ 夜が【明】ける。

② かんしん
ア 出来ばえに【感心】する。
イ 絵画に【関心】がある。

4 次の文章の適切な場所に「、」を打ちましょう。　一つ2点（8点）

① 春の風が（　）そっと（　）ふきぬけた。

② ここで（　）くつを（　）ぬいでください。

③「公園に（　）行こう」と（　）弟が（　）言った。

④ せの高い（　）ジャージを（　）着た（　）男の人。

5 にた意味や反対の意味の漢字を組み合わせてできる、二字の熟語を書きましょう。　一つ3点（12点）

①「満ちる」と「足りる」→【満足】

②「思う」と「案じる」→【思案】

③「勝つ」と「負ける」→【勝負】

④「始まり」と「終わり」→【始終】（終始）

6 次は、四年一組の六月の読書量を調べ、その結果を発表したものの一部です。あとの問題に答えましょう。　一つ5点（10点）

大川　クラスの六月の読書量を調べました。三十人全員からアンケートの回答をもらい、結果を表にしました。

本の数	人数
0	0
1〜5	20
6〜10	2
11〜15	0
16以上	8

山口　結果の表を見てください。わかったのは、次の三つです。このクラスには、「0」の人がいないこと。読んだけれども五さつ以内の人が二十人で、クラスの三分の二をしめていること。そして三つめは、【㋐】ということです。

小森　このアンケート結果から見えてきた問題は、【㋑】ということです。

① ㋐に入るものはどれですか。一つに○をつけましょう。

ア（○）八人だけがとびぬけてたくさん読んでいる

イ（　）十さつ以上読む人が三分の一をしめている

ウ（　）毎日一さつ以上を読んでいる人はいない

② ㋑に入る言葉を考えて書きましょう。

例 たくさん読む人もいるが、ほとんどの人は本をあまり読んでいない。

うらにも問題があります。

7 思考・判断・表現　文章を読んで、答えましょう。

運動会の日、仕事をもつ母は、けんじのたんきょり走に間に合わなかった。けんじは、特製ではない弁当に不満をぶつけ、食べなかった。えがおが消えた母が弁当をかたづけている時、姉ののぶよは、おうえんの文字が書かれたわりばしのふくろに気づき、けんじに見せた。

（あと一列。）

のぶよのしんぞうの音が、だんだん高くなる。

ザクッという音とすなぼこりのあと、のぶよの目の前が急に広くなった。しんこきゅうして、体を前にたおす。頭の中が真っ白になっていく。

「用意！」

耳のおくで、かすかにピストルの音を聞いた。両わきからいちどきに風が起こる。一つおくれて、のぶよも体を前におし出した。

（がんばって走らなきゃ。）

体が重い。

（お母ちゃん、ショックだったろうな。でも、けんじもさみしくて……、わたしだって本当は……。）

体がどんどん重くなる。一生けんめい走ろうとすればするほど、体が後ろへ下がっていく。

（あ、もう走れない。）

その時、ふいにせなかに、二つの声がかぶさった。

「姉ちゃん、行けっ！」

「のぶよ、行け！」

思わず、ぎゅんと足が出た。体のおくから声がわきあがってくる。

「走れ！　そのまんま、走れ！」

おしりが、すわっと軽くなる。次のしゅんかん、体にからみついていたいろんな思いが、するするとほどけていった。

走った。どこまでも走れる気がした。とうめいな空気の中に、体ごと飛びこんだ。

「はい、君がラストね。」

とつぜん、係の声がした。

体の中は、まだ、どくどく波打って走り続けている感じだ。

ラストという言葉が、こんなにほこらしく聞こえたのは、初めてだった。

たいじょう門から出ると、けんじとお母ちゃんが立っていた。

「最後だけ、よかったぞ。」

けんじが、ぷくりとふくれたくちびるを動かして、おこったように言った。そばで、お母ちゃんがにかっと笑った。

村中李衣「走れ」より

(1)「しんぞうの音が、だんだん高くなる。」とありますが、のぶよのどのような様子を表していますか。一つに○をつけましょう。　8点

ア（　）ものすごくゆううつな様子。

イ（○）とてもきんちょうしている様子。

ウ（　）めんどうくさい気持ちでいっぱいの様子。

エ（　）とうとう来たかとあきらめている様子。

(2)「二つの声がかぶさった。」とありますが、ここから、どのようなことがわかりますか。一つに○をつけましょう。　8点

ア（○）母とけんじの気持ちが一つになったこと。

イ（　）けんじとのぶよの思いが母に伝わったこと。

ウ（　）のぶよの気持ちを二人が予想したこと。

エ（　）のぶよが走るのをやめようとしていたこと。

(3) のぶよに変化が表れたことがわかる一文を探し、初めの五字を書きぬきましょう。　8点

【思わず、ぎ】

(4)「そのまんま、走れ！」とは、どういうことですか。一つに○をつけましょう。　8点

ア（　）足の力をぬいてはいけないということ。

イ（　）スピードをあげていけということ。

ウ（　）いい走り方を目指していけということ。

エ（○）自分らしく走ったらいいということ。

(5)「体にからみついていたいろんな思い」とありますが、この思いが、のぶよにどのように作用していたかがわかる表現は、どれですか。一つに○をつけましょう。　8点

ア（　）頭の中が真っ白になっていく。

イ（　）両わきからいちどきに風が起こる。

ウ（○）体が重い。

エ（　）どこまでも走れる気がした。

(6)「ほこらしく聞こえた」とありますが、のぶよには、なぜほこらしく聞こえたのですか。「おうえん」という言葉を使って書きましょう。　10点

例 気持ちが一つになった家族のおうえんによって、走り切ることができたから。

---

2 ①「たつ」は、「建つ」と「立つ」の使い分に気をつけましょう。

③「積極的」の反対の言葉は「消極的」です。

3 ①同じ訓読みの言葉の使い分けです。「開ける」は閉じているものをあけるとき、「空ける」は中をからにするとき、「明ける」は朝になって明るくなるときに使います。

②同じ音読みをする熟語です。「感心」は心動かされること、「関心」は興味があること表します。

4 点（読点）を打つところによって、文の意味が変わってしまうことがあるので、何を伝えたいのかを考えて、読点を正しいところに打ちしょう。

5 ①②にた意味の漢字、③④反対の意味の漢字の組み合わせです。「始終」には、「始めと終り」、「始めから終わりまでずっと」という意があります。

6 ②「見えてきた問題は」とあるので、よくない点についてまとめます。

7 (1)走る順番が近づき、とてもきんちょうしている様子を表しています。

(2)「二つの声」は、「お母ちゃん」とけんじの二人の声です。「かぶさった」とあることから二人がいっしょにおうえんしてくれたことがわかります。

(3)体が重くて走れないと思っていたのぶよの変化は、二人のおうえんの声が聞こえたときに起こりました。

(4)「そのまんま、走れ！」に、そのままでいいという家族からの気持ちを感じ取り、からみついた思いもほどけていきました。

(5)のぶよは、自分だっていろいろな思いがあるのに、「お母ちゃん」の気持ちもけんじの気持ちも気にかけていました。この思いが心に重くのしかかって、「体が重い」と感じていたのですこの思いがするするとほどけていくと、のぶよは、どこまでも走れる気がしたのです。

(6)「ラスト」というのは、決してほこるべきものではありませんが、のぶよは、家族のおうえんによって走り切れた、ということにほこりを感じていることを読み取りましょう。

おうちのかたへ

物語文の読解は、登場人物の心情の変化をとらえることがポイントです。登場人物の行動や言葉、心情を表す「うれしい」などの言葉から読み取りましょう。

4年 国語のまとめ

学力しんだんテスト

名前　　　月　日

時間 40分　ごうかく70点　／100

答え 41ページ

1 読みがなを書きましょう。（一つ1点（7点））

① 飛行場へ案内する。（ひこうじょう）（あんない）

② 楽器を買うために街へ行く。（がっき）（まち）

③ 節分について書いた文章。（せつぶん）

④ 別の方法をためす。（べつ）（ほうほう）

2 漢字を書きましょう。（一つ1点（8点））

① 目標に向かって努力する。

② 材料を集めて完成させる。

③ 新聞を印刷する。

④ 南極に行く。

⑤ 山の上は天候が変化しやすい。

3 漢字と送りがなを書きましょう。（一つ1点（5点））

① 本を〔借りる〕。　② 〔勇ましい〕歌。　③ 水が〔浅い〕。　④ 寒天が〔固まる〕。　⑤ 〔初めて〕聞く。

4 次の文の修飾語をア〜ウからそれぞれ一つずつ選んで、記号を書きましょう。（一つ5点（20点））

① アきれいな　イ星が　ウかがやく。（ア）

② ア遠くの　イ山が　ウ見える。（ア）

③ アぼくは　イゆっくりと　ウ歩いた。（イ）

④ ア青い　イ海が　ウ広がる。（ア）

5 次は、島田さんたちが運動会について書いた学級新聞です。読んで、問題に答えましょう。

> **四年一組学級新聞**（9月15日号）
>
> **もうすぐ運動会！**
>
> 九月三十日（日）、青山小の運動会が①開かれます。ゆうしょうを目指して、全員で力を合わせましょう！
>
> ★運動会までの流れについて★
>
> ②ほうかご、りれえのれんしゅうをします。次のことは、必ず守ってください。
>
> ○運動場③意外の場所は、使用しないこと。
>
> ○午後三時から始めます。おくれないでください。

(1) この記事の見出しをぬき出しましょう。（2点）
（もうすぐ運動会！）

(2) ――部①・③を、送りがなや漢字のまちがいを正して書き直しましょう。（一つ2点（4点））
①（開かれます）　③（以外）

(3) ――部②を漢字やかたかなを使って、読みやすいように書き直しましょう。（2点）
（放課後、リレーの練習をします）

(4) 二つ目の○の内容を、一つ目の書き方に合わせて、一文にまとめて書きましょう。（2点）
（例 午後三時から始めるので、おくれないこと。）

●うらにも問題があります。

6 思考・判断・表現　文章を読んで、答えましょう。

日本では沖縄をはじめ、八重山諸島、奄美諸島の周辺の海で、よく見ることができましたが、一九六〇年を最後に、沖縄の海をのぞく日本のどの海域でもジュゴンのすがたは、見られなくなりました。

一九七五年には国の天然記念物に指定され、現在は、アラビア半島近海をのぞいた東側の分布域では、沖縄のジュゴンが、いちばん北に生息する、「北限のジュゴン」となりました。

【ジュゴンの分類】

ジュゴンは、一生を海ですごす海生哺乳類のなかの海牛類に属しています。海牛類は、ジュゴン科とマナティー科の二科に分けられ、さらにジュゴン科は、ジュゴン属とカイギュウ属に分かれています。しかしカイギュウ属はすでに絶滅し、ジュゴン属はジュゴン一種のみであるため、ジュゴンはジュゴン科でただ一種だけ、現在も生きているという、貴重な動物なのです。

【ジュゴンの祖先】

ジュゴンの祖先は、ゾウの祖先と同じような動物だと考えられています。こう聞くと、おどろく人もいるでしょう。ジュゴンはゾウのように鼻も長くないですし、からだの形もぜんぜんちがいます。その上、すんでいる場所も海と陸上で大きくちがっています。

地球が誕生したのは四六億年前。海のなかで生命が生まれたのは、三〇億年前といわれます。そののち、長い年月をかけて陸地にあがった動物の中で、進化をとげて生まれたのが、わたしたち人間をふくむ哺乳類です。

ところが、その哺乳類のなかには、ふたたび陸から海にもどって生活することになった動物たちがいたのです。それは、「海獣」とよばれる海にすむ哺乳類たちです。海獣は、四つの仲間に分かれます。クジラやイルカなどのクジラ類、アシカ、アザラシ、セイウチなどの鰭脚類、ラッコ、カワウソなどの食肉類（イタチ科）、そしてジュゴン、マナティーなどの海牛類たちです。

クジラやイルカは、牛や馬のようなヒヅメをもった祖先から分かれて、海にもどったといわれますが、ジュゴンとマナティーは、ゾウやハイラックス（イワダヌキ）と共通の祖先から分かれて、海にもどったといわれています。海獣たちがなぜ海に帰ったのか、その理由はまだよくわかっていませんが、ジュゴンたち海牛類は、化石や地層から、約五五〇〇万年前ごろに、外敵からのがれるために海にもどったのではないかといわれています。

真鍋 和子「ジュゴンはなぜ死ななければならなかったのか」より

(1) 沖縄のジュゴンの貴重さを次のようにまとめました。（　）にあてはまる言葉を文章中から書きぬきましょう。（一つ5点（15点））

①（一九六〇）年より後は、日本では沖縄でしかジュゴンが見られない。

② 国の（天然記念物）に指定されている。

③ 現在、東側の分布域では「（北限）のジュゴン」である。

(2) ジュゴンは、どの分類に属していますか。二つに○をつけましょう。（一つ3点（6点））

ア（　）カイギュウ属
イ（○）哺乳類
ウ（　）マナティー科
エ（○）海牛類
オ（　）食肉類

(3) ジュゴンやマナティーと共通の祖先をもつ動物を文章中から二つ、二字と六字で書きぬきましょう。（一つ5点（10点））

ゾウ　ハイラックス

(4) 「ふたたび陸から海にもどって生活することになった」とありますが、ジュゴンの属する分類の海獣はいつごろ、なぜ海にもどったといわれていますか。「いつごろ」と「なぜ」に分けて書きましょう。（一つ5点（10点））

いつごろ（約五五〇〇万年前ごろ）

なぜ（外敵からのがれるため）

(5) ジュゴンについて考えたことや、感じたことを書きましょう。（9点）

〔例 ジュゴンがとても貴重な動物であることがわかり、絶滅しないよう、ほごすることが大切だと思いました。〕

---

1 ③「節分」は、「季節の変わり目」のことです。今では、立春の前日（二月三日ごろ）を指すことが多いです。

2 ⑤「天候」は、同じ読みの「転校」と書かないようにしましょう。

3 ⑤「はじめて」何かをする場合には「始めて」ではなく「初めて」と書きます。

4 ①ものの様子を表して、文をくわしくします。

②ものの様子を表します。イは主語、ウは述語です。

③動きの様子を表します。アが主語、ウは述語です。

5 (1)新聞の題名（四年一組学級新聞）ではなく、記事の見出しです。

(4)一つ目の「……こと。」という書き方に合わせて、「……おくれないこと。」とします。また、一文にまとめるために、つなぐ言葉を加えます。前の部分が後の部分の理由になっているので、「ので」「から」などをはさみます。

6 (1)①は第一だん落、②・③は第二だん落に説明されています。特に数字は、書きまちがえないように気をつけて答えましょう。

(2)第三だん落に、「ジュゴンは、一生を海ですごす海生哺乳類のなかの海牛類に属しています。」とあります。

(3)最後のだん落に「ジュゴンとマナティーは、ゾウやハイラックス（イワダヌキ）と共通の祖先から分かれて、海にもどったといわれています」とあります。

(4)最後の一文「ジュゴンたち海牛類は、化石や地層から、約五五〇〇万年前ごろに、……海にもどったのではないかといわれています」から読み取りましょう。

(5)この文章に書かれている事実からはずれない内容で、思ったことを必ず入れて書きましょう。「ジュゴンが生きられるかんきょうを守っていくべきだ」といった考えのほか、「ジュゴンがいなくなるのはさびしい」「ジュゴンがまだ生きているのはうれしい」「会いに行ってみたい」などの感想でもよいでしょう。

メモ

メモ

付録　とりはずしてお使いください。

漢字せんもんドリル

4年生で習う漢字

テストによく出る問題をといてレベルアップしよう！

もくじ

4年　　組

テストによくでる1位

1 あ行の漢字 か行の漢字①

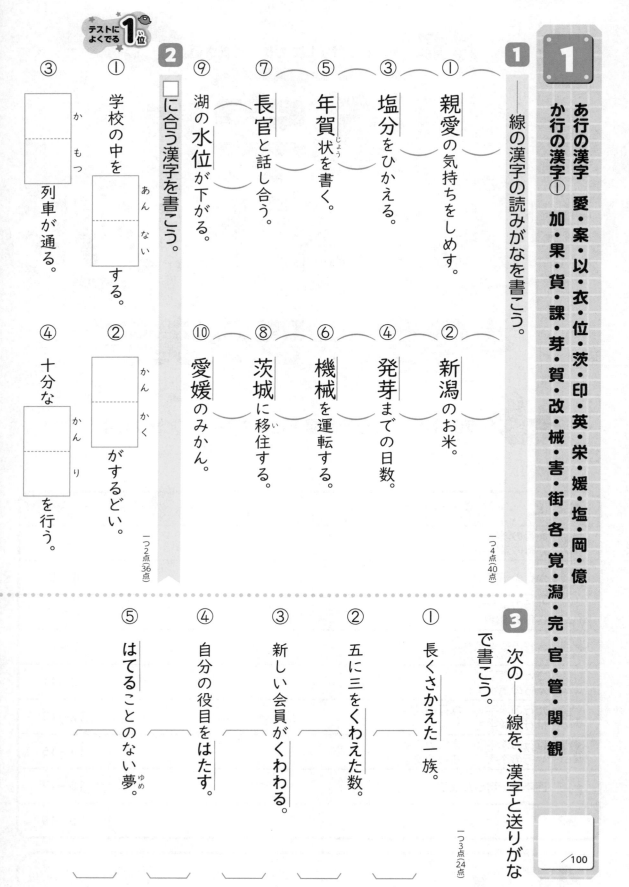

愛・案・以・衣・位・茨・印・英・栄・媛・塩・岡・億
加・果・貨・課・芽・賀・改・械・害・街・各・覚・潟・完・官・管・関・観

/100

1 ――線の漢字の読みがなを書こう。

一つ4点(40点)

① 親愛の気持ちをしめす。( )
② 新潟のお米。( )
③ 塩分をひかえる。( )
④ 発芽までの日数。( )
⑤ 年賀状(じょう)を書く。( )
⑥ 機械を運転する。( )
⑦ 長官と話し合う。( )
⑧ 茨城に移(い)住する。( )
⑨ 湖の水位が下がる。( )
⑩ 愛媛のみかん。( )

2 □に合う漢字を書こう。

一つ2点(36点)

① 学校の中を□□(あんない)する。
② □□(かんかく)がするどい。
③ □□(かもつ)列車が通る。
④ 十分な□□(かんり)を行う。

3 次の――線を、漢字と送りがなで書こう。

一つ3点(24点)

① 長くさかえた一族。( )
② 五に三をくわえた数。( )
③ 新しい会員がくわわる。( )
④ 自分の役目をはたす。( )
⑤ はてることのない夢(ゆめ)。( )

⑤ ［しがいち］へと出かける。

⑥ ［しおみず］をつくる。

テストによくでる2位

⑦ ［いふく］を着がえる。

⑧ 朝の散歩が［にっか］だ。

⑨ ［おかやま］で育つ。

⑩ ［かんけい］がよくなる。

⑪ ［えいご］で話す。

⑫ 名所を［かんこう］する。

テストによくでる3位

⑬ ［いちおくにん］の声。

⑭ 家族［いがい］は知らない。

⑮ ［めじるし］をつける。

⑯ ［がいちゅう］を追いはらう。

⑰ ［かくじ］で用意する。

⑱ ［かんぜん］にやりとげる。

---

⑥ <u>あらためて</u>お願いをする。　（　　　）

⑦ 九九を<u>おぼえる</u>。　（　　　）

⑧ 分数に<u>かかわる</u>問題。　（　　　）

テストによくでる1位

2 か行の漢字②

願・岐・希・季・旗・器・機・議・求・泣・給・挙・漁
共・協・鏡・競・極・熊・訓・軍・郡・群・径・景・芸・欠

／100

1 ——線の漢字の読みがなを書こう。 一つ4点(40点)

① 協力関係にある。（　　）

② 希少な動物を発見する。（　　）

③ 岐阜に住む。（　　）

④ 海軍の飛行機。（　　）

⑤ 郡部に住んでいる。（　　）

⑥ 群馬の実家に帰る。（　　）

⑦ 熊本で育つ。（　　）

⑧ 挙手して意見を言う。（　　）

⑨ 求人広告（こく）を見る。（　　）

⑩ 競馬のレース。（　　）

2 □に合う漢字を書こう。 一つ2点(36点)

① □□（しろ はた）をあげる。

② □□（はん けい）一メートル

③ 本日の□□（ぎ だい）。

④ 百メートル□□（きょう そう）

3 次の——線を、漢字と送りがなで書こう。 一つ3点(24点)

① 幸せをねがう。（　　）

② たくさんの動物がむれる。（　　）

③ もとめるものを手に入れる。（　　）

④ 大きな声でなく。（　　）

⑤ 手を高くあげる。（　　）

⑤ 大きな［くま］に出くわす。

⑥ 試合を［けつじょう］する。

テストによくでる2位

⑦ ［しき］のうつりかわり。

⑧ ［きゅうしょく］の時間。

⑨ 魚が［たいぐん］で泳ぐ。

⑩ ［ぎょぎょう］をいとなむ。

⑪ ［がっき］を演奏（えんそう）する。

⑫ ［てかがみ］をのぞきこむ。

テストによくでる3位

⑬ 話す［きかい］をうかがう。

⑭ ［なんきょく］を探検（たんけん）する。

⑮ ［きょうくん］を次に生かす。

⑯ 美しい［こうけい］に見入る。

⑰ ［きょうどう］で所有する。

⑱ ガラス［こうげい］を習う。

---

⑥ 真剣（けん）さに<u>かける</u>。（　　）

⑦ リーダーを<u>かく</u>。（　　）

⑧ 自分の名が候補（ほ）に<u>あがる</u>。（　　）

3 か行の漢字③ さ行の漢字①

結・建・健・験・固・功・好・香・候・康

佐・差・菜・最・埼・材・崎・昨・札・刷・察・参・産・散・残・氏・司

/100

テストによくでる1位

1 ――線の漢字の読みがなを書こう。 一つ4点(40点)

① チャレンジが成功する。（　　）

② 花の香りがする。（　　）

③ うなぎは父の好物だ。（　　）

④ 佐賀で遊ぶ。（　　）

⑤ 材木を集める。（　　）

⑥ 青菜に塩。（　　）

⑦ 昨年から待っていた。（　　）

⑧ 建国記念日（　　）

⑨ 埼玉から通う。（　　）

⑩ 長崎へ旅行する。（　　）

2 □に合う漢字を書こう。 一つ2点(36点)

① 自分で□□（じっけん）してみる。

② □□（さいこう）の記録が出る。

③ あたたかい□□（きこう）。

④ 手紙を□□（いんさつ）する。

3 次の――線を、漢字と送りがなで書こう。 一つ3点(24点)

① ぎゅっと口をむすぶ。（　　）

② 小学校をたてる。（　　）

③ 油をかためる。（　　）

④ からいものをこのむ。（　　）

⑤ かさをさす。（　　）

テストによくでる2位

⑤ ［　　］（けんこう）な体になる。

⑥ ゆっくり［　　］（さんぽ）する。

⑦ ［　　］（けっか）を発表する。

⑧ あさがおの［　　］（かんさつ）。

⑨ 昔のおもかげが［　］（のこ）る。

⑩ 大会の［　　　］（さんかしゃ）。

⑪ ［　　］（かがわ）県へ出かける。

⑫ 馬の［　　］（しゅっさん）に立ち会う。

テストによくでる3位

⑬ ［　　］（やさい）を買いに行く。

⑭ ［　　］（しかい）をつとめる。

⑮ ［　　］（にゅうさつ）する。

⑯ 以前と［　　］（たいさ）ない。

⑰ 水が［　　］（こたい）になる。

⑱ ［　　］（しめい）を紙に書く。

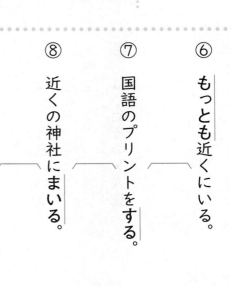

⑥ もっとも近くにいる。［　　］

⑦ 国語のプリントをする。［　　］

⑧ 近くの神社にまいる。［　　］

4 さ行の漢字②

試・児・治・滋・辞・鹿・失・借・種・周・祝・順・初・松・笑・唱
焼・照・城・縄・臣・信・井・成・省・清・静・席・積・折・節

／100

テストによくでる1位

1 ――線の漢字の読みがなを書こう。 一つ4点(40点)

① けがが完治する。（　　）
② 鹿に出くわす。（　　）
③ 辞意を表明する。（　　）
④ 城を見学する。（　　）
⑤ 借地に家を建てる。（　　）
⑥ 合唱コンクール（　　）
⑦ 川の清流。（　　）
⑧ 滋賀で生まれ育つ。（　　）
⑨ 縄をかける。（　　）
⑩ その先を右折する。（　　）

2 □に合う漢字を書こう。 一つ2点(36点)

① 来週は□□（しゅくじつ）がある。
② □□（あんせい）にする。
③ □□（しょにち）にもり上がる。
④ 正方形の□□（めんせき）。

3 次の――線を、漢字と送りがなで書こう。 一つ3点(24点)

① 何度もこころみる。（　　）
② この国をおさめる。（　　）
③ 目標を見うしなう。（　　）
④ たん生日をいわう。（　　）
⑤ はじめての一人旅。（　　）

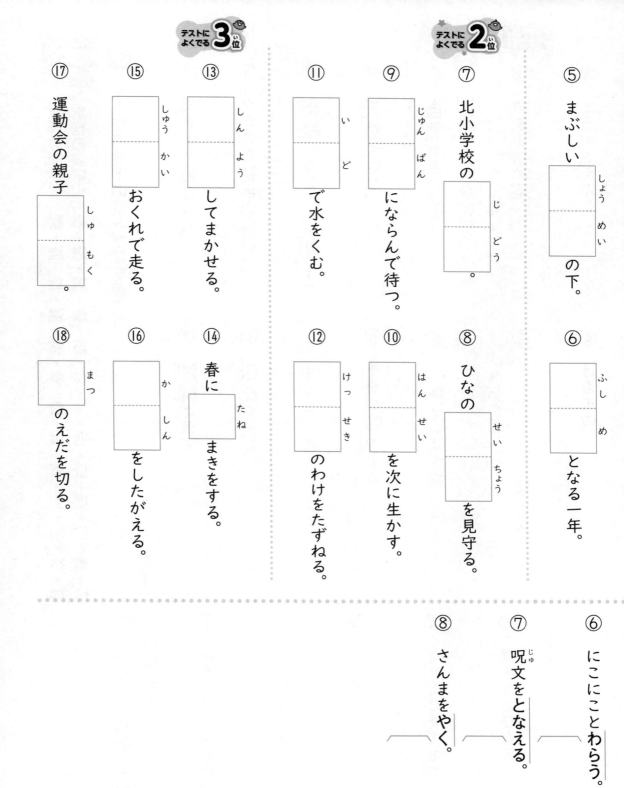

⑤ まぶしい［しょうめい］の下。

⑥ ［ふしめ］となる一年。

テストによくでる2位

⑦ 北小学校の［じどう］。

⑧ ひなの［せいちょう］を見守る。

⑨ ［じゅんばん］にならんで待つ。

⑩ ［はんせい］を次に生かす。

⑪ ［いど］で水をくむ。

⑫ ［けっせき］のわけをたずねる。

テストによくでる3位

⑬ ［しんよう］してまかせる。

⑭ 春に［たね］まきをする。

⑮ ［しゅうかい］おくれで走る。

⑯ ［かしん］をしたがえる。

⑰ 運動会の親子［しゅもく］。

⑱ ［まつ］のえだを切る。

⑥ にこにこと<u>わらう</u>。［　　］

⑦ 呪[じゅ]文を<u>となえる</u>。［　　］

⑧ さんまを<u>やく</u>。［　　］

テストによくでる1位

5 さ行の漢字③ た行の漢字①

説・浅・戦・選・然・争・倉・巣・束・側・続・卒・孫
帯・隊・達・単・置・仲・沖・兆・低・底・的・典・伝

/100

1 ――線の漢字の読みがなを書こう。 一つ4点(40点)

① 他国との競争に勝つ。（　　）
② 沖縄で泳ぐ。（　　）
③ クラスの結束が強い。（　　）
④ 伝記を読む。（　　）
⑤ 後続のランナーが見える。（　　）
⑥ 仲のよい友だち。（　　）
⑦ 天然の温泉。（　　）
⑧ 予想が的中する。（　　）
⑨ 自然が多い地方。（　　）
⑩ 辞典で意味を調べる。（　　）

2 □に合う漢字を書こう。 一つ2点(36点)

① 市長を決める□□（せんきょ）。
② □□（そうこ）に荷物を入れる。
③ 工業がさかんな□□（ちたい）。
④ けん玉の□□（たつじん）。

3 次の――線を、漢字と送りがなで書こう。 一つ3点(24点)

① 生まれて日があさい。（　　）
② 正しい方をえらぶ。（　　）
③ 兄弟であらそう。（　　）
④ 道がどこまでもつづく。（　　）
⑤ 緑色をおびた目。（　　）

⑤ 道路の［　］（みぎがわ）を歩く。

⑥ ［　］（まと）に命中する。

テストによくでる2位

⑦ ていねいに［　］（せつめい）する。

⑧ 自分の［　］（いち）をたしかめる。

⑨ ［　］（いっかいせん）で負ける。

⑩ 体力が［　］（ていか）する。

⑪ 六年生が［　］（そつぎょう）する。

⑫ 大きな［　］（こめぐら）。

テストによくでる3位

⑬ ［　］（たいちょう）の指示（じ）にしたがう。

⑭ 多くの［　］（しそん）を残す。

⑮ 鳥の［　］（すばこ）を作る。

⑯ ［　］（ふなぞこ）にあながあく。

⑰ 長さの［　］（たんい）を学習する。

⑱ ［　］（にちょうえん）の予算。

⑥ 高いところにおく。［　］

⑦ ひくい木に登る。［　］

⑧ 手から手へつたわる。［　］

テストによくでる1位

6 た行の漢字② は行の漢字①

た行の漢字② 徒・努・灯・働・特・徳・栃　な行の漢字 奈・梨・熱・念

は行の漢字① 敗・梅・博・阪・飯・飛・必・票・標・不・夫・付・府・阜・富・副・兵・別・辺

／100

1 ――線の漢字の読みがなを書こう。 一つ4点(40点)

① 部屋の電灯をつける。（　　）
② 必死の思いで走る。（　　）
③ 奈良の大仏。（　　）
④ 栃木の小学校を調べる。（　　）
⑤ 実働時間が長い。（　　）
⑥ 分別のつく年ごろ。（　　）
⑦ 地方の特色を生かす。（　　）
⑧ 水辺の生き物たち。（　　）
⑨ 戦いに敗北する。（　　）
⑩ 大阪府にある会社。（　　）

2 □に合う漢字を書こう。 一つ2点(36点)

① □□（せいと）が校庭に集まる。
② □□（はくがく）で知られる人。
③ たゆまぬ□□（どりょく）を続ける。
④ □□□（ひこうき）のチケット。

3 次の――線を、漢字と送りがなで書こう。 一つ3点(24点)

① わすれないようつとめる。（　　）
② あついお茶を入れる。（　　）
③ 決勝戦でやぶれる。（　　）
④ 鳥が高くとぶ。（　　）
⑤ かならず帰ってくる。（　　）

⑤ [どうとく]の勉強をする。

⑥ 公正に[とうひょう]を行う。

テストによくでる2位

⑦ かぜで[はつねつ]する。

⑧ [もくひょう]を高く持つ。

⑨ [きねん]に写真をとる。

⑩ [ふあん]な気持ちになる。

⑪ 外で[ひるめし]を食べる。

⑫ [ぎふ]に生まれる。

テストによくでる3位

⑬ ばく大な[とみ]を持つ。

⑭ [うめ]の花がさく。

⑮ [やまなし]のりんご。

⑯ 家で[ふくぎょう]をする。

⑰ キュリー[ふじん]の伝記。

⑱ [へいたい]が整列する。

⑥ 紙に折り目をつける。（　　）

⑦ 曲がり角でわかれる。（　　）

⑧ このあたりに住んでいる。（　　）

テストによくでる1位

7 は行の漢字② 変・便・包・法・望・牧 ま行の漢字 末・満・未・民・無 や行の漢字 約・勇・要・養・浴 ら行の漢字 利・陸・良・料・量・輪・類・令・冷・例・連・老・労・録

/100

1 ――線の漢字の読みがなを書こう。

一つ4点(40点)

① きずに包帯をまく。（　　）
② 勇気を出す。（　　）
③ 未完の大作。（　　）
④ 陸地にすむ生き物。（　　）
⑤ 無事に目的地に着く。（　　）
⑥ 外の冷気が流れこむ。（　　）
⑦ 便利な道具がある。（　　）
⑧ 約束をきちんと守る。（　　）
⑨ 自転車の後輪。（　　）
⑩ 例文を参考にする。（　　）

2 □に合う漢字を書こう。

一つ2点(36点)

① 色の□□（へんか）を観察する。
② 歌声を□□（ろくおん）する。
③ □□（ぶんまつ）に注意して読む。
④ □□（きぼう）を持ち続ける。

3 次の――線を、漢字と送りがなで書こう。

一つ3点(24点)

① 父からのたよりを受け取る。（　　）
② 箱をふろしきにつつむ。（　　）
③ 何でものぞみをかなえる。（　　）
④ 月がみちる。（　　）
⑤ いさみ足に終わる。（　　）

⑤ 多くの［しゅるい］がある花。

⑥ ゆっくり［にゅうよく］する。

テストによくでる2位

⑦ 別の［ほうほう］を考える。

⑧ 得意な［りょうり］はカレーだ。

⑨ 今夜はきれいな［まんげつ］だ。

⑩ 塩の［ぶんりょう］をまちがう。

⑪ ［ひつよう］なものを用意する。

⑫ 商品を［かいりょう］する。

テストによくでる3位

⑬ 日本の［みんわ］を集める。

⑭ ［れんぞく］してジャンプする。

⑮ ［ろうどう］の喜(よろこ)びを感じる。

⑯ ［ろうじん］に席をゆずる。

⑰ ［ぼくじょう］の牛たち。

⑱ ［めいれい］にさからう。

---

⑥ 二人の子どもをやしなう。（　　）

⑦ 太陽の光をあびる。（　　）

⑧ 同じたぐいの書物。（　　）

8 四年生で習った漢字

/100

1 ――線の漢字の読みがなを書こう。 一つ2点(16点)

① 成功をおさめる。（　　）

② 最高の記録が出る。（　　）

③ 祝日は友達と遊ぶ。（　　）

④ 安静にしてください。（　　）

⑤ 白旗をあげる。（　　）

⑥ 四季のうつり変わり。（　　）

⑦ 美しい光景。（　　）

⑧ 衣服をせんたくする。（　　）

2 □に合う漢字を書こう。 一つ3点(24点)

① □□（しん・あい）の気持ちを手紙にする。

② □□（えん・ぶん）が多い。

4 次の都道府県の読みを書こう。 一つ4点(40点)

① 茨城（　　）

② 栃木（　　）

③ 愛媛（　　）

④ 滋賀（　　）

③ はつが（　　）まで時間がかかる。

④ きかい（　　）を運転する。

⑤ きしょう（　　）な石を発見する。

⑥ けいば（　　）のレース。

⑦ さくねん（　　）の出来事を思い出す。

⑧ がっしょう（　　）コンクールに出場する。

3 次の熟語（じゅくご）と同じ組み合わせの熟語に○をつけよう。

一つ5点（20点）

① 絵画（かいが）
ア（　）遠近
イ（　）道路
ウ（　）雨水

② 強弱
ア（　）帰国
イ（　）清流
ウ（　）高低

③ 曲線
ア（　）乗馬
イ（　）国立
ウ（　）走者

④ 登山
ア（　）読書
イ（　）多数
ウ（　）売買

⑤ 新潟（　　）

⑥ 鹿児島（　　）

⑦ 群馬（　　）

⑧ 熊本（　　）

⑨ 岐阜（　　）

⑩ 沖縄（　　）

答え

1 （2・3ページ）

1
①しんあい　②にいがた
③えんぶん　④はつが
⑤ねんが　⑥きかい
⑦ちょうかん　⑧いばらき
⑨すいい　⑩えひめ

2
①案内　②感覚　③貨物　④管理
⑤市街地　⑥塩水　⑦衣服　⑧日課
⑨岡山　⑩関係　⑪英語　⑫観光
⑬一億人　⑭以外　⑮目印　⑯害虫
⑰各自　⑱完全

3
①栄えた　②加えた　③加わる　④果たす
⑤果てる　⑥改めて　⑦覚える　⑧関わる

2 （4・5ページ）

1
①きょうりょく　②きしょう
③ぎふ　④かいぐん
⑤ぐんぶ　⑥ぐんま
⑦くまもと　⑧きょしゅ
⑨きゅうじん　⑩けいば

2
①白旗　②半径　③議題　④競走
⑤熊　⑥欠場　⑦四季　⑧給食
⑨大群　⑩漁業　⑪楽器　⑫手鏡
⑬機会　⑭南極　⑮教訓　⑯光景
⑰共同　⑱工芸

3
①願う　②群れる　③求める　④泣く
⑤挙げる　⑥欠ける　⑦欠く　⑧挙がる

3 （6・7ページ）

1
①せいこう　②かお
③こうぶつ　④さが
⑤ざいもく　⑥あおな
⑦さくねん　⑧けんこく
⑨さいたま　⑩ながさき

2
①実験　②最高　③気候　④印刷
⑤健康　⑥散歩　⑦結果　⑧観察
⑨残　⑩参加者　⑪香川　⑫出産
⑬野菜　⑭司会　⑮入札　⑯大差
⑰固体　⑱氏名

3
①結ぶ　②建てる　③固める　④好む
⑤差す　⑥最も　⑦刷る　⑧参る

4 （8・9ページ）

1
①かんち　②しか
③じい　④しろ
⑤しゃくち　⑥がっしょう
⑦せいりゅう　⑧しが
⑨なわ　⑩うせつ

2
①祝日　②安静　③初日　④面積
⑤照明　⑥節目　⑦児童　⑧成長
⑨順番　⑩反省　⑪井戸　⑫欠席
⑬信用　⑭種　⑮周回　⑯家臣
⑰種目　⑱松

3
①試みる　②治める　③失う　④祝う
⑤初めて　⑥笑う　⑦唱える　⑧焼く

5 （10・11ページ）

1
①きょうそう　②おきなわ
③けっそく　④でんき
⑤こうぞく　⑥なか
⑦てんねん　⑧てきちゅう
⑨しぜん　⑩じてん

2
①選挙　②倉庫　③地帯　④達人
⑤右側　⑥的　⑦説明　⑧位置
⑨一回戦　⑩低下　⑪卒業　⑫米倉
⑬隊長　⑭子孫　⑮巣箱　⑯船底
⑰単位　⑱二兆円

3
①浅い　②選ぶ　③争う　④続く

⑤帯びた　⑥置く　⑦低い　⑧伝わる

6 12・13ページ

1
①でんとう　②ひっし
③なら　④とちぎ
⑤じつどう　⑥ふんべつ
⑦とくしょく　⑧みずべ
⑨はいぼく　⑩おおさかふ

2
①生徒　②博学　③努力　④飛行機
⑤道徳　⑥投票　⑦発熱　⑧目標
⑨記念　⑩不安　⑪昼飯　⑫岐阜
⑬富　⑭梅　⑮山梨　⑯副業
⑰夫人　⑱兵隊

3
①努める　②熱い　③敗れる　④飛ぶ
⑤必ず　⑥付ける　⑦別れる　⑧辺り

7 14・15ページ

1
①ほうたい　②ゆうき
③みかん　④りくち
⑤ぶじ　⑥れいき
⑦べんり　⑧やくそく
⑨こうりん　⑩れいぶん

2
①変化　②録音　③文末　④希望
⑤種類　⑥入浴　⑦方法　⑧料理
⑨満月　⑩分量　⑪必要　⑫改良
⑬民話　⑭連続　⑮労働　⑯老人
⑰牧場　⑱命令

3
①便り　②包む　③望み　④満ちる
⑤勇み　⑥養う　⑦浴びる　⑧類い

8 16・17ページ

1
①せいこう　②さいこう
③しゅくじつ　④あんせい
⑤しろはた　⑥しき
⑦こうけい　⑧いふく

2
①親愛　②塩分　③発芽　④機械
⑤希少　⑥競馬　⑦昨年　⑧合唱

3
①イ　②ウ　③ウ　④ア

4
①いばらき　②とちぎ
③えひめ　④しが
⑤にいがた　⑥かごしま
⑦ぐんま　⑧くまもと
⑨ぎふ　⑩おきなわ